中国西部耕地质量等别评价、分布与监测

孔祥斌 等著

中国农业大学出版社
·北京·

内 容 简 介

全书共分八章，第一章概述，论述了耕地质量评价的相关背景；第二章中国西部地区概况，介绍了西部地区的自然、社会经济、土地利用概况；第三章耕地资源等别评价，介绍了西部地区耕地质量等别评价基本参数、指标体系和评价方法；第四章耕地质量等别空间分布分析，研究了耕地质量等别在不同尺度上的空间分布特征；第五章标准样地体系，阐明了西部地区国家级、省级、县级三级标准样地设置结果；第六章西部生态脆弱区耕地质量监测，研究了西部五大生态区耕地质量等别监测技术方法；第七章西部地区示范县耕地质量等别监测结果分析，分析了西部地区5个示范县耕地质量等别变化情况；第八章成果应用，阐述了研究成果在耕地利用评价与保护中的应用。

图书在版编目(CIP)数据

中国西部耕地质量等别评价、分布与监测/孔祥斌等著. —北京：中国农业大学出版社，2017.4

ISBN 978-7-5655-1771-6

Ⅰ.①中… Ⅱ.①孔… Ⅲ.①耕地资源-资源评价-中国②耕地资源-资源分布-中国③耕地资源-监测系统-中国 Ⅳ.①F323.211

中国版本图书馆CIP数据核字(2017)第004518号

书　　名 中国西部耕地质量等别评价、分布与监测

作　　者 孔祥斌　等著

策　　划 梁爱荣　孙　勇　　　**责任编辑** 梁爱荣

封面设计 郑　川　　　**责任校对** 王晓凤

出版发行 中国农业大学出版社

社　　址 北京市海淀区圆明园西路2号　　　**邮政编码** 100193

电　　话 发行部 010-62818525,8625　　　**读者服务部** 010-62732336

编辑部 010-62732617,2618　　　**出　版　部** 010-62733440

网　　址 http://www.cau.edu.cn/caup　　　**E-mail** cbsszs@cau.edu.cn

经　　销 新华书店

印　　刷 涿州市星河印刷有限公司

版　　次 2017年4月第1版　　2017年4月第1次印刷

规　　格 787×1 092　16开本　10.25印张　250千字　彩插5

定　　价 38.00元

图书如有质量问题本社发行部负责调换

著　者

孔祥斌　张青璞　郧文聚　王洪波　闫旭东　张孝成

姜锦云　雷　鸣　温良友　辛芸娜　张雪靓　张蚌蚌

姚静韬　胡莹洁　张玉臻　程子良　董　涛　谭　敏

赵　晶　李明辉　李　涛　刘小刚　赖亦康　苏志军

前　言

耕地作为特殊的公共资源产品，其数量、质量与国家的粮食安全密切相关，在维护国家安全、社会稳定方面意义重大。当前中国耕地保护工作已经逐渐由数量保护向数量、质量和生态并重转变，只有对耕地资源质量进行等别评价，揭示耕地等别空间的分布特征，建立起耕地质量监测体系，才能保障国家耕地保护战略的实施。中国西部占国土面积的 71%，其中耕地占全国耕地总面积的 36%，优质耕地资源更为紧缺，但有限的耕地资源对支撑西部区域的粮食安全、经济发展和社会稳定意义重大。基于大比例尺、定量化、可比较的西部区域耕地质量统一等别，是西部区耕地资源可持续利用的理论保障。

全国耕地质量等别评价是以 12 个一级、41 个二级标准耕作制度分区为基础，以县为单元的气候生产潜力指数为基准，以调查单元的立地条件、土地利用水平、投入产出水平等因素为依据，构建以光温生产潜力指数(α)、产量比(β)、自然质量分(CL)、土地利用系数(KL)、土地经济系数(KC)为参数，逐层计算自然等、利用等、经济等指数的方法，进行耕地质量评价，形成了耕地自然等、利用等和经济等。

西部区域耕地质量评价，在国家确定的标准耕作制度分区和作物光温(气候)生产潜力的基础上，各省(自治区、直辖市)形成省内总体技术方案，确定二级指标区基准作物、指定作物、产量比系数等关键耕地质量评价技术环节，具体的调查与评价工作以县为单位开展。在县级成果完成的基础上，经过省级汇总和国家级汇总，最终形成西部区农用地分等系列成果。

中国西部耕地质量等别评价、分布与监测研究始自 2005 年，由孔祥斌教授带领的科研团队，依托中国农业大学土地资源管理系、国土资源部农用地质量与监控重点实验室等科研平台，在国土资源部土地整治中心的领导关怀和资助下，分别完成了“西部区 12 个省(自治市、直辖市)分省的农用地分等技术方案审定与指导，农用地分等检查与验收、数据核对与检查，西部 12 个省(自治区、直辖市)的农用地分等国家级汇总工作，耕地等级变化监测布控技术研究及耕地等级监测技术西部地区示范研究”等耕地质量评价与监测的研究，历时 10 年，形成了数据库、图件、表格、报告等系列成果，并提炼出西部区国家级成果汇总方法与技术、耕地质量监测分区与监测样点布设等系列技术方法，累计发表相关研究文章 20 余篇。本项研究成果支撑完成了“中国耕地质量等级调查与评定”(2012 年获得国土资源部一等奖)。研究团队经过不断思考、分析、研究和总结，以上述工作为基础，对中国西部区耕地等别分布及监测进行更深层次的研究，于 2012 年初开始筹划本书的编写工作。

本书在编写过程中得到了国土资源部土地整治中心、西部 12 省(自治区、直辖市)国土系统相关人员的大力支持，以及我国土地科学领域各类专家与学者的悉心指导和真诚帮助，在此谨向他们一并致以衷心的感谢！

受编者水平所限，书中疏漏和谬误在所难免，诚请读者批评指正。

编　者

2016 年 12 月于北京

目　录

第一章 概 述

第一节 背 景

耕地资源是农业生产最基本物质条件，其数量和质量的变化直接影响粮食安全，中国一直把粮食问题放在国民经济的基础地位。随着我国人口高峰的日益迫近和人们生活水平的不断提升，以耕地资源安全为核心的国家粮食安全问题日益受到各级政府和国内外广大学者的高度关注。近年来耕地数量保护已经得到足够的重视与控制，但由于耕地质量的衰减是隐性的，不易被人们察觉，而未得到应有的关注与保护，耕地质量降低造成的影响绝不亚于耕地数量减少，“没有质量的数量同样让人担忧”。为保障国家粮食安全和经济社会可持续发展，应对快速城镇化、工业化进程所带来的耕地面积减少与人口资源增加导致的粮食需求增加之间的矛盾，亟须加强耕地质量保护方面的工作。

进行耕地资源科学管理的基础是资源的质量，但是，长久以来我国缺乏全国统一可以比较的耕地质量评价体系、耕地质量等别成果、耕地质量数据成果。为实现耕地数量质量并重保护的需要，我国于 2000 年正式启动农用地分等定级工作，遵照《农用地分等规程》对全国农用地资源进行自然质量等、利用等、经济等的分等，并于 2009 年基本完成农用地分等工作，形成了全国统一可比的大尺度的耕地质量成果，第一次摸清了我国耕地质量空间与数量的分布状况。

西部区域的耕地质量评价工作是国家农用地分等成果的基础，由于农用地分等是采用省级独立完成、国家汇总的方式来完成，因此，整个成果可以分为国家级、省级以及县级成果，但是缺少分东、中、西，从区域出发的有关耕地调查与评价，耕地质量分布的区域成果，因此，有必要形成区域的耕地质量评价与分布的研究成果，为从不同的尺度上认识我国耕地资源的质量分布特征与规律，提供科学依据。

中共中央提出“藏粮于土”“要像保护大熊猫一样保护耕地”，耕地资源管理已经从数量转移到数量、质量并重的新阶段，使耕地质量得到了前所未有的关注与重视，将耕地质量保护推向了一个新高潮，为加强耕地质量保护提供了良好的历史机遇。

在耕地质量保护新的历史机遇下，为更好地保护耕地质量，为更持续、有效、科学地保护耕地，促使耕地质量不降低，及时准确地把握一定时期内耕地质量动态变化状况已成为当务之急，为此深入、长久地开展耕地质量监测的研究工作，建立耕地质量监测的长效机制，力求准确把握耕地质量变化，也是我国耕地质量保护的重中之重。

据此，国土资源部开展了重大公益性行业科研专项项目“耕地等级变化野外监测技术集成与应用示范”，本项目主要通过对耕地自然、经济方面因素的监测及时更新数据，重新评定耕地等级，并将监测前后耕地等级进行对比分析，从而快速准确地获取耕地质量变化情况，为耕地质量保护提供决策支持。

目前，关于耕地质量评价、分布的成果，主要是省级层面和国家层面的成果，从我国西部区域自然条件特征出发，系统阐述耕地质量评价过程、耕地质量分布和监测的研究还是空白。

第二节 目的与意义

一、研究目的

《土地管理法》第二十八条明确规定："根据土地调查成果、规划土地用途和国家制定的统一标准，评定土地等级。"党中央、国务院坚持最严格的耕地保护制度和最严格的节约用地制度，像保护大熊猫一样保护耕地，着力加强耕地数量、质量、生态"三位一体"保护。中国耕地资源紧缺，西部地区的耕地资源是极其重要的组成部分，开展西部地区耕地质量等别评价、分布与监测研究，科学量化耕地的质量及其空间分布，掌握耕地质量变化趋势与变化强度，为国土资源部门制定耕地资源利用与保护的策略提供依据。研究成果应用领域广泛，由此建立科学的耕地质量评价与监测体系，为土地利用总体规划、征地制度改革、耕地占补平衡、基本农田保护、土地整理及农用地流转提供依据。

二、研究意义

本研究第一次针对西部区耕地质量进行最全面、最科学的研究和评价，摸清了西部区耕地资源质量状况及资产价值与空间分异特点，揭示了西部区耕地等别分布规律，探索了西部区耕地质量监测技术方法，对西部区土地管理具有历史性、战略性重要意义，为强化国家和地方的耕地资源安全管理水平，提升维护国家粮食安全的资源保障能力提供科技支撑。

1.为政府决策和科学管理提供依据

农用地分等按照农用地的自然属性和社会经济属性，对农用地生产能力进行比较分析和定量评价，为建立国家粮食安全保障体系及经济社会可持续发展服务，为政府决策和科学有效管理提供有力的技术支撑。

2.为农用地定级与估价提供基础

农用地定级与估价是农用地分等成果的延伸，是对农用地质量更全面，更准确的评价。通过农用地定级与估价，可以科学量化区域内农用地的质量及其分布，为土地管理、耕地占补平衡、基本农田保护、征地补偿及相关土地管理工作提供科学依据。

3.研究成果为地方土地利用总体规划修编和基本农田保护区的划定提供依据

运用研究成果中土地质量分布状况，研究在土地利用总体规划修编、基本农田保护区划定中的应用，探索土地利用总体规划修编和基本农田保护区划定中耕地质量评价及应用的方法、程序和制度建设，提高了土地利用总体规划修编和基本农田保护区划定的科学性。

4.丰富和完善了耕地保护监管内容

目前，耕地质量保护还仅停留在对耕地质量的定性要求及描述，而以等级监测成果为基础，对耕地质量保护可以起到丰富和完善的作用。这对提升耕地保护水平，实现耕地资源的科学化、精确化、差别化管理具有重要意义。

5.为耕地保护质量管理提供依据

有了质量等级监测成果做基础，在土地整治工作中可以依据质量等级以及产能提升潜力大小合理确定土地整治重点区域，明确各区域土地整治方向、提升等级等要求。对于建设项目选址，可以选择占用等级较低的耕地，减少高等级耕地流失。在基本农田保护中，能够摸清基本农田质量等级及产能基本变化情况，为制定基本农田建设规划提供依据，科学指导基本农田集中区、整备区确定，以及基本农田划定与落实。

6. 为耕地综合生产能力建设服务

通过西部区耕地质量监测研究，逐步建立国家—省—县三级耕地等级变化和产能安全年度报告制度，向社会及时公示区域内占用耕地去向及其造成产能损失，补充耕地增加产能以及耕地质量建设提升产能情况，并做出区域产能安全的综合评价。由此可以反映各行政区域耕地等级提升和产能消长的现状，提出主导措施并分解到所有相关部门落实，实现耕地等级变化和产能建设的共同责任。

第三节 研究内容

本书以西部地区为例研究耕地质量等别评价、分布与监测，主要包括以下三个方面研究内容：

(1)西部地区耕地资源的基本概述 叙述了中国西部地区的基本情况，分析了西部耕地分布的自然条件特征，阐述了耕地质量等别评价方法体系，归纳了西部耕地质量评价的基本参数，梳理了西部地区耕地质量等别的评价过程。

(2)西部地区耕地质量等别分析 分别从不同角度和不同尺度分析了西部耕地质量等别的分布特征，包括总体分布情况、各省分布情况、各土地利用分区分布情况、各一级指标区分布情况、经度梯度分布情况、纬度梯度分布情况、样带尺度分布情况等，总结了西部地区标准样地的设置与分布情况。

(3)西部地区耕地质量等别监测研究 在提出耕地质量等别监测关键技术方法的基础上，分别以云南省陆良县、内蒙古达拉特旗、陕西省凤翔县、重庆市丰都县、新疆阿勒泰市为例，对提出的耕地质量等别方法体系进行示范，并分析示范县耕地质量等别变化的过程、原因及驱动因素，提出耕地质量等别提升途径。

第四节 耕地资源评价历史与研究进展

一、国外土地资源评价历史与进展

国外关于农用土地评价方面的资料最早见于15世纪莫斯科公国的税册中，这一中央集权制的封建国家，为了给官员和贵族平等地分封土地、敛取赋税，将耕地分为上、中、下三等，并造册登记。

1717年，为了平衡地摊派土地税额，西欧奥地利政府初次在洛姆巴尔基亚(意大利北部)建立了土地测定委员会，他们根据土壤质量及每块农用土地的投入产出情况，测算出每块土地的纯收入，并采用4%的利率进行纯收入资本化，共历时15年完成了该地区土地价格评定工作。中央税务管理局根据土地价格评定资料摊派土地税，地方财政管理局将相应的税额分配给各区，各区税务机关再摊分给各纳税者。

1808—1890年，为合理征收地税，法兰西测定了分散在1.23亿小块土地上35 800个公社，总面积520万hm^2的土地；1861—1886年，普鲁士用较为简便的方法，完成了农用土地的测定。他们并非对所有地块进行专门鉴定，而是在对每种农用土地划定等级（不超过8等）基础上，核算一般形式下各种农用土地每个等级纯收入的规模。随着社会经济的发展，土地测定从作为分摊税额依据，扩大到从法律上规定土地所有权界限的职能，而成为界定庄园财产的法律基础。始于1859年国家财产部采取了《耕地按黑麦产量分类》的方法，将耕地分为最好土地、好地、中等地、下等地和坏地五等，每等又分为二级，但这都是以"目测"方法进行的，并未吸收专家参加，也未制定土壤分类。

1877年起，俄罗斯著名土壤地理学家道库恰耶夫（1846—1903）对黑钙土进行了科学考察，为了查明土地税和土地质量的关系，先后同气象学家、植物学家和经济学家在尼日戈罗德省、包勒特夫斯克开展了土地评价工作。

德国开展农用土地估价工作已有180年历史。1934年德国颁布的《土地评价法》，以中部易北河畔的土地为标准宗地，对标准剖面进行比较描述，采用综合评分方法进行全国土地评定。在对农用地评定时，以当地最好的土地为100分，并与其耕地及草地每公顷净收益值相对应，其他土地进行对比评价，评价结果作为征收土地税、发放休闲补贴、进行土地归并及调换土地、地租地价的法律依据。1925年开始进行该项工作，至1934年形成较完善的《土地评估法》，1935年完成了全国每个企业的土地单位评分价格值的评估，并要求每隔6年重新评估一次。

英国于1931年开始用7年时间完成土地利用潜力分级，全国分7级。美国于1961年采用划分土地利用潜力等级的方法，在全国实行8级分类，按剖面描述的方法划分土地等级。加拿大将土地生产能力等级划分为7级。苏联于20世纪70年代根据土壤评级和最佳土地利用方式，按自然带划分为土地类（7类）（利用方式一致性）、土地级（20级）（相同限制因素）、亚级（36亚级）（土壤条件相似）及土地种（耕作方式一致性）。

在国际上最有影响、推广范围最广的是联合国粮农组织提出的土地评价方法。联合国粮农组织在1972年10月举行了荷兰瓦格宁根国际专家会议，对土地的概念、土地利用类型、土地评价的方法及诊断指标进行讨论后，于1973年发布了《土地评价纲要》，1983年美国联邦复垦局（USBR）发布了"土地分级办法"。这一系列土地评价导则性的成果奠定了现代土地分类与评价的基础理论和方法。这些方法广泛地应用于土壤、耕地、水资源、森林、动物保护、粮食安全和区域发展规划等方面的评估，并且在发达和发展中国家如澳大利亚、保加利亚、瑞典、越南、德国巴伐利亚等地开展了大量的实践工作。尤其FAO发布的《土地评价纲要》，其特点是弥补了美国土地潜力评价系统的不足，反映了土地适宜性程度及土地的限制性因素和改良管理措施等，大大地促进了各国土地资源评价的研究，在世界各地得到了广泛推广和应用。

二、国内土地资源评价历史与进展

对土地的评价在我国有着悠久的历史，土地分等理论和实践始于农用地，我国是世界上研究土地分类进行农用地评价最早的国家。据《禹贡篇》记载，夏禹治水后曾按土色、质地和水分将农用地划分为九等，并依其肥力制定相应的贡赋等级。同样，在《管子·地员篇》中也有当时黄河流域及长江中下游土壤定级估价的实际记载。早在宋代，早有"民间买田之初必以租定价"、"不以亩为价而随租以为价"的论点。1853年太平天国颁布了《天朝田亩制度》，规定按产量评定田地等级，将田地分为三等九级，这可算是最早最简单的土地经济评价，这些都是农用地分等定级估价的研究基础。

新中国成立后，我国农用地分等定级工作始于1951年的查田定产工作的开展，属简单的土地经济评价；系统科学的研究工作始于70年代，当时我国土壤学界与地理学界引入了联合国粮农组织(FAO)的土地适宜性评价，开展了探索性的研究。80年代中期开始的土地详查工作，搞清了土地的数量家底，农业部也试点划分了土地等级，产生了全国第二次土壤普查暂行技术规程中的土地生产力分级和中科院综考会的1∶100万土地资源图分类体系，制定了《县级土地评价技术规程(试行草案)》(1986年)；1989年由原国家土地管理局主持，拟定了《农用土地分等定级规程(征求意见稿)》。

90年代以来，随着土地使用制度改革的深入，为满足我国农用土地税收、补偿和流转的需要，原国家土地管理局在农用地分等定级估价试点经验的基础上，对《农用地分等定级估价规程(征求意见稿)》(1989年)进行了修订，编制了《农用地分等定级估价规程(讨论稿)》(1996年)，于1998年召开了研讨会，此后对《规程》进行了进一步的研究。

1999年国土资源大调查工程项目正式启动，2001—2006年西部区12省的农用地分等工作共分五批部署，至2008年12月省级成果全部验收，2009年全国级汇总成果验收，形成了全国统一可比的耕地质量成果。与此同时，在开展农用地分等工作期间，加速了《农用土地分等定级估价规程》的编制，2001年1月《农用土地分等定级估价规程》通过国家验收，2003年形成了《农用地分等规程》、《农用地定级规程》和《农用地估价规程》三个国家行业标准。以2003年形成的行标为基础，2012年发布了《农用地质量分等规程》、《农用地定级规程》和《农用地估价规程》三项国家标准，规范了以耕地为主的农用地质量评价与价格评估工作，填补了当时国家层面耕地质量评价和价格评估缺少统一标准的空白。

为了及时掌握耕地质量等级动态变化情况，国土资源部于2011年始开展了重大公益性行业科研专项项目“耕地等级变化野外监测技术集成与应用示范”，并同时开展了西部区云南陆良县、重庆丰都县、内蒙古达拉特、新疆阿勒泰市和陕西凤翔县五个耕地质量等级监测试点研究工作。依据试点研究成果，全国陆续开展了耕地质量等别成果补充完善、耕地质量等别年度更新评价，耕地质量等别年度监测评价等一系列工作，并把耕地质量年度更新和监测评价做为日常工作，对耕地质量变化的重视程度达到了空前的高度。本研究从我国西部区域自然条件特征出发，系统阐述耕地质量评价过程、耕地质量分布和监测技术，为近年来西部乃至全国开展上述耕地质量年度更新评价、年度监测评价和耕地质量定级与估价工作提供了强有力的技术支撑。

第二章　中国西部地区概况

第一节　区域自然资源概况

一、气候条件

西部地区气候资源类型多样，跨越自北热带到寒温带的 7 个纬度气候带，又有极特殊地质背景，气候的水平和垂直分异明显，形成了类型多样而且差异极大的气候特点，例如，年太阳总辐射量由 3 305 MJ/m^2(四川峨眉)到 11 000 MJ/m^2(西藏昆沙)，年日照时数由 784 h(四川宝兴)和 946.8 h(四川峨眉)到 3 353.9 h(青海冷湖)，年平均气温由＜4℃(藏北、江河源区)到 22～24℃(云南红河谷地、广西南部)，≥10℃积温由 0～500℃(青南、藏北)到 8 710℃(云南元江)，年降水量由 6.9 mm(新疆托克逊)到 4 095 mm(藏南巴昔卡)，年平均风速由小于 1 m/s(四川盆地)到超过 6 m/s(新疆达坂城)。因此，气候类型多样，但仍以干旱和高寒气候占地最广。

西部地区绝大多数的土地位于太阳辐射总量 586 kJ/cm^2 等值线以西，即西部地区各地太阳辐射总量多在 586～837 kJ/cm^2，其中，西藏大部、新疆东南部、青海西部、宁夏和甘肃北部，达到 670～837 kJ/cm^2；内蒙古、宁夏南部、甘肃中部、青海东部、西藏东南部、新疆南部等地达到 586～670 kJ/cm^2。

西部地区降雨分布不均，西南地区气候温和、降水丰沛、河川径流发育，年平均降水量在 1 098 mm 以上，是西北地区(154 mm)的 7 倍，多年平均径流深度 687 mm，是西北(32 mm)的 215 倍，其中青藏高原东南部年雨量达到 4 000 mm 以上，为我国大陆降雨量最大的地区。而西北地区干旱少雨，3/4 的地区属于干旱、半干旱区，是我国水资源最短缺、河川径流最贫乏的地区。青藏高原则由于地形高大，绝大部分地区为降水小于 500 mm 的高寒荒漠。

总体上讲，西南水灾、西北旱灾较为严重。西部地区特别是西北地区降水主要在夏季，集中在 7—9 月，强度较大，容易形成洪涝灾害或滑坡、泥石流等地质灾害。

二、地形地貌

西部地区主要处在我国地势的第一阶梯和第二阶梯上，地形复杂，多山地、高原和盆地。高峻的山系把巨大的高原、辽阔的盆地分开，形成气势磅礴、壮丽辉煌的地形架构。

西北地区，具有高耸的山岭和巨大的盆地，如昆仑山、阿尔泰山、天山、阿尔金山、祁连山和准噶尔盆地、柴达木盆地、塔里木盆地等。高大山区大多有现在冰川发育，为盆地区绿洲的形成创造了条件。

西南地区，地形单元包括高耸的山岭、低陷的盆地和深切的河谷。地形的多样化，为植物的多样性创造了条件，特别是西南山区高山的垂直地带性，为生物多样性创造了较为理想的环境条件。

由于地质地貌和气候条件的巨大差异，西部地区虽然土地面积广阔，但耕地面积相对较少，而且耕地破碎化程度高，在高寒、干旱、水土流失、地质灾害及人类利用等多重因子的综合作用下，西部地区耕地生产能力表现出极端的脆弱性，耕地质量水平较低。

三、地质条件

西部地域辽阔，海拔高耸，具有复杂的地形和地质构造。西北地区以盆山构造体系为特点，东北为阿尔泰山，西北毗邻哈萨克斯坦，内部南北分别发育准噶尔和塔里木盆地，两者之间为天山。西部紧邻帕米尔地区，向东延伸至阿拉善地区以及祁连山区，南部为青藏高原北缘昆仑山脉，昆仑山向东延伸为阿尔金山。

青藏高原北缘和塔里木盆地以阿尔金断裂为界，东北为柴达木盆地，由北向南依次主要为松潘甘孜地块、羌塘地块、拉萨地块和喜马拉雅地块，这些地块之间分别以金沙江缝合带、班公-怒江缝合带和雅鲁藏布江缝合带为界。这些地块内部根据具体研究目的可能会再细分为一些微地块，这些(微)地块之间的边界可能也具有一定的争议，地块和边界(断裂、缝合带)的名称也会随之略有变化。青藏高原地区的一个突出特点就是具有加厚的地壳(以及岩石圈)，地壳厚度达 80 km；相关的研究也表明青藏高原的地壳厚度在空间上也存在着一定的差异，这与印度板块的俯冲过程可能具有一定的关系，青藏高原周缘其他板块也会有一定的影响。

西南地区构造较为复杂，地处多个板块边缘交汇处，这里常常被当作印度-青藏高原碰撞形成的“挤出构造”。东临四川盆地、扬子板块和华南褶皱带，内部主要有松潘甘孜褶皱带、羌塘地块以及拉萨地块的东南分部构成，西南毗邻印度板块和孟加拉板块，南部是印支板块，周围及内部有多条断裂(缝合带)发育。

四、土壤条件

西部地区自然环境恶劣，如有高寒高海拔的青海、西藏，风沙严重的内蒙古、新疆，坡耕地比重大的云南、贵州、四川、重庆等，这些不良的自然环境使土壤沙漠化、水土流失等土壤退化现象集中在西部且高于我国其他地区。

西北地区，黄土高原黄土层深厚，其上发育的主要土壤为黄绵土，以及褐土、黑垆土、栗钙土、灌淤土等，较平坦的塬、梁、峁顶部和较大沟谷底部的川坪地，土壤深厚，但黄土高原黄土颗粒细，土质松软，垂直节理发育，在缺乏植被的情况下，遇水极易受侵蚀，加以夏雨集中且多暴雨，在长期的流水侵蚀下，地面被分割得支离破碎。内蒙古地区自东向西依次分布着黑土、黑钙土、栗钙土、棕钙土和荒漠土，黑钙土有机质和土壤养分均较高，土壤结构好，水分条件优越；栗钙土分布最广泛，多数地区热量较差，降水不足，水蚀风蚀严重，加上存在根系不易穿透的钙积层，建设森林植被较为困难，棕钙土腐殖质层较薄，仅有 15～30 cm，比较贫瘠，生长植被困难。西北荒漠地带，主要是灰漠土、灰棕漠土和绿洲地带的灌淤土。灰漠土和灰棕漠土，质地较粗，养分缺乏，保水保肥性较差，且硫酸钙和易溶盐含量较高，严重制约着植物生产潜力的发挥。绿洲地带的灌淤土，含有一定的有机质和氮素，钾养分比较丰富。

西南地区，四川盆地除成都平原等地农业土壤为水稻土外，广大丘陵山地多为紫色砂页岩风化母质上发育的紫色土，富含磷、钾等养分，肥力较高，但容易遭受强烈侵蚀，质地较粗，具沙性，抗旱能力低，且缺磷。云贵高原地带性土壤主要是黄壤、红壤，大部分是在残存红色风化壳上发育形成的，一般酸性较强，强烈淋溶，土壤养分不丰富。青藏高原的高山和亚高山土壤，土层较薄，植物生长受到限制。

五、水资源

西部地区是我国重要的水源地，我国许多重要的河流，如长江、黄河、珠江、澜沧江、雅鲁藏布江等都发源于此，同时它还拥有青海湖等众多湖泊。这些河流和湖泊不仅能为西部地区和全国的生产生活提供用水，还对保持西部地区甚至全国的生态系统平衡起着重要的作用。

2014 年全国水资源总量为 272 66.9 亿 m^3，西部地区水资源总量为 15 165.8 亿 m^3，占全国的 55.6%。从总量上看，西部地区的水资源丰富，但西部地区的水资源存在时空分布不均的问题。具体表现为：西南多，西北少。西南地区大多属于亚热带季风性气候区，气候温和，降雨丰富，因此水资源总量较为丰富。而西北地区因大部分处于欧亚大陆腹地，属于干旱半干旱地区，气候干燥少雨，且蒸发量大，因此水资源短缺。不管是西南地区还是西北地区，在降水时间上都分配不均，降水都集中在几个月份，一般都在 5—10 月。由于降水集中，导致西部部分地区在雨季时出现洪涝灾害，而在冬季由于降水量的不足，常出现春旱。

1. 地表水资源

西部地区多年平均河川径流量约为 1.45 万亿 m^3，其中外流区的河川径流量约占 90%。内陆区和外流区由于所处地理位置的不同，径流量分布悬殊，内陆区绝大部分处于年降水稀少的干旱地区，还有极干旱的无流区，所以河川径流贫乏，虽然该区内陆区面积占全区面积的 49%，但河川径流量仅占总量的 7.5%。外流区多大江大河，如发源于青藏高原的长江、黄河等，源头流经青海西部地广人稀的高寒草甸区，径流充沛。发源于云贵高原的河流，虽然河流长度和流域面积不如前者，但西南降水补给充沛，所以径流也很丰富，尽管外流区面积只占全区的 51%，但河川径流量占全区河川径流总量的 92.5%。

2. 地下水资源

地下水的形成与分布直接受区域地质构造、地貌、地形、水文气象等自然条件的影响。西部地区地下水类型很多，补给和排泄形式也有所不同，其中分布较广、贮量较多的地下水，如黄河流域的银川盆地（平原）、河套平原、关中盆地、长江流域的成都平原，埋藏有丰富的潜水。新疆、青海的西部、内陆区、川西南山地、四川盆地外围、云南等山丘区分布有岩类裂隙水。云南、贵州、广西等省份以可溶性岩溶水为主。基岩裂隙水和岩溶水大部分补给了河流，成为河川径流的基流，新疆的河川径流中平均有 37%是基流。西南多山地，河流切割较深，河川径流包含了浅层地下水泄量，所以西南诸省区的河川径流就是水资源总量。

六、生物资源

西部地区的生物资源占全国的 2/3 以上，据统计，仅青藏高原就有植物种类 1 200 多种，动物种类 1 000 多种，特有的高原动植物 100 多种。西北地区有经济价值的野生植物资源有 300 多种，西南地区也有 900 多种，是世界上植被类型最丰富的地区之一。西部地区的一些动植物资源在长期的进化过程中，逐渐适应了极端冷热、干旱、强风、高辐射等极端条件，从而形成具有特殊抗逆性和丰富的生态适应型或含有价值次生代谢化合物的野生生物资源，具有十分重要的价值和作用，是我国农林草作物新品种的宝贵基因源和医药与工业原料的重要来源。

这些野生生物资源不仅是当前西部人民生存与生活所需，而且在 21 世纪下半叶将成为全球意义上的重要农林草作物新品种的宝贵基因源和医药与工业原料的重要资源。我国西部大量珍稀和有经济、生态价值的野生生物资源，由于日益频繁和剧烈的人为活动影响，其物种与生态系统迅速衰减与退化。

七、人为因素对自然的影响

(一)资源型经济发展模式对生态环境的破坏

在传统经济增长模式下，中国西部地区的经济发展严重依赖于地区资源，西部地区发展走的是一条高消耗、高污染、低产出的工业化道路。这种典型的资源型经济发展模式加剧了粗放型经济发展与有限的生态环境承载能力之间的矛盾，导致生态环境退化和自然资源严重短缺，出现生态环境逐渐恶化的趋势。

(二)对土地资源的不合理开发与利用

西部地区生态环境的先天不足，加之人类长期的不合理开发利用，过度垦荒、放牧和乱砍滥伐，致使生态系统脆弱、水土流失严重、气候条件恶劣、森林覆盖率低，加剧了西部地区生态环境的恶化。

(三)对工业污染引起问题重视不足

由于西部环保意识和环保资金缺乏，大量的工业污染得不到有效处理，导致大气、水资源和土地的污染问题日益严重，对西部的可持续发展和人民生活水平的不断提高构成了极大威胁，严重阻碍着西部地区现代化的实现。

(四)环境保护观念不到位

由于历史、地理和经济原因，西部地方政府对保护生态环境的重要性和紧迫性认识不足，政府的传统政绩观念也还未改变。长期以来，地方政府官员政治上追求晋升，经济上追求GDP，保护生态环境的理念意识淡薄，落后地区政府出于赶超需要，片面追求经济的高增长，导致西部地区资源枯竭和生态环境的不断恶化。

(五)土地利用率低

西部地区土地开发利用程度明显低于东部地区，大部分土地仍处于自然的、低水平利用状态，已开垦的土地利用率也不高。由于盲目开垦，水、肥难以保证，种几年后，缺水、缺肥，盐碱化加重，产量越来越低，不得不弃耕，浪费较大。主要原因是：水资源紧缺，地力不足，还有长期形成的种植习惯也起到相当大的作用。

第二节　社会经济概况

西部地区疆域辽阔，地处北纬 20°54′～53°23′，东经 73°21′～126°04′，包括陕西、甘肃、宁夏、青海、新疆、内蒙古、广西、重庆、西藏、四川、云南、贵州 12 个省(自治区、直辖市)，下辖 119 个地级市(州、地区)，1 068 个县(市、区)。

2014 年西部地区总人口 3.72 亿人，占全国总人口的 27.21%；GDP 为 138 073.5 亿元，占全国 GDP 总量的 21.44%；人均 GDP 为 3.7 万元/人，约为全国平均水平的 78%。由表 2-1 可知，2005—2014 年西部地区经济发展速度较快。西部地区生产总值年均增长 16.8%，经济总量占全国比重提高了3个百分点，主要经济指标增速均高于全国平均水平，与东部地区发展差距逐步扩大的趋势得到初步遏制。

表 2-1 2005—2014 年西部社会经济发展与全国比较

指标	2005 年		2014 年		年均增长/%	
	西部	全国	西部	全国	西部	全国
年末总人口/万人	35 914	130 756	37 223.2	136 782	1.0	1.0
地区生产总值/亿元	34 086	184 937	138 073.5	643 974	4.1	3.5
地方财政收入/亿元	2 465	15 101	19 238.419	140 370	7.8	9.3
进出口贸易总额/亿美元	451	14 219	3 343.8	43 030	7.4	3.0
全社会固定资产投资/亿元	17 645	88 774	129 191.3	512 020.6	7.3	5.8
城镇居民人均可支配收入/元	8 783	10 493	23 853	29 129	3.1	2.8
农村居民人均纯收入/元	2 379	3 255	8 134	11 422	3.4	3.5

第三节 土地利用概况

一、土地利用结构

我国西部地区耕地面积4 534万 hm^2，占全国耕地总面积的36%。人均占有耕地0.15 hm^2，高于全国平均数的34%；天然草地面积33 144 hm^2，占全国天然草地总面积的84%，人工种草保留面积491万 hm^2，占全国的81%；人均占有林地0.34 hm^2，牧草地0.73 hm^2，分别是全国平均水平的1.91倍和3.57倍；有2.26亿 hm^2 未利用土地，占全国的87%。

根据农用地分等成果数据，从西部地区耕地利用类型来看(表2-2)，西部地区耕地主要以旱地为主，占西部地区耕地面积的57%(不包括新疆)；其次为灌溉水田，面积为8 781.26 khm^2，占西部地区耕地面积的21.32%；望天田和水浇地的面积较小，分别占西部地区总面积的10.82%和10.57%；另外还有极小面积的菜地和宜农未利用地也纳入农用地分等对象中。

表 2-2 西部地区各利用类型耕地面积统计表

耕地利用类型	所占面积/khm^2	面积比例/%
灌溉水田	8 781.26	21.32
望天田	4 234.70	10.28
水浇地	4 352.03	10.57
旱地	23 540.15	57.16
菜地	183.07	0.44
宜农未利用地	88.50	0.21

注：由于未能获取新疆分等图斑的地类数据，因此表中新疆数据未统计在内。

从西部地区耕地复种类型分布来看(表2-3)，西部地区耕地的复种类型主要是一年两熟和一年一熟，分别占到西部地区耕地总面积的50.86%和41.52%，其余复种类型的耕地都较少，一年三熟的耕地只在南部地区有极少量分布。

表 2-3 西部地区各复种类型耕地面积统计表

熟制	面积/khm^2	面积比例/%
一年一熟	18 827.6	41.52
一年一熟或两熟	2 317.4	5.11
两年三熟	1 135.9	2.51
一年两熟	23 060.0	50.86
一年三熟	1.1	0.00

二、土地利用存在的问题

西部地区土地广阔，人口稀少，自然资源丰富，但生态环境比较脆弱，主要表现在：

(1)水土流失比较严重。目前，全国水土流失面积约有 360 万 km^2，西部地区约占 50%，就耕地而言，西部地区水土流失耕地面积占全国水土流失耕地面积的 52.1%。

(2)土地沙漠化盐碱化及草场退化。我国是世界上沙漠及沙漠化土地分布较多的国家之一，而西北地区是我国沙漠化土地的主要分布区，由于地理和气候原因西北地区土壤形成条件差，土壤黏土含量少，成壤时间长，土壤层厚度薄，极易发生土壤侵蚀及沙漠化。目前西北地区沙漠化(含潜在沙漠化)面积已过 233 万 hm^2，且每年以 10 万 hm^2 的速度继续扩大。

(3)土地利用供需矛盾日益突出，土地利用粗放，利用率及产出率较低都是目前西部地区土地利用中急待调控的问题。

三、耕地保护现状和面临压力

西部地区生态与环境脆弱，不适宜大规模开发耕地而作为全国的粮食基地，但根据土地的适宜性，优质和中等质量的耕地需要得到应有的保护，以满足当地人们的需求和生产特色产品的需要。西部耕地保护主要涉及：避免建设用地占用优质耕地，保护耕地的综合生产能力；促进低质量或边际耕地的生态退耕，避免复垦，建立优质耕地的生态屏障；控制化肥、农药、地膜、农用柴油等农资投入量，防止农业面源污染风险的加剧，使生态退耕的积极作用得到巩固和发展。

(一)建设用地扩展，占用优质耕地

现阶段，国家对西部地区的政策倾斜明显，政府加大了投资力度，用以改变西部投资环境，以促进西部经济发展，因此，西部正处于城市化的高速发展期，其对耕地占用数量的影响极其显著。受土地利用比较效益的影响，现阶段和将来，西部地区建设用地的扩展也是必然的趋势。目前在西部的城镇化过程中，存在为了追求政绩，盲目乱铺摊子，扩大建设用地规模的现象，但很少顾及地方经济的实际发展水平。

(二)劣质耕地增加，加剧生态退化风险

生态退耕自 1999 年开始试点，2002 年全面启动，实施范围涉及 25 个省(自治区、直辖市)和新疆生产建设兵团 3 200 多万农户、1.24 亿农民。西部生态退耕的生态效益是明显的，但近几年西部地区农作物播种面积有波动增加的趋势，生态退化的风险增加。根据西部地区 12 个省(自治区、直辖市)的统计资料，生态退耕前期的 1999—2003 年播种面积有所下降，但生态退

耕后期的2004—2009年播种面积有波动增加，说明生态退耕的持续性面临挑战；受灾面积相对量和成灾面积相对量波动幅度较大，说明加强农业基础设施建设、注重农作物优良品种的选择、增强农作物抗灾防灾能力至关重要；随着播种面积的波动增加，受灾面积和成灾面积总体反映出也有波动增加的趋势。如果播种面积的增加不是主要源于复种指数的增加，其来源必然是低质量的土地，而这对西部地区的生态恢复和优质耕地的保护是极为不利的。

(三)农资投入增加，加剧农业面源污染风险

西部地区的生态退耕等因素使当地的耕地面积不断减少，而人口的刚性增加和人民生活水平的不断提高，对耕地单产的持续增加提出越来越高的要求。这样，对原有耕地和新增耕地的农业物资投入越来越大。增加农业物资的投入，为解决人们温饱和增加农业收入起到了举足轻重的作用，但在没有合理投入标准的限制下，过量的农资投入会使土壤质量下降，农产品的质量下滑，并通过地下水对环境造成越来越大的压力。如果为缓解生态退耕和建设用地扩展对农作物总产量下降的影响，而单纯注重增加农资投入，却忽视种植业面源污染的防治，必将使西部地区种植业面源污染潜在风险加大，进而对生态退耕产生负面影响，并对下游地区造成巨大威胁。

本章小结

西部12省(自治区、直辖市)自然环境条件复杂多样，人地矛盾突出，是我国生态环境脆弱区的集中分布区。本章首先介绍了影响耕地资源数量分布和质量特征的区域气候条件、地形地貌、地质条件、土壤条件、水资源、生物资源等自然特征；与东部区域相比，西部区域土地基础设施条件相对较差，土地边际化问题突出，既有地形地貌多样的云南坡耕地集中分布区，也有贵州喀斯特地貌的规模小的耕地区，还有西北区域大规模的耕地分布区；与东部快速城市化和工业化耕地成片消失不同的是，区域内的耕地资源也存在向高海拔和坡度大的区域转移的问题，因此，西部区域的耕地资源既受到城市化和工业化的影响，又受到生态脆弱的制约。

第三章　耕地资源等别评价

第一节　基本参数确定

一、标准耕作制度分区

根据西部地区农用地分等数据，西部地区耕作制度共分为五类：一年一熟、一年一熟或两熟、两年三熟、一年两熟、一年三熟，其中以一年两熟和一年一熟制为主。秦岭以北的耕地大多是一年一熟制，秦岭以南的耕地大多是一年两熟制，一年三熟制的耕地极少，只有在南部的华南区有少量分布。

《农用地分等定级规程》(以下简称《规程》)中根据影响耕作制度的主要环境指标：热量、水分、地貌以及社会经济条件进行耕作制度分区，将全国分为 12 个一级区(图 3-1)和 40 个二级区。按照《规程》中划定的全国农业耕作制度，西部地区 12 省共覆盖到 10 个一级区(图 3-2)包

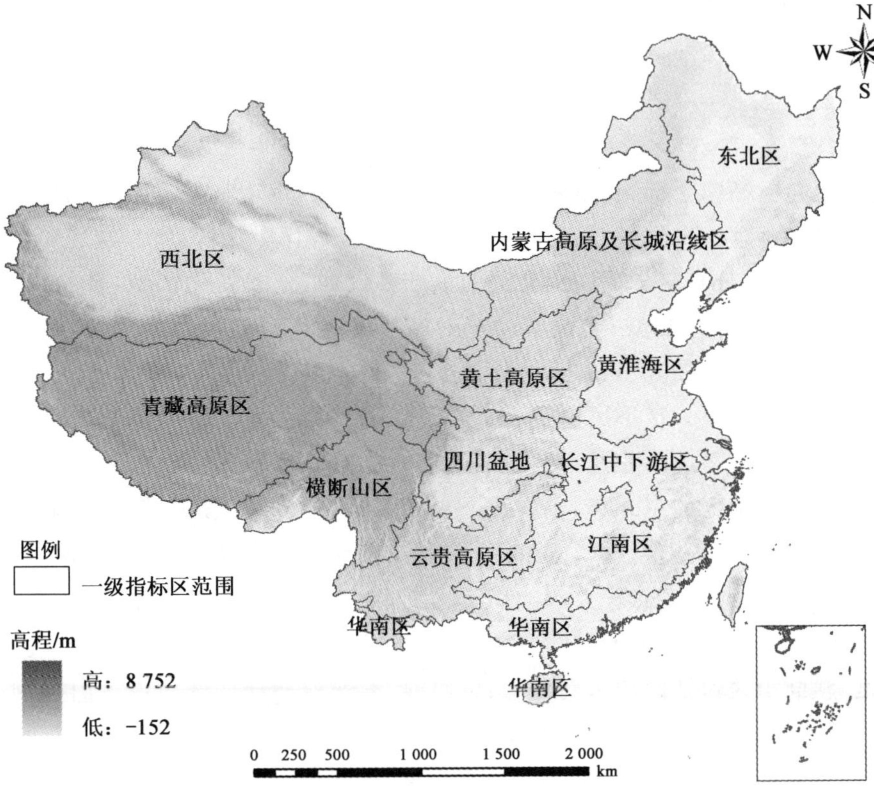

图 3-1　全国一级指标区分布示意图

括：西北区、青藏高原区、横断山区、内蒙古高原及长城沿线区、黄土高原区、四川盆地区、云贵高原区、东北区、华南区、江南区，29个二级区（图3-3）。

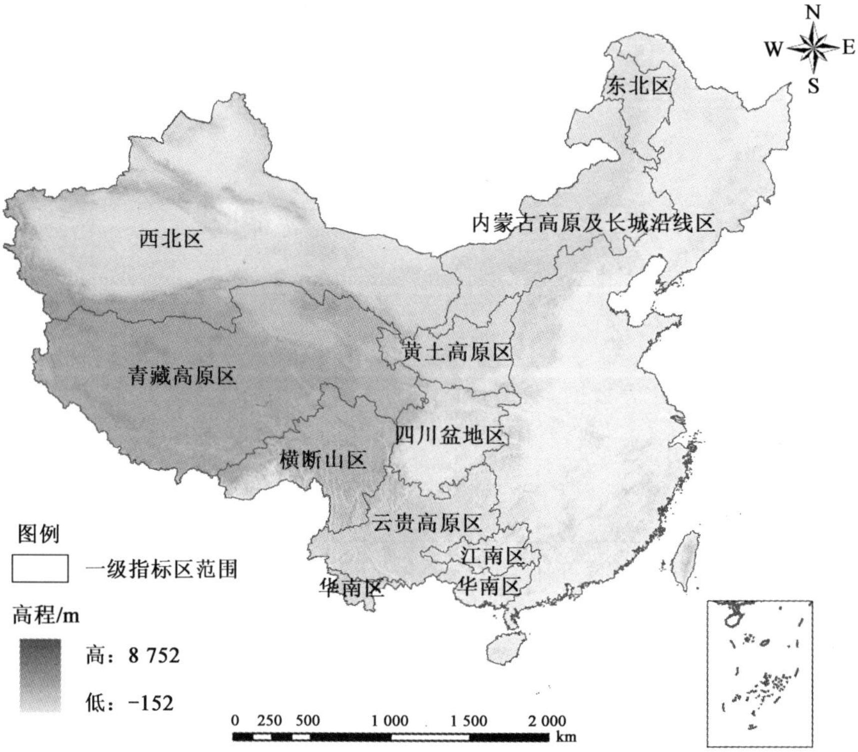

图3-2 西部地区一级指标区分布示意图

西北区：该区包括新疆全部、甘肃西北部、内蒙古西部小部分地区，包含四个二级指标区：北疆灌溉区、南疆东疆盆地绿洲区、河西走廊区、阿拉善高原区。该区高山、盆地和高原相间分布，沙漠和戈壁面积大，分布广。境内为典型的大陆性气候，寒暑变化剧烈，日差较大，雨量稀少，极为干旱，年均温为0～10℃，年温差26～42℃，极端日温差可达30～40℃。无霜期为120～190天，年降水量40～250 mm，降水分布极不均匀，60%～80%集中在3—4月。这里风速大，年均风速2～4.5 m/s，春季风速最大，白天风速瞬时常大于5～6级，故沙尘暴频繁，全年可达30天以上。该区耕地面积约占西部地区耕地总面积的11%。

东北区：内蒙古自治区的东北部，包含两个二级指标区：大小兴安岭山地区和松嫩平原区。大兴安岭的北端，地势呈西高东低，位于第一阶梯第二阶梯及其结合部，冬寒夏暖，昼夜温差较大，年平均气温－2.8℃，最低温度－52.3℃，无霜期90～110天，年平均降水量746 mm，属寒温带大陆性季风气候。该区耕地面积约占西部地区耕地总面积的3%。

横断山区：横断山区包括西藏东南部、四川西部、云南西北部。区内大雪山、云岭、怒山等南北向的山脉平行排列，海拔4 000～5 000 m，岭谷的高差一般在1 000 m以上。由于横断山区地形复杂，气候垂直变化显著，所以当地人民说这里的气候是“一山有四季，十里不同天”。该区以林业为主，是中国重要的林区，区内耕地极少，仅占西部地区耕地总面积的0.2%。

图 3-3　西部地区各一级区内二级指标区分布示意图

青藏高原区:该区包括西藏大部、青海大部、四川西北部和甘肃西南部小部分地区,包含三个二级指标区:海北甘南高原区和藏北青南高原区、藏南高原谷地区。青藏高原素有世界屋脊之称,高原平均海拔 4 000～5 000 m,并有许多耸立雪线之上高逾 6 000～8 000 m 的高峰。该地区是冬长夏短的高寒气候类型,空气稀薄,光照充足,气温低,年均温－2～10℃,最冷月均温－20～0℃,最暖月均温 5～16℃,无霜期 0～180 天,降水量 50～800 mm,干湿季明显,干季集中在 10 月至翌年 5 月,湿季为 6～9 月。该区地带性土壤有山地灰棕色森林土、高原草甸土、高寒草原土和高寒荒漠土。该区东南部地势较低,气候温暖湿润,植被类型为针阔混交林和寒温性针叶林,西北部地势升高,气候寒冷,植被为高寒灌丛、高寒草甸、高寒草原、高寒荒漠草原以及高寒荒漠等。区内耕地少,耕地面积约占西部地区耕地总面积的 1%。

内蒙古高原及长城沿线区:该区包括内蒙古大部、宁夏西北部地区,包含四个二级指标区:辽吉西蒙东南冀北山地、内蒙古草原区、河套银川平原区和后山坝上高原区。该区东部为大兴安岭山脉和松嫩西辽河平原,中部有阴山山脉及坝上高原,南部是太行山脉、燕山山脉北端,北部为广阔的内蒙古高原。气候为典型的内陆半干旱气候。年平均气温北部为－3～－0.5℃,南部为 5～9℃,最冷月均温北部为－28～－18℃,南部为－15～－8℃;最暖月均温北部为 18～21℃,南部为 22～24℃;无霜期北部为 80～100 天,南部为 120～180 天;年降水量由东南向西北逐渐减少,少的地区为 250～350 mm,多的地区可达 400～450 mm,山区可达 500～600 mm,80%～90%集中在 7～9 月。该区耕地面积约占西部地区耕地总面积的 11%。

黄土高原区:该区包括甘肃中部、宁夏南部、陕西北部和青海东部小部分,包含五个二级指标区:宁南陇中青东黄土丘陵区、晋陕丘陵沟谷区、渭北陇东黄土旱塬区、汾渭谷地和豫西山地丘陵区。黄土高原区地处暖温带地区,平均气温 6～14℃,10℃积温 3 000～4 300℃,无霜期 110～210 天,年降水量 400～600 mm。该区海拔多在 1 000～1 500 m,地形为黄土丘陵和台地等,覆盖着深厚的黄土层,黄土厚 50～80 m,易侵蚀,坡耕地水分条件差,耕作难度大。气候较干旱,降水集中,且多暴雨,加以植被稀疏,在长期流水侵蚀下地面被分割得非常破碎,形成沟壑交错其间的塬、墚、峁,是我国乃至世界上水土流失最严重、生态环境最脆弱的地区。该区耕地面积约占西部地区耕地总面积的 16%。

四川盆地区:四川盆地区包括四川东部、重庆大部、陕西北部和甘肃南部小部分,包含三个二级指标区:盆西平原区、盆周秦巴山区和盆东丘陵低山区。该区属中亚热带湿润气候,年均温 16～18℃,年降水量 750～1 400 mm。全区水资源丰富,平均年径流深 300～600 mm。耕地比例虽然不少,但由于山地丘陵面积大,降水充沛,林地覆盖率大。该区耕地面积约占西部地区耕地总面积的 20%。

云贵高原区:该区包括云南大部、贵州全部、四川南部和重庆南部小部分,包含四个二级指标区:云南高原区、贵州高原区、滇黔高原山地区和川鄂湘黔浅山区。该区是我国南北走向和东北—西南走向两组山脉的交汇处,地形复杂,气候差异大,地势西北高,东南低,海拔高1 000～2 000 m,部分山脉高达 3 000～4 000 m。该区河流主要有长江上游的金沙江、雅砻江、乌江等支流,部分为珠江支流。河流水系处于剧烈下切阶段,形成高山、陡坡、深沟,地貌类型主要为高原、山地和丘陵。地质构造运动强烈，主要基岩地层有石灰岩及风化强烈的砂页岩、玄武岩、片麻岩。该区属亚热带东南季风气候区，年均气温 13～16℃，年均降水量 1 000～1 300 mm，年际、年内分配不均匀，5—9 月占全年降水量的 80%左右，且多暴雨。植被类型属亚热带常绿阔叶林、针阔混交林和亚热带森林。该区地形陡峻，地面组成物质以风化强烈的碎屑岩石组成，一旦森林被砍伐，陡坡地被开垦，在暴雨袭击下，薄层粗骨土及碎屑风化物极易遭侵蚀，甚至可造成毁坏型寸草不生的裸岩地区。该区耕地面积约占西部地区耕地总面积的 25%。

华南区：该区包括广西南部、云南南部，包含两个二级指标区：华南低平原区、华南沿海西双版纳低山丘陵区。该区属于北回归线附近及以南的亚热带及热带湿润区，是中国西部地区的最南端，该区热量丰富，终年温暖，四季常青。具有“常夏无冬，一雨成秋”的特点。该区耕地面积约占西部地区耕地总面积的 6%。

江南区：该区位于广西北部，包含一个二级指标区：南岭丘陵山地区。全国地势第二台阶中的云贵高原东南边缘，地处两广丘陵西部。整个地势自西北向东南倾斜，山岭连绵、山体庞大、岭谷相间，四周多被山地、高原环绕、呈盆地状。区内喀斯特广布，集中连片，其发育类型之多为世界罕见。属亚热带季风气候，热量资源丰富，降水充沛，干湿分明为各地因地制宜发展多熟制作物，提供了有利的条件。但区内气象灾害频繁，经常受到干旱、洪涝、低温冷害、大风、冰雹、热带气旋和雷电的危害，其中以旱涝最突出。该区耕地面积约占西部地区耕地总面积的 4%。

二、指定作物和基准作物

指定作物是省份内各标准耕作制度分区标准耕作制度中涉及的作物，是在各分区范围内种植广泛，在农用地分等中需要进行调查的作物。基准作物是理论标准粮的折算基准，指全国比较普遍的主要粮食作物，如小麦、玉米、水稻，按照不同区域生长季节的不同，进一步区分的春小麦、冬小麦、春玉米、夏玉米、一季稻、早稻和晚稻等 7 种粮食作物。西部地区各省份根据省（自治区、直辖市）内的实际情况确定了省（自治区、直辖市）内指定作物和基准作物，如表 3-1 所示。

表 3-1 西部地区各省份基准作物、指定作物

省份	基准作物	指定作物
内蒙古	春小麦	春玉米、马铃薯、谷子
广西	水稻	水稻、甘蔗、玉米
重庆	水稻	冬小麦、玉米、甘薯、油菜
四川	水稻	水稻、玉米、小麦、油菜、青稞
贵州	水稻	水稻、玉米、小麦、油菜、马铃薯
云南	水稻	水稻、玉米、小麦
西藏	春青稞	冬小麦、青稞、油菜

续表 3-1

省份	基准作物	指定作物
陕西	冬小麦	春玉米、夏玉米、马铃薯、谷子、冬小麦、水稻、油菜
甘肃	小麦	小麦、水稻、玉米、马铃薯、青稞、棉花、油菜、大豆、荞麦
青海	春小麦	春小麦、马铃薯、油菜
宁夏	春小麦	春小麦、春玉米、水稻、马铃薯
新疆	水稻	小麦、玉米、棉花、水稻

三、生产潜力指数

农用地的基本功能是粮食生产，粮食生产水平的高低是农用地质量的直观表现。但作物的实际产量受到许多因素的影响，如作物因素(品种)、农业技术条件与田间管理水平、土壤条件、气候条件等，这些因素都可以成为作物形成产量的限制因子。

光温生产潜力是指在农业生产条件得到充分保证，水分、CO_2 供应充足，其他环境条件适宜情况下，理想作物群体在当地光、热资源条件下，所能达到的最高产量。气候生产潜力是指在农业生产条件得到充分保证，其他环境因素均处于最适状态时，在当地实际光、热、水气候资源条件下，农作物群体所能达到的最高产量。即在光温生产潜力基础上进一步考虑降水的限制作用后，农作物的理论产量。农用地分等主要作物的光温生产潜力及气候生产潜力采用逐级订正法进行测算，即在计算光合生产潜力的基础上，进行温度影响订正，获得作物的光温生产潜力。

西部各省(自治区、直辖市)农用地分等各作物生产潜力均参照《规程》中的相关数据，具体情况本书不再赘述。

第二节　评价指标体系

根据《农用地分等规程》(TD/T 1004—2003)，原农用地分等指标包括有效土层厚度、表层土壤质地、剖面构型、土壤有机质含量、土壤酸碱度(土壤 pH)、障碍层距地表深度、盐渍化程度、地形坡度、地表岩石露头度、排水条件、灌溉保证率、灌溉水源和土壤污染状况共 13 个全国指导性的指标。

在具体实践中，西部各省(自治区、直辖市)根据当地的实际情况，在国家一级指标区和二级指标区的基础上，划定了各省(自治区、直辖市)分等因素指标区，西部地区共划分为 53 个因素指标区，参考以上全国指导性指标各指标分别选取了各指标区的分等指标(表 3-2)。根据各因素指标区实际采用指标情况统计，西部地区共有 22 个指标被实际采用。从频度统计可以看出(图 3-4)，土壤有机质含量、表层土壤质地、灌溉保证率、有效土层厚度、地形坡度、土壤 pH 等 6 项指标在西部地区各指标区中使用的频率最大均超过了 70%，另外，地表岩石露头度、土壤剖面构型、排水条件、海拔高度、土壤盐渍化程度、障碍层距地表深度、灌溉水源等指标的使用频率也较高，土壤侵蚀程度、梯地状况、土壤砾石含量、全氮含量、地下水埋深、林网化程度、水热吻合程度、土壤类型、年降水量等指标使用较少，其中个别指标仅被使用 1 次。

表 3-2　西部地区各指标区分等指标统计表

省份	一级区	二级区	三级指标区	分等指标																					
				有效土层厚度	表层土壤质地	土壤有机质含量	土壤剖面构型	土壤pH	排水条件	地形坡度	灌溉保证率	地表岩石露头度	海拔高度	障碍层深度	土壤盐渍化程度	灌溉水源	土壤侵蚀程度	土壤砾石含量	梯地状况	全氮含量	年降水量	林网化程度	水热吻合程度	地下水埋深	土壤类型
新疆	西北区	北疆灌溉区	准噶尔盆地区	√	√	√			√	√	√				√					√	√	√			
新疆	西北区	南疆、东疆盆地绿洲区	吐哈盆地区	√	√	√				√	√				√					√		√	√		
新疆	西北区	南疆、东疆盆地绿洲区	塔里木盆地区	√	√	√			√	√	√				√					√		√	√		
甘肃	西北区	河西走廊区	河西走廊区		√	√	√	√		√	√				√	√									
四川	云贵高原区	滇黔高原地区	川西南山地区	√	√	√	√	√		√	√	√	√												
贵州	云贵高原区	川鄂湘黔浅山区	川鄂湘黔浅山区	√	√	√	√	√	√		√	√	√	√											
贵州	云贵高原区	贵州高原区	贵州高原区	√	√	√	√	√	√		√	√	√	√											
贵州	云贵高原区	滇黔高原山区	滇黔高原山区	√	√	√	√	√	√		√	√	√	√											
云南	云贵高原区	云南高原区	滇中高原盆地区	√	√	√	√	√	√	√	√	√		√											
云南	云贵高原区	云南高原区	滇南中山宽谷区	√	√	√	√	√	√	√	√	√		√											
云南	云贵高原区	滇黔高原山地区	滇东北山原区	√	√	√	√	√	√	√	√	√		√											
重庆	云贵高原区	川鄂湘黔浅山区	渝东南低、中山区	√	√	√		√		√	√		√						√						
陕西	四川盆地区	盆周秦巴山区	陕南低山平坝区	√	√	√	√	√			√														
陕西	四川盆地区	盆周秦巴山区	陕南秦巴中高山区	√	√	√		√		√	√	√													
重庆	四川盆地区	盆东丘陵低山区	渝西方山丘陵区	√	√	√		√		√	√		√						√						
重庆	四川盆地区	盆东丘陵低山区	渝中平行岭谷低山丘陵区	√	√	√		√		√	√		√						√						
重庆	四川盆地区	盆周秦巴山区	渝东北中山区	√	√	√		√		√	√		√						√						
甘肃	四川盆地区	盆周秦巴山区	陇南山区	√	√	√		√		√	√	√													

续表 3-2

省份	一级区	二级区	三级指标区	分等指标																					
				有效土层厚度	表层土壤质地	土壤有机质含量	土壤剖面构型	土壤pH	排水条件	地形坡度	灌溉保证率	地表岩石露头度	海拔高度	障碍层深度	土壤盐渍化程度	灌溉水源	土壤侵蚀程度	土壤砾石含量	梯地状况	全氮含量	年降水量	林网化程度	水热吻合程度	地下水埋深	土壤类型
四川	四川盆地区	盆西平原区	盆西平原区	√	√	√	√	√	√	√	√														
四川	四川盆地区	盆东丘陵低山区	盆地丘陵区	√	√	√	√	√	√	√	√	√													
四川	四川盆地区	盆周及秦巴山区	盆周山地区	√	√	√	√	√		√	√	√	√												
青海	青藏高原区	海北甘南高原\藏北青南高原	柴达木盆地区	√	√	√		√		√	√		√					√							
甘肃	青藏高原区	甘南高原区	甘南高原区	√	√	√		√		√	√	√													
西藏	青藏高原区	藏南高原谷地区	藏南高原谷地区	√	√	√	√			√	√		√												
内蒙古	内蒙古高原及长城沿线区、东北区		山地区	√	√	√				√	√					√									
内蒙古	内蒙古高原及长城沿线区、东北区		丘陵区	√	√	√				√	√			√			√								
内蒙古	内蒙古高原及长城沿线区、东北区		平原区		√	√	√		√		√			√	√	√									
宁夏	内蒙古高原及长城沿线区	河套银川平原	北部平原区	√	√	√	√		√	√					√		√								√
广西	江南区	南岭丘陵地区	桂东北丘陵山地区	√	√	√		√		√	√														
广西	江南区	南岭丘陵地区	桂西北山地区	√	√	√		√		√	√														
广西	江南区	南岭丘陵地区	桂中溶蚀平原区	√	√	√		√			√	√													
陕西	黄土高原区	宁南陇中青东黄土丘陵区	陕北长城沿线风沙区	√	√	√					√				√	√									
陕西	黄土高原区	晋陵丘陵沟谷区	陕北黄土丘陵沟壑区	√	√	√				√	√					√									
陕西	黄土高原区	渭北陇东黄土旱塬区	渭北黄土旱塬区	√		√	√			√	√						√								
陕西	黄土高原区	汾渭谷地	关中渭河平原区	√	√	√			√	√	√				√	√									
陕西	黄土高原区	豫西山地丘陵区	商洛山地丘陵区	√	√	√				√	√	√													

续表 3-2

省份	一级区	二级区	三级指标区	分等指标																					
				有效土层厚度	表层土壤质地	土壤有机质含量	土壤剖面构型	土壤pH	排水条件	地形坡度	灌溉保证率	地表岩石露头度	海拔高度	障碍层深度	土壤盐渍化程度	灌溉水源	土壤侵蚀程度	土壤砾石含量	梯地状况	全氮含量	年降水量	林网化程度	水热吻合程度	地下水埋深	土壤类型
青海	黄土高原区	宁南陇中青东黄土丘陵	河湟区	√	√	√		√		√	√		√					√							
青海	黄土高原区	宁南陇中青东黄土丘陵	黄土丘陵区	√	√	√		√		√	√		√					√							
甘肃	黄土高原区	晋陵丘陵沟谷区	晋陵丘陵沟谷区	√	√	√		√		√	√	√													
甘肃	黄土高原区	陇东黄土旱塬区	陇东黄土旱塬区	√	√	√		√		√	√	√													
甘肃	黄土高原区	陇中黄土丘陵区	陇中黄土丘陵区	√	√	√		√		√	√	√													
甘肃	黄土高原区	陇中黄土丘陵区	陇西黄土丘陵区	√	√	√		√		√	√	√													
甘肃	黄土高原区	陇中黄土丘陵区	渭河流域黄土丘陵区	√	√	√		√		√	√	√													
宁夏	黄土高原区	宁南陇中青东黄土丘陵区	中部台地丘陵区	√	√	√	√			√					√	√	√								
宁夏	黄土高原区	宁南陇中青东黄土丘陵区	南部黄土丘陵山地区	√	√	√	√			√					√	√	√								√
广西	华南区	华南低平原区	桂南低平原区		√	√		√	√		√													√	
广西	华南区	华南沿海西双版纳低山丘陵区	桂南沿海区		√	√	√	√	√		√				√									√	
广西	华南区	华南低平原区	桂西岩溶山区	√	√	√		√		√	√	√													
广西	华南区	华南低平原区	右江河谷区		√	√		√	√		√													√	
云南	华南区	华南沿海西双版纳低山丘陵区	南部边缘低山宽谷盆地区	√	√	√	√	√	√	√	√	√		√											
云南	横断山区	横断山区	滇西北高山峡谷区	√	√	√	√	√	√	√	√	√													
西藏	横断山区	横断山区	横断山区平原区	√	√	√	√			√	√		√												
四川	横断山区	横断山区	川西北高山高原区	√	√	√		√		√	√	√	√												

注：①表中√表示所在指标区选择了该指标；②内蒙古自治区在确定指标区时未参照国家标准耕作制度指标区。

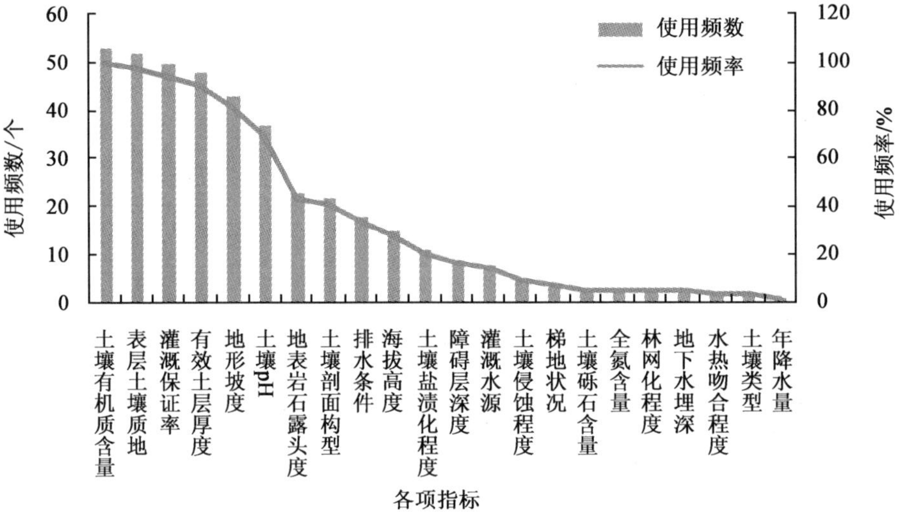

图 3-4　西部各指标区各项指标使用频数

第三节　耕地自然质量等评价

一、耕地自然质量分计算

自然质量分描述的是除了气候条件以外的其他耕地田间条件，包括地形、土壤、排水和灌溉等构成的耕地质量状况，即耕地满足生长需要的程度。耕地自然质量分的计算主要有因素法和样地法两种分析方法，西部各省（自治区、直辖市）耕地质量评价中均采用了因素法进行分析，采用加权平均法，计算各分等单元各指定作物的耕地自然质量分。

加权平均法的计算公式为：

$$C_{L_{ij}} = \frac{\sum_{k=1}^{m} w_k \cdot f_{ijk}}{100} \tag{3.1}$$

式中：$C_{L_{ij}}$ 为分等单元指定作物的耕地自然质量分；i 为分等单元编号；j 为指定作物编号；k 为分等因素编号；f_{ijk} 为第 i 个分等单元内第 j 种指定作物第 k 个分等因素的指标分值，取值为（0～100）；w_k 为第 k 个分等因素的权重。

二、耕地自然质量等指数计算

耕地自然质量等指数可解释为在最优土地利用水平和最优经济条件下，评价单元内耕地所能实现的最大单产水平。

指定作物的自然质量等指数计算公式为：

$$R_{ij} = \alpha_{tj} \cdot C_{L_{ij}} \cdot \beta_j \tag{3.2}$$

式中：R_{ij} 为第 i 个分等单元第 j 种指定作物的自然质量等指数；α_{tj} 为第 j 种作物的光温（气候）

生产潜力指数；$C_{L_{ij}}$ 为第 i 个分等单元内第 j 种指定作物的耕地自然质量分；β_j 为第 j 种作物的产量比系数。

某个评价单元的耕地自然质量等指数计算公式为：

$$R_i=\begin{cases}\sum R_{ij} & \text{（一年一熟、两熟、三熟时）}\\ (\sum R_{ij})/2 & \text{（两年三熟时）}\end{cases} \tag{3.3}$$

式中：R_i 为第 i 个分等单元的耕地自然质量等指数；其他符号的含义同公式(3.2)。

西部各省份省级自然质量等指数评价结果如表 3-3 所示。自然等指数的最小值为 10，位于内蒙古自治区，自然等指数的最大值为 5 441，位于云南省；12 个省(自治区、直辖市)中自然等指数跨度最大的是云南省，其自然等指数范围为 158～5 441，分值跨度为 5 283；自然等指数跨度最小的是青海省，其自然等指数范围为 510～1 369，分值跨度为 859。从平均自然等指数来看，平均等指数最大的是四川，平均等指数最小的是内蒙古。

表 3-3 省级自然质量等指数评价结果

省份	省级自然质量等指数评价结果			
	最小值	最大值	中值	平均值
内蒙古	10	2 155	1 083	587
广西	850	3 578	2 214	2 227
重庆	1 042	2 574	1 808	1 864
四川	325	4 925	2 625	2 439
贵州	406	2 553	1 480	1 551
云南	158	5 441	2 800	1 921
西藏	615	1 599	1 107	1 170
陕西	259	2 917	1 588	1 425
甘肃	96	2 708	1 402	736
青海	510	1 369	940	1 014
宁夏	146	1 408	777	828
新疆	91	5 154	2 623	2 187

三、耕地自然质量等划分

各省(自治区、直辖市)依据计算得到的省级自然质量等指数划分省级自然等别，除四川省采用高分低等的等间距法划分等别外，其他各省(自治区、直辖市)均采用高分高等的等间距法划分等别。从划分等别的等指数间距来看，各省(自治区、直辖市)划分间距为 100～500，其中间距最大的是四川省，其间距为 500，间距最小的是内蒙古自治区、重庆市、甘肃省、青海省，其间距均为 100，另外间距为 200 的有 6 个省份，间距为 300 的有 1 个省份；从最终划定的省级自然等别数量来看，甘肃省和云南省划分的等别数量最多，共划分了 28 个等别，西藏自治区和青海省划分的等别数量最少，共划分了 5 个等别(表 3-4)。

表 3-4 省级自然质量等划分结果

省份	省级自然质量等划分结果				
	等别个数	最高等	最低等	等指数间距	划分方法
内蒙古	22	22	1	100	等间距法，高分高等
广西	15	18	4	200	
重庆	12	12	1	100	
四川	10	1	10	500	等间距法，高分低等
贵州	11	13	3	200	
云南	28	28	1	200	
西藏	5	8	4	200	
陕西	14	15	2	200	等间距法，高分高等
甘肃	28	28	1	100	
青海	5	7	3	100	
宁夏	8	8	1	200	
新疆	18	18	1	300	

第四节 耕地利用等评价

一、土地利用系数计算

土地利用系数反映了人类生产挖掘自然潜力的程度，是用来修正耕地自然质量情况的，使其达到接近土地的实际产出水平。不同的社会经济条件和生产集约化水平能使潜力相同的土地表现不同的生产能力，从而获得不同的土地产出，产生不同的土地利用系数。一般来说，投入越多，管理水平越高，土地的生产潜力发挥越充分，土地的利用系数越大。土地利用系数的计算有两种方法：分指定作物计算和综合计算。

(一)分指定作物计算

1.初步划分土地利用系数等值区

在外业调查前，首先对收集的指定作物产量统计数据进行整理，以村为单位，根据指定作物的实际单产，初步划分指定作物的土地利用系数等值区。

2.计算样点指定作物土地利用系数

依据初步划分的等值区，在各行政村内分层设置一定数量的样点后，确定指定作物的最高单产及样点的指定作物单产，然后按下式计算

$$K_{L_{ij}} = \frac{Y_{ij}}{Y_{j,\max}} \tag{3.4}$$

式中：$K_{L_{ij}}$ 为第 i 个样点第 j 种指定作物的土地利用系数；Y_{ij} 为第 j 种指定作物单产；$Y_{j,\max}$ 为第 j 种指定作物省(自治区、直辖市)内分区最高单产。

3.计算等值区指定作物土地利用系数

首先，根据行政村内各样点指定作物土地利用系数，采用几何平均法或加权平均法计算。

其中加权平均法的权重可根据样点代表的面积比例或经验确定，计算行政村指定作物土地利用系数；然后根据初步划分的等值区内各村的指定作物土地利用系数，采用几何或加权平均的方法计算等值区的指定作物土地利用系数。

4.修订指定作物土地利用系数等值区

以指定作物土地利用系数基本一致为原则，参考其他自然、经济条件的差异，对初步划分的等值区进行边界订正。订正后的等值区应满足：等值区内各行政村指定作物土地利用系数在($\overline{X} \pm 2S$)($\overline{X}$ 表示平均值；S 表示标准差)；等值区之间指定作物土地利用系数平均值有明显差异；等值区边界两边的指定作物土地利用数值有突变特性。

(二)综合计算

1.计算样点的标准粮实际产量

依据标准耕作制度和产量比系数，计算样点的标准粮实际产量：

$$Y = \sum Y_j \cdot \beta_j \tag{3.5}$$

式中：Y 为样点的标准粮实际产量；Y_j 为第 j 种指定作物的实际产量；β_j 为第 j 种指定作物的产量比系数。

2.计算最大标准粮单产

根据指定作物的最高单产，依据标准耕作制度和产量比系数，计算最大标准粮单产：

$$Y_{max} = \sum Y_{j,max} \cdot \beta_j \tag{3.6}$$

式中：Y_{max}为最大标准粮单产；$Y_{j,max}$为第 j 种指定作物的最大单产；β_j 为第 j 种指定作物的产量比系数。

3.计算样点的综合土地利用系数

计算样点的综合土地利用系数，采用下式：

$$K_L = \frac{Y}{Y_{max}} \tag{3.7}$$

式中：K_L 为样点的综合土地利用系数；Y 为样点的标准粮实际产量；Y_{max}为最大标准粮单产。

二、耕地利用等指数计算

耕地利用等指数是按照标准耕作制度所确定的各指定作物，在耕地自然质量条件和耕地所在土地利用分区的平均利用水平条件下，所能获得的按产量比系数折算的基准作物产量指数。因此，可称之为耕地的现实产量。有两种分析方法，一个是按指定作物土地利用系数计算，另一个是按综合土地利用系数计算。

(一)按指定作物土地利用等指数计算

计算模型为

$$Y_{ij} = R_{ij} \cdot K_{L_{ij}} \tag{3.8}$$

式中：Y_{ij}为第 i 个评价单元第 j 种指定作物的利用等指数；R_{ij}为第 i 个评价单元第 j 种指定作物的自然质量等指数；$K_{L_{ij}}$ 为评价单元所在等值区的第 j 种指定作物的土地利用系数。

其中，

$$Y_i = \begin{cases} \sum Y_{ij} & (\text{一年一熟、二熟、三熟}) \\ (\sum Y_{ij})/2 & (\text{两年三熟}) \end{cases} \tag{3.9}$$

式中：Y_i 为第 i 个评价单元的耕地利用等指数。

（二）按综合土地利用等指数计算

土地利用等指数由下式计算：

$$Y_i = R_i \cdot K_L \tag{3.10}$$

式中：Y_i 为第 i 个评价单元的耕地利用等指数；R_i 为第 i 个评价单元的耕地自然质量等指数；K_L 为评价单元所在等值区的综合土地利用系数。

西部各省省级利用等指数评价结果如表 3-5 所示。利用指数的最小值为 2，位于内蒙古自治区，利用等指数的最大值为 3 090，位于云南省；12 个省（自治区、直辖市）中利用等指数跨度最大的是云南省，其利用等指数范围为 50～3 090，分值跨度为 3 040；利用指数跨度最小的是内蒙古自治区，其利用等指数范围为 2～910，分值跨度为 908。从平均利用等指数来看，平均等指数最大的是广西壮族自治区，平均等指数最小的是内蒙古自治区。

表 3-5　省级利用等指数评价结果

省份	省级利用等指数评价结果			
	最小值	最大值	中值	平均值
内蒙古	2	910	456	167
广西	352	2 943	1 648	1 468
重庆	575	2 064	1 320	1 283
四川	103	2 709	1 406	1 192
贵州	200	2 278	1 239	1 078
云南	50	3 090	1 570	803
西藏	347	1 369	858	813
陕西	149	2 226	1 188	885
甘肃	20	1 773	897	379
青海	147	1 263	705	668
宁夏	17	1 175	596	547
新疆	11	2 721	1 366	956

三、耕地利用等划分

各省（自治区、直辖市）依据计算得到的省级利用等指数划分省级利用等别，除四川省采用高分低等的等间距法划分等别外，其他各省（自治区、直辖市）均采用高分高等的等间距法划分等别。从划分等别的等指数间距来看，各省（自治区、直辖市）划分间距为 50～235，其中间距最大的是四川省，其间距为 235，间距最小的是内蒙古自治区，其间距均为

50,另外间距为100的有7个省份,间距为200的有3个省份;从最终划定的省级利用等别数量来看,陕西省划分的等别数量最多,共划分了22个等别,四川省划分的等别数量最少,共划分了10个等别(表3-6)。

表3-6　省级利用等划分结果

省份	省级自然质量等划分结果				
	等别个数	最高等	最低等	等指数间距	划分方法
内蒙古	19	19	1	50	
广西	14	15	2	200	等间距法,高分高等
重庆	12	12	1	100	
四川	10	1	10	235	等间距法,高分低等
贵州	21	23	3	100	
云南	16	16	1	200	
西藏	11	14	4	100	
陕西	22	23	2	100	等间距法,高分高等
甘肃	18	18	1	100	
青海	12	13	2	100	
宁夏	12	12	1	100	
新疆	13	13	1	200	

第五节　耕地经济等评价

一、土地经济系数计算

土地经济系数反映社会平均生产条件下相对收益的程度,是将耕地的投入和产出加以综合比较后形成的一个无量纲的数值。由于地区条件、农业生产技术的管理水平不同,将使耕地投入-产出效益水平产生差异,造成耕地在相同产量情况下取得不同的经济收益,所以,需对耕地现实产量进行投入-产出效益即土地经济系数进行修正,得出耕地农业生产经营可能得到的经济产量,即经济生产力(生产率)。土地经济系数的计算有两种方法:分指定作物计算和综合计算。

(一)分指定作物计算

1.初步划分土地经济系数等值区

在外业调查前,应根据收集的统计资料,以村为单位计算"产量-成本"指数,按照各村"产量-成本"指数的大小,初步划分土地经济系数等值区。

2.计算"产量-成本"指数

用按规定获取的投入、产出数据,分样点计算"产量-成本"指数,计算公式如下:

$$\alpha_j = \frac{Y_j}{G_j} \tag{3.11}$$

式中：α_j 为样点“产量-成本”指数；Y_j 为样点第 j 种指定作物实际单产；G_j 为样点第 j 种指定作物实际成本。

3. 计算样点指定作物土地经济系数

样点的指定作物土地经济系数数据按下式计算：

$$K_{C_{ij}} = \frac{\alpha_{ij}}{A_j} \tag{3.12}$$

式中：$K_{C_{ij}}$ 为第 i 个样点第 j 种作物土地经济系数；α_{ij} 为第 i 个样点第 j 种指定作物“产量-成本”指数；A_j 为省内分区第 j 种指定作物“产量-成本”指数的最大值。

4. 计算等值区指定作物土地经济系数

首先计算村内各样点指定作物土地经济系数的几何平均数或加权平均数，作为该村的指定作物土地经济系数；然后根据初步划分的等值区内各村的指定作物土地经济系数，采用几何平均或加权平均的方法计算等值区的指定作物土地经济系数。

5. 修订土地经济系数等值区

以指定作物土地经济系数基本一致为原则，参考其他自然、经济条件的差异，对初步划分的等值区边界订正。订正后的等值区应满足：等值区内各行政村指定作物土地经济系数在$(\overline{X}\pm 2S)$（$\overline{X}$ 表示平均值；S 表示标准差）；等值区之间指定作物土地经济系数平均值有明显差异；等值区边界两边的指定作物土地经济数值有突变特性。

（二）综合计算

（1）确定标准耕作制度和产量比系数，计算样点的标准粮实际产量 $Y = \sum(Y_j \cdot \beta_j)$ 和标准粮实际成本 $C = \sum C_j$，再计算出样点的综合“产量-成本”指数。

$$\alpha = \frac{Y}{C} \tag{3.13}$$

（2）确定各省（自治区、直辖市）内分区的最大产量成本指数 A。

（3）计算样点的综合土地经济系数。

$$K_C = \frac{\alpha}{A} \tag{3.14}$$

式中：K_C 为样点综合土地经济系数；α 为样点综合“产量-成本”指数；A 为各省（自治区、直辖市）内分区的综合最大“产量-成本”指数。

二、耕地经济等指数计算

耕地经济等指数是按照标准耕作制度所确定的各指定作物，在耕地自然质量条件、耕地所在土地利用分区的平均利用条件和耕地所在土地经济分区的平均经济条件下，所能获得的按产量比系数折算的基准作物产量之和。这个产量也可以解释为是在当前的农业技术经济条件下，该评价单元内的耕地所能实现的最大经济产量水平。因此，也可以将其称为耕地的“经济”产量水平。有两种分析方法，一种是按指定作物土地经济系数计算，另一种是按综合土地经济系数计算。

(一)按指定作物土地经济等指数计算

计算模型为

$$G_{ij} = Y_{ij} \cdot K_{Cj} \tag{3.15}$$

式中：G_{ij} 为第 i 个评价单元第 j 种指定作物的经济等指数；Y_{ij} 为第 i 个评价单元第 j 种指定作物的利用等指数；K_{Cj} 为评价单元所在等值区的第 j 种指定作物的土地经济系数。

其中，

$$G_i = \begin{cases} \sum G_{ij} & \text{（一年一熟、二熟、三熟）} \\ (\sum G_{ij})/2 & \text{（两年三熟）} \end{cases} \tag{3.16}$$

式中：G_i 为第 i 个评价单元的耕地经济等指数。

(二)按综合土地经济等指数计算

土地经济等指数由式(3.17)计算：

$$G_i = Y_i \cdot K_C \tag{3.17}$$

式中：G_i 为第 i 个评价单元的耕地经济等指数；Y_i 为第 i 个评价单元的耕地利用等指数；K_C 为评价单元所在等值区的综合土地经济系数。

西部各省省级经济等指数评价结果如表 3-7 所示。经济指数的最小值为 0，位于内蒙古自治区，经济等指数的最大值为 2 537，位于云南省；12 个省(自治区、直辖市)中经济等指数跨度最大的是云南省，其经济等指数范围为 20～2 537，分值跨度为 2 517；经济指数跨度最小的是新疆维吾尔自治区，其经济等指数范围为 8～588，分值跨度为 580。从平均经济等指数来看，平均等指数最大的是重庆市，平均等指数最小的是内蒙古自治区。

表 3-7　省级经济等指数评价结果

省份	最小值	最大值	中值	平均值
内蒙古	0	598	299	145
广西	153	2 506	1 330	1 158
重庆	258	1 672	965	801
四川	45	1 693	869	727
贵州	74	1 988	1 031	730
云南	20	2 537	1 279	487
西藏	146	1 259	703	554
陕西	100	1 631	866	451
甘肃	5	1 171	588	176
青海	36	821	429	264
宁夏	7	1 081	544	381
新疆	8	588	298	346

三、耕地经济等划分

各省(自治区、直辖市)依据计算得到的省级经济等指数划分省级经济等别,除四川省采用高分低等的等间距法划分等别外,其他各省(自治区、直辖市)均采用高分高等的等间距法划分等别。从划分等别的等指数间距来看,各省(自治区、直辖市)划分间距为 50～200,其中间距最大的是广西壮族自治区和云南省,其间距为 200,间距最小的是内蒙古自治区和新疆维吾尔自治区,其间距均为 50,另外间距为 100 的有 7 个省份,间距为 150 的有 1 个省份;从最终划定的省级经济等别数量来看,贵州省划分的等别数量最多,共划分了 20 个等别,青海省划分的等别数量最少,共划分了 9 个等别(表 3-8)。

表 3-8 省级自然质量等划分结果

省份	等别个数	最高等	最低等	等指数间距	划分方法
内蒙古	12	12	1	50	等间距法,高分高等
广西	13	13	1	200	
重庆	12	12	1	100	
四川	10	1	10	150	等间距法,高分低等
贵州	20	20	1	100	
云南	13	13	1	200	
西藏	12	13	2	100	
陕西	16	17	2	100	等间距法,高分高等
甘肃	12	12	1	100	
青海	9	9	1	100	
宁夏	11	11	1	100	
新疆	12	12	1	50	

第六节 国家级成果汇总

在分等工程实践中,为了进一步保障农用地分等成果统一可以比较,国家层面加强了技术控制,提出了标准耕作制度分区,测算了基准作物和指定作物的光温生产潜力和气候生产潜力;在省级层面,确定具体的农用地指标分区、在县级层面确定评价指标体系以及权重、产量比系数等;在乡镇层面,测算具体的土地利用系数、土地经济系数等参数,计算农用地质量指数、划分等别。而县级农用地分等成果再经过省级汇总,形成省级尺度分等成果。因此,其成果在省级范围内是可以比较的。然而,在从省级成果向国家级成果汇总过程中,由于各省级分等因素指标体系及相关分等参数理论认识偏差和工程实践的执行偏差,会造成省级之间成果不具有可比性的问题。因此,国家汇总必须解决省级成果不可比的问题。

为了保障省级成果在国家的统一可以比较,在国家级农用地分等成果汇总实践中,提出了以耕地标准粮产量为基础的等别平衡转换的国家级农用地分等成果汇总方法。采用这种方法有效支撑了全国农用地分等成果的统一可比性。

一、等别平衡转换方法的理论依据及技术方法

（一）平衡转换方法内涵与理论依据

农用地分等是依据光温生产潜力、气候生产潜力、土地生产潜力、土地利用程度、土地投入产出条件等进行订正的过程，是对农用地生产能力高低的评价，所以农用地等别表征了评价单元内实际粮食生产能力的高低，因此农用地等别与标准粮产量存在一定的对应关系。

在对农用地分等指数和全国范围内的标准粮产量进行了大量的调查分析以及专家论证的基础上，国家农用地分等汇总专家小组确定了国家级农用地利用等指数与标准粮产量的对应关系，即每 1 个单位的国家级利用等指数对应着 7.5 kg/hm^2 的实际标准粮产量。

（二）平衡转换的技术方法

平衡转换方法是依据省级农用地分等指数与标准粮产量的确定关系，在相同比例尺和数据库的基础上，将省级农用地分等指数转化为国家级分等指数的农用地成果汇总方法。通过平衡转换，可以将省级成果转化为国家级成果，实现在全国范围内的农用地质量指数的统一可以比较。

平衡转换方法的核心是耕地生产能力，而各省级分等指数对应的耕地生产能力有大有小，因此需要建立省级等指数与耕地生产能力之间的相关关系方程，以耕地生产能力为媒介，依据相同生产能力的原则，把省级等指数转化为全国可比的国家级等指数（图 3-5）。

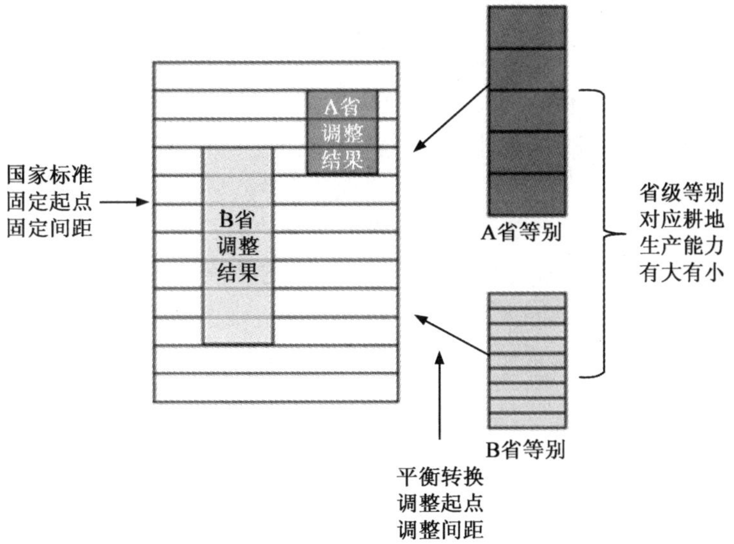

图 3-5　平衡转换方法原理示意图

平衡转换方法的技术步骤是（以利用等为例）：首先，建立省级利用等指数与标准粮的回归方程：$y=ax_1+b$（y 为标准粮产量，x_1 为省级利用等指数，a，b 为系数）；然后，按照国家确定的国家级利用等指数与实际标准粮产量的对应关系，确定国家级利用等指数与实际标准粮产量

的相关方程：$y=7.5x_2$（y 为标准粮产量，x_2 为国家级利用等指数），以标准粮产量为媒介，建立国家级利用等指数与省级利用等指数相关关系：$x_2=(ax_1+b)/7.5$；最后，利用所建立的国家级利用等指数与省级利用等指数的关系计算得到国家级利用等指数，并根据每 200 个单位的国家级利用等指数划分 1 个国家级利用等别的划分标准，确定国家级利用等别。

二、西部 12 省(自治区、直辖市)样点数据分析

各地在农用地分等过程中开展了农用地利用现状调查，该项调查是一次全面调查，各地成立调查小组，以村为基本单位开展走访调查。根据前期收集到的该村农业普查、农经统计、农业区划等资料，并通过征询熟悉该村农业生产和经营状况的当地群众，最终采用实测、评估、历史资料相结合的方法，计算标准耕作制度中所确定的基准作物和指定作物的实际产出量。不同熟制地区实际标准粮产量的计算方法如下。

(1)一年一熟的地区：实际标准粮产量＝作物单产×该作物的产量比系数。

(2)一年两熟的地区：实际标准粮产量＝作物 1 单产×作物 1 产量比系数＋作物 2 单产×作物 2 产量比系数。

(3)一年三熟的地区：实际标准粮产量＝作物 1 单产×作物 1 产量比系数＋作物 2 单产×作物 2 产量比系数＋作物 3 单产×作物 3 产量比系数。

式中，作物产量比系数的取值与各省(自治区、直辖市)农用地分等工作中采用的数值一致。

本研究的基础资料来源于西部地区 12 省(自治区、直辖市)的农用地分等省级成果以及西部地区 12 省(自治区、直辖市)的农用地分等单元标准粮产量抽样调查数据。所选的标准粮产量抽样调查数据，是各省(自治区、直辖市)根据数理统计要求，综合考虑了耕地的耕作制度、用地类型、利用等别等因素，在保证每类耕作制度、每个耕地利用等别、每种用地类型都有样点分布的基础上，随机抽取的农用地利用状况调查样点。

西部地区 12 省(自治区、直辖市)共抽取调查样点 13 302 个，将所抽取的所有样点作为建立利用等指数与标准粮产量回归方程的分析样本。调查样点在各省(自治区、直辖市)的分布情况见表 3-9。可以看出，西部各省(自治区、直辖市)样点分布较均匀，各利用等别均有样点分布，所选样点较全面、代表性强；另外，各省(自治区、直辖市)抽样密度不同是由于各省(自治区、直辖市)等别分布状况、图斑破碎程度等因素存在差异造成的，不影响样点的全面性与代表性。

三、西部 12 省(自治区、直辖市)等别平衡转换

(一)自然等别平衡转换

1. 建立自然等指数与标准粮产量的线性回归模型

运用 SPSS 软件，以西部地区 12 个省(自治区、直辖市)样点为分析样本，以实际标准粮产量为因变量 y，自然等指数为自变量 x，进行线性回归分析，建立了线性回归模型(表 3-10)，并对得到的线性回归模型进行检验。

表 3-9　西部各省(自治区、直辖市)样点分布情况统计表

省级等别	甘肃			广西			贵州			内蒙古		
	单元总数/个	抽样数/个	抽样比/%	单元总数/个	抽样数/个	抽样比/%	单元总数/个	抽样数/个	抽样比/%	单元总数/个	抽样数/个	抽样比/%
1 等	1 081	618	57.2	—	—	—	—	—	—	979	40	4.1
2 等	3 989	1 183	29.7	4	2	50.0	—	—	—	880	68	7.7
3 等	2 516	309	12.3	328	31	9.5	21	21	100.0	565	93	16.5
4 等	1 635	342	20.9	1 093	76	7.0	245	29	11.8	397	52	13.1
5 等	1 049	222	21.2	1 436	73	5.1	647	36	5.6	303	58	19.1
6 等	849	240	28.3	848	28	3.3	642	32	5.0	241	16	6.6
7 等	903	330	36.5	470	15	3.2	818	33	4.0	209	16	7.7
8 等	695	301	43.3	748	36	4.8	1 033	28	2.7	165	16	9.7
9 等	401	334	83.3	1 277	68	5.3	1 400	33	2.4	125	13	10.4
10 等	319	204	63.9	1 474	88	6.0	1 584	37	2.3	92	6	6.5
11 等	344	116	33.7	1 119	68	6.1	1 836	36	2.0	73	29	39.7
12 等	155	37	23.9	577	34	5.9	1 870	39	2.1	32	5	15.6
13 等	76	10	13.2	158	12	7.6	1 546	43	2.8	39	30	76.9
14 等	29	3	10.3	34	10	29.4	1 158	43	3.7	12	8	66.7
15 等	31	3	9.7	24	6	25.0	948	43	4.5	3	1	33.3
16 等	26	2	7.7	—	—	—	654	36	5.5	3	2	66.7
17 等	5	1	20.0	—	—	—	440	28	6.4	2	2	100.0
18 等	6	1	16.7	—	—	—	310	29	9.4	1	1	100.0
19 等	—	—	—	—	—	—	213	26	12.2	—	—	—
20 等	—	—	—	—	—	—	131	22	16.8	—	—	—
21 等	—	—	—	—	—	—	72	18	25.0	—	—	—
22 等	—	—	—	—	—	—	24	9	37.5	—	—	—
23 等	—	—	—	—	—	—	9	3	33.3	—	—	—
合计	14 109	4 256	30.2	9 590	547	5.7	15 601	624	4.0	4 121	456	11.1

续表 3-9

省级等别	宁夏			青海			陕西			四川		
	单元总数/个	抽样数/个	抽样比/%	单元总数/个	抽样数/个	抽样比/%	单元总数/个	抽样数/个	抽样比/%	单元总数/个	抽样数/个	抽样比/%
1 等	104	74	71.2	—	—	—	—	—	—	639	23	3.6
2 等	310	149	48.1	18	2	11.1	110	12	10.9	3 360	64	1.9
3 等	275	115	41.8	48	4	8.3	802	114	14.2	8 791	176	2.0
4 等	260	89	34.2	138	18	13.0	785	112	14.3	8 824	183	2.1
5 等	229	134	58.5	188	20	10.6	1 045	102	9.8	8 113	165	2.0
6 等	375	164	43.7	268	39	14.6	954	114	11.9	9 344	180	1.9
7 等	427	239	56.0	324	63	19.4	905	97	10.7	13 462	271	2.0
8 等	402	256	63.7	258	52	20.2	605	116	19.2	3 635	73	2.0
9 等	317	129	40.7	185	44	23.8	445	55	12.4	1 461	27	1.8
10 等	176	99	56.3	121	38	31.4	367	55	15.0	1 265	24	1.9
11 等	69	58	84.1	90	44	48.9	358	62	17.3	—	—	—
12 等	4	4	100.0	55	35	63.6	388	67	17.3	—	—	—
13 等	—	—	—	8	5	62.5	410	57	13.9	—	—	—
14 等	—	—	—	—	—	—	481	60	12.5	—	—	—
15 等	—	—	—	—	—	—	427	50	11.7	—	—	—
16 等	—	—	—	—	—	—	440	29	6.6	—	—	—
17 等	—	—	—	—	—	—	434	11	2.5	—	—	—
18 等	—	—	—	—	—	—	286	11	3.8	—	—	—
19 等	—	—	—	—	—	—	170	8	4.7	—	—	—
20 等	—	—	—	—	—	—	124	13	10.5	—	—	—
21 等	—	—	—	—	—	—	89	9	10.1	—	—	—
22 等	—	—	—	—	—	—	16	1	6.3	—	—	—
23 等	—	—	—	—	—	—	3	1	33.3	—	—	—
合计	2 948	1 510	51.2	1 701	364	21.4	9 644	1 156	12.0	58 894	1 186	2.0

续表 3-9

省级等别	西藏			新疆			云南			重庆		
	单元总数/个	抽样数/个	抽样比/%	单元总数/个	抽样数/个	抽样比/%	单元总数/个	抽样数/个	抽样比/%	单元总数/个	抽样数/个	抽样比/%
1 等	—	—	—	98	3	3.1	488	122	25.0	325	11	3.4
2 等	—	—	—	151	19	12.6	2 098	330	15.7	710	33	4.6
3 等	—	—	—	321	17	5.3	2 687	290	10.8	1 095	76	6.9
4 等	6	3	50.0	655	21	3.2	2 657	229	8.6	1 385	108	7.8
5 等	32	16	50.0	998	26	2.6	2 091	172	8.2	1 522	131	8.6
6 等	65	33	50.8	877	70	8.0	1 495	164	11.0	1 500	128	8.5
7 等	84	63	75.0	470	38	8.1	918	85	9.3	1 349	115	8.5
8 等	126	59	46.8	224	20	8.9	609	104	17.1	1 273	89	7.0
9 等	106	33	31.1	102	6	5.9	352	81	23.0	1 091	74	6.8
10 等	94	37	39.4	19	4	21.1	202	67	33.2	852	80	9.4
11 等	74	15	20.3	7	2	28.6	121	46	38.0	655	60	9.2
12 等	40	15	37.5	5	2	40.0	56	7	12.5	379	54	14.2
13 等	11	4	36.4	2	2	100.0	42	9	21.4	—	—	—
14 等	3	1	33.3	1	1	100.0	37	15	40.5	—	—	—
15 等	—	—	—	1	1	100.0	11	11	100.0	—	—	—
16 等	—	—	—	—	—	—	4	1	25.0	—	—	—
17 等	—	—	—	—	—	—	—	—	—	—	—	—
18 等	—	—	—	—	—	—	—	—	—	—	—	—
19 等	—	—	—	—	—	—	—	—	—	—	—	—
20 等	—	—	—	—	—	—	—	—	—	—	—	—
21 等	—	—	—	—	—	—	—	—	—	—	—	—
22 等	—	—	—	—	—	—	—	—	—	—	—	—
23 等	—	—	—	—	—	—	—	—	—	—	—	—
合计	641	279	43.5	3 931	232	5.9	13 868	1 733	12.5	12 136	959	7.9

注：①“—”表示当前省份内没有该等别耕地。

表 3-10 基于线性回归模型的西部各省(自治区、直辖市)自然等别平衡转换表

省份	样点数	省级等指数与标准粮产量回归方程	R^2	省级等指数向国家级等指数平衡转换规则	省等指数范围	国家级等指数范围	国家级等别范围
内蒙古	454	$y=3.81x_1+2\ 652$	0.61	$x_2=1.02x_1+707$	10～2 155	717～2 898	8～15
广西	547	$y=3.82x_1+2\ 607$	0.74	$x_2=1.02x_1+695$	721～3 578	1 429～4 339	5～12
重庆	959	$y=4.78x_1-276$	0.57	$x_2=1.27x_1-73$	1 042～2 574	1 254～3 207	7～12
四川	316	$y=3.30x_1+1\ 423$	0.83	$x_2=0.88x_1+379$	325～4 925	684～4 737	3～14
贵州	625	$y=4.79x_1-830$	0.78	$x_2=1.28x_1-221$	432～2 518	331～2 996	8～15
云南	1 749	$y=1.93x_1+3\ 825$	0.80	$x_2=0.51x_1+1\ 020$	158～5 441	1 102～3 821	6～13
西藏	279	$y=6.60x_1-2\ 414$	0.74	$x_2=1.76x_1+644$	615～1 599	558～2 071	10～14
陕西	1 712	$y=4.78x_1+22$	0.91	$x_2=1.27x_1+6$	259～2 917	336～3 721	6～15
甘肃	2 128			$x_2=1.11x_1+444$	96～2 708	551～3 453	7～14
青海	364	$y=5.82x_1-1\ 501$	0.69	$x_2=1.55x_1-400$	510～1 369	392～1 725	11～15
宁夏	1 510	$y=1.026x_1-589$	0.82	$x_2=2.74x_1-157$	146～1 408	242～3 695	6～15
新疆	235			$x_2=0.67x_1+400$	91～5 154	452～3 942	6～14

注:y 为标准粮产量,x_1 为省级自然等指数,x_2 为国家级自然等指数。

由表 3-10 可知,各省(自治区、直辖市)的省级自然等指数与标准粮产量之间的线性回归方程有较大差异,这是由于各省(自治区、直辖市)分等因素指标体系及指定作物、产量比系数等相关分等参数的差异,造成各省(自治区、直辖市)自然等指数的内涵不统一所致。因此,需要依据回归模型对各省级自然等指数进行平衡转换,以建立各省(自治区、直辖市)自然等指数与耕地生产能力关系的一致性。

从各线性回归方程的相关系数来看,西部 12 省(自治区、直辖市)的样点数均大于 100,根据相关系数检验表,当自由度为 100 时,置信水平为 0.01 时,相关系数 $R=0.254\ 0$,$R^2=0.064\ 5$。西部各省(自治区、直辖市)省级自然等指数与标准粮产量之间线性回归方程的 R^2 值均大于 0.064 5,表明各省(自治区、直辖市)的省级自然等指数与标准粮产量相关,所建立的线性回归模型可以作为等别平衡转换的依据。

2. 确定省级自然等指数向国家级自然等指数转换规则并进行转换

根据确定的国家级自然等指数与实际标准粮产量的相关方程 $y=3.75x_2$,以及建立的各省级自然等指数与实际标准粮产量线性回归模型,初步分析得到省级自然等指数向国家级自然等指数平衡转换规则(表 3-10)。

应用分析得到的各省级自然等指数向国家级自然等指数平衡转换的规则,将各省级自然等指数转换为国家级自然等指数,按照国家确定的 400 分等间距划分国家级自然等别(表 3-10)。

(二)利用等别平衡转换

1. 建立利用等指数与标准粮产量的线性回归模型

运用 SPSS 软件,以西部地区 12 个省(自治区、直辖市)样点为分析样本,以实际标准粮产量为因变量 y,利用等指数为自变量 x,进行线性回归分析,建立了线性回归模型(表 3-11),并对得到的线性回归模型进行检验。

表 3-11　基于线性回归模型的西部各省(自治区、直辖市)等别平衡转换表

省份	样点数	省级等指数与标准粮产量回归方程	R^2	省级等指数向国家级等指数平衡转换规则	省等指数范围	国家级等指数范围	国家级等别范围
内蒙古	454	$y=13.40x_1+2\ 343$	0.69	$x_2=1.79x_1+312$	2～910	25～1 977	6～15
广西	547	$y=4.33x_1+4\ 626$	0.88	$x_2=0.58x_1+617$	352～2 943	819～2 316	4～11
重庆	959	$y=5.5x_1+1\ 350$	0.65	$x_2=0.75x_1+180$	575～2 064	608～1 718	7～12
四川	316	$y=5.37x_1+3\ 279$	0.91	$x_2=0.72x_1+437$	103～2 709	510～2 378	4～13
贵州	625	$y=5.24x_1+787$	0.88	$x_2=0.70x_1+105$	238～2 273	271～1 693	7～14
云南	1 749	$y=4.32x_1+3\ 726$	0.80	$x_2=0.56x_1+540$	50～3 090	568～2 270	4～13
西藏	279	$y=5.81x_1+673$	0.68	$x_2=0.77x_1+90$	347～1 369	359～1 150	10～14
陕西	1 712	$y=6.65x_1+942$	0.86	$x_2=0.89x_1+126$	149～2 226	257～2 096	5～14
甘肃	2 128	$y=6.51x_1+1\ 555$	0.85	$x_2=0.87x_1+207$	20～1 773	225～1 747	7～14
青海	364	$y=4.05x_1+1\ 583$	0.66	$x_2=0.54x_1+211$	147～1 263	290～892	11～14
宁夏	1 510	$y=10.38x_1+2\ 284$	0.9	$x_2=1.38x_1+304$	17～1 175	387～1 931	6～14
新疆	235	$y=4.46x_1+1\ 824$	0.84	$x_2=0.59x_1+243$	11.4～2 904	250～1 970	6～14

注：y 为标准粮产量，x_1 为省级利用等指数，x_2 为国家级利用等指数。

由表 3-11 可知，各省(自治区、直辖市)的省级利用等指数与标准粮产量之间的线性回归方程有较大差异，这是由于各省(自治区、直辖市)分等因素指标体系及指定作物、产量比系数、土地利用系数等相关分等参数的差异，造成各省(自治区、直辖市)利用等指数的内涵不统一所致。因此，需要依据回归模型对各省级利用等指数进行平衡转换，以建立各省(自治区、直辖市)利用等指数与耕地生产能力关系的一致性。

从各线性回归方程的相关系数来看，西部 12 省(自治区、直辖市)的样点数均大于 100，根据相关系数检验表，当自由度为 100 时，置信水平为 0.01 时，相关系数 $R=0.254\ 0$，$R^2=0.064\ 5$。西部各省(自治区、直辖市)省级利用等指数与标准粮产量之间线性回归方程的 R^2 值均大于 0.064 5，表明各省(自治区、直辖市)的省级利用等指数与标准粮产量相关，所建立的线性回归模型可以作为等别平衡转换的依据。

2. 确定省级利用等指数向国家级利用等指数转换规则并进行转换

根据确定的国家级利用等指数与实际标准粮产量的相关方程 $y=7.5x_2$，以及建立的各省级利用等指数与实际标准粮产量线性回归模型，初步分析得到省级利用等指数向国家级利用等指数平衡转换规则(表 3-11)。

应用分析得到的各省级利用等指数向国家级利用等指数平衡转换的规则，将各省级利用等指数转换为国家级利用等指数，按照国家确定的 200 分等间距划分国家级利用等别(表 3-11)。

(三)经济等别平衡转换

1. 建立经济等指数与标准粮产量的线性回归模型

运用 SPSS 软件，以西部地区 12 个省(自治区、直辖市)样点为分析样本，以实际标准粮产量为因变量 y，经济等指数为自变量 x，进行线性回归分析，建立了线性回归模型(表 3-12)，并对得到的线性回归模型进行检验。

表 3-12 基于线性回归模型的西部各省(自治区、直辖市)经济等别平衡转换表

省份	样点数	省级等指数与标准粮产量回归方程	R^2	省级等指数向国家级等指数平衡转换规则	省等指数范围	国家级等指数范围	国家级等别范围
内蒙古	454	$y=17.25x_1+1\ 788$	0.73	$x_2=2.30x_1+238$	0～598	238～1 614	7～14
广西	547	$y=4.92x_1+5\ 225$	0.88	$x_2=0.66x_1+697$	153～2 506	797～2 339	4～12
重庆	959	$y=5.79x_1+3\ 832$	0.57	$x_2=0.77x_1+511$	258～1 672	710～1 802	6～12
四川	316	$y=8.24x_1+3\ 975$	0.88	$x_2=1.10x_1+530$	45～1 693	579～2 390	4～13
贵州	625	$y=5.66x_1+2\ 207$	0.80	$x_2=0.75x_1+294$	87～1 988	360～1 794	7～14
云南	1 749	$y=5.25x_1+5\ 070$	0.80	$x_2=0.70x_1+676$	20～2 537	690～2 451	3～12
西藏	279	$y=4.77x_1+2\ 816$	0.68	$x_2=0.64x_1+376$	146～1 259	468～1 177	10～13
陕西	1 712	$y=8.22x_1+2\ 412$	0.66	$x_2=1.10x_1+322$	100～1 631	431～2 110	5～13
甘肃	2 128			$x_2=0.87x_1+207$	5～1 171	189～1 779	7～15
青海	364	$y=6.01x_1+2\ 831$	0.64	$x_2=0.80x_1+377$	36～821	406～1 035	10～13
宁夏	1 510	$y=11.01x_1+3\ 747$	0.74	$x_2=1.47x_1+500$	7～1 081	510～2 087	5～13
新疆	235			$x_2=3.09x_1+173$	8～588	197～1 991	6～15

注:y 为标准粮产量,x_1 为省级经济等指数,x_2 为国家级经济等指数。

由表 3-12 可知,各省(自治区、直辖市)的省级经济等指数与标准粮产量之间的线性回归方程有较大差异,这是由于各省(自治区、直辖市)分等因素指标体系及指定作物、产量比系数、土地经济系数等相关分等参数的差异,造成各省(自治区、直辖市)经济等指数的内涵不统一所致。因此,需要依据回归模型对各省级经济等指数进行平衡转换,以建立各省(自治区、直辖市)经济等指数与耕地生产能力关系的一致性。

从各线性回归方程的相关系数来看,西部 12 省(自治区、直辖市)的样点数均大于 100,根据相关系数检验表,当自由度为 100 时,置信水平为 0.01 时,相关系数 $R=0.254\ 0$,$R^2=0.064\ 5$。西部各省(自治区、直辖市)省级经济等指数与标准粮产量之间线性回归方程的 R^2 值均大于 0.064 5,表明各省(自治区、直辖市)的省级经济等指数与标准粮产量相关,所建立的线性回归模型可以作为等别平衡转换的依据。

2. 确定省级经济等指数向国家级经济等指数转换规则并进行转换

根据确定的国家级经济等指数与实际标准粮产量的相关方程 $y=7.5x_2$,以及建立的各省级经济等指数与实际标准粮产量线性回归模型,初步分析得到省级经济等指数向国家级经济等指数平衡转换规则(表 3-12)。

应用分析得到的各省级经济等指数向国家级经济等指数平衡转换的规则,将各省级经济等指数转换为国家级经济等指数,按照国家确定的 200 分等间距划分国家级经济等别(表 3-12)。

四、省级成果与国家级成果的关系

(1)省级等指数及等别在省级范围内可以比较。通过以上建立的西部各省(自治区、直辖市)省级等指数与标准粮产量线性回归方程,可以看出各省(自治区、直辖市)省级等指数与标准粮产量呈现高度的相关性,因此,省级等指数的大小体现了省内耕地生产能力的高低,保障了省级等指数及等别在省内的统一可以比较。

西部各省(自治区、直辖市)省级等指数与标准粮产量线性回归方程存在较大差异,说明省际间省级等指数与标准粮产量的换算关系不一致,即不同省份等指数的内涵不统一,因此省级等指数及等别在省际间不具有可比性。

(2)国家级等指数及等别继承了省级等指数及等别的高低顺序。从等指数的转换过程来看,平衡转换的方法是以标准粮产量为媒介,建立了省级等指数与国家级等指数的线性转换关系,使得国家级等指数与省级等指数存在一一对应的关系,因此,国家级等指数及等别继承了原省级等指数及等别的高低顺序。

(3)国家级等指数及等别在省际范围内可以比较。依据平衡转换方法,得到的国家级成果,使省与省之间的农用地等指数具有相同的标准粮内涵,实现了国家级等指数及等别在省际间的统一可以比较。

本章小结

本章简要介绍了西部区农用地分等基本参数、指标体系和等别评价过程。《规程》中根据影响耕作制度的主要环境指标:热量、水分、地貌以及社会经济条件进行耕作制度分区,将全国分为 12 个一级区和 40 个二级区,西部地区共覆盖到 10 个一级区和 29 个二级区;西部区耕作熟制共分为五类,包括一年一熟、一年一熟或两熟、两年三熟、一年两熟、一年三熟,其中以一年两熟和一年一熟制为主;西部区各省(自治区、直辖市)根据实际情况确定了省内的基准作物和指定作物,其中基准作物包括春小麦、水稻、春青稞、冬小麦等;经统计,西部地区共划分为 53 个因素指标区,被选用的指标数量共计 22 个,选用频度最多的指标包括土壤有机质含量、表层土壤质地、灌溉保证率、有效土层厚度、地形坡度、土壤 pH 等 6 项;在简述等别评价过程的基础上,以标准粮产量为媒介应用等别平衡转换的方法,将省级等指数转换为国家级等指数,并最终将西部区耕地划分为 12 个国家级自然等别、12 个国家级利用等别和 13 个国家级经济等别,实现了农用地分等成果在全国范围内可比。

第四章　耕地质量等别空间分布分析

第一节　总体分布情况

一、耕地面积与结构

中国西部地区国土面积668.16万km^2，占全国国土面积的69.6%，根据西部地区农用地分等成果①，西部地区耕地总面积45 342.22 khm^2，约占全国耕地总面积的36.2%。

从西部地区耕地利用类型来看(表4-1)，西部地区耕地主要以旱地为主，占西部地区耕地面积的57.16%(不包括新疆维吾尔自治区)；其次为灌溉水田，面积为8 781.26 khm^2，占西部地区耕地面积的21.32%；望天田和水浇地的面积较小，分别占西部地区总面积的10.28%和10.57%；另外还有极小面积的菜地和宜农未利用地也纳入农用地分等对象中。

表4-1　西部地区各利用类型耕地面积统计表

耕地利用类型	所占面积/khm^2	面积比例/%
灌溉水田	8 781.26	21.32
望天田	4 234.7	10.28
水浇地	4 352.03	10.57
旱地	23 540.15	57.16
菜地	183.07	0.44
宜农未利用地	88.5	0.21

注：由于未能获取新疆分等图斑的地类数据，因此表中新疆数据未统计在内。

从西部地区耕地复种类型分布来看(表4-2)，西部地区耕地的复种类型主要是一年两熟和一年一熟，分别占到西部地区耕地总面积的50.86%和41.52%，其余复种类型的耕地都较少，一年三熟的耕地只在南部地区有极少量分布。

① 西部地区各省(自治区、直辖市)分等开展时间不同，因此面积基准年也不一致，各省(自治区、直辖市)面积基准年如下：广西壮族自治区、新疆维吾尔自治区：2000年；四川省：2003年；贵州省、云南省、重庆市：2004年；甘肃省、宁夏回族自治区、青海省、陕西省：2005年；西藏自治区：2006年；内蒙古自治区：2007年。

表 4-2　西部地区各复种类型耕地面积统计表

熟制	面积/khm^2	面积比例/%
一年一熟	18 827.6	41.52
一年一熟或两熟	2 317.4	5.11
两年三熟	1 135.9	2.51
一年两熟	23 060.0	50.86
一年三熟	1.1	0.00

二、耕地质量分布

西部地区不仅耕地面积少，而且耕地破碎化程度高，在高寒、干旱、水土流失、地质灾害及人类利用等多重因子的综合作用下，西部地区耕地生产能力表现出极端的脆弱性，耕地质量水平较低。以下依据西部地区农用地分等汇总结果，分别从自然等别、利用等别和经济等别分布情况进行分析。

从自然等别分布情况来看(图 4-1)，共划分为 12 个自然等别，等别范围 4～15 等，以 10～13 等为主，按照 4 等、5～8 等、9～12 等、13～15 等划分为优等、高等、中等和低等 4 个档次，优等地仅有 7.30 khm^2，占西部农用地评定总面积的 0.02%，高等地 6 689.57 khm^2，占 14.75%，中等地 25 446.72 khm^2，占 56.12%；低等地 13 198.68 khm^2，占 29.11%。

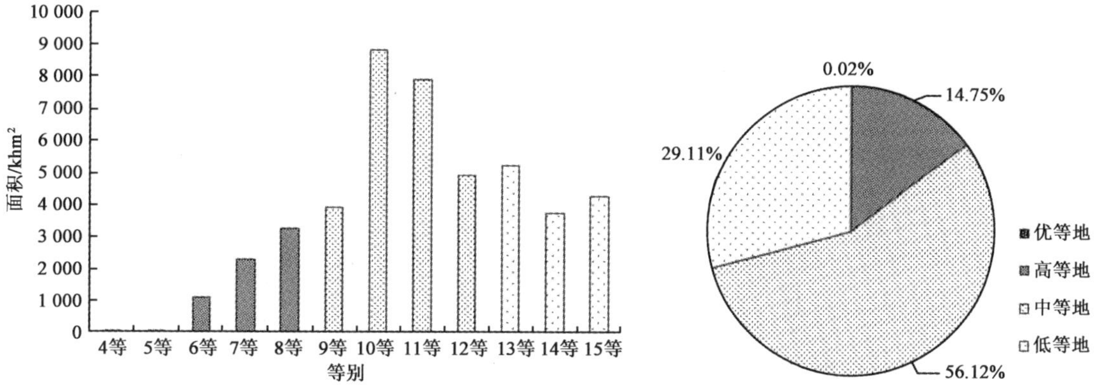

图 4-1　西部地区耕地自然等别面积分布

从利用等别分布情况来看(图 4-2)，共划分 12 个利用等别，利用等别范围为 4～15 等，以 10～15 等为主，面积加权平均等为 11.2 等，比全国平均等 9.8 等低 1.4 个等别。优等地仅有 26.74 khm^2，占西部农用地评定总面积的 0.06%；高等地 6 767.29 khm^2，占 14.92%；中等地 24 596.78 khm^2，占 54.25%；低等地 13 951.46 khm^2，占 30.77%。

与全国耕地等别分布情况相比(表 4-3)，可以说，西部地区拥有着全国 69.6%的国土面积，耕地面积却仅占全国耕地的 36.2%，而且在这本来就不多的耕地上分布着全国 66.73%的低等地和 38.82%的中等地，高等地和优等地面积仅占全国的 18.04%和 0.80%。

从经济等别分布情况来看(图 4-3)，共划分为 13 个经济等别，等别范围 3～15 等，以 9～14 等为主，优等地仅有 37.06 khm^2，占西部农用地评定总面积的 0.08%，高等地 6 895.67 khm^2，占 15.21%，中等地 24 921.40 khm^2，占 54.96%；低等地 13 488.13 khm^2，占 29.75%。

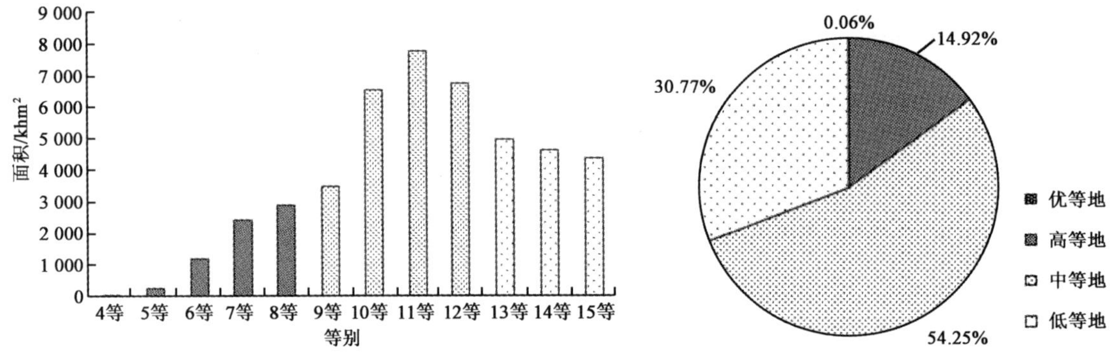

图 4-2 西部地区耕地利用等别面积分布

表 4-3 西部地区与全国耕地耕别分布对比

项目	全国耕地/khm^2	西部耕地/khm^2	西部占全国比例/%
优等地	3 337.5	26.7	0.80
高等地	37 509.7	6 767.3	18.04
中等地	63 360.8	24 596.8	38.82
低等地	20 907.3	13 951.5	66.73

注：表内全国耕地等别数据源：王洪波，程 锋，张中帆，等. 中国耕地等别分异特性及其对耕地保护的影响[J]. 农业工程学报，2011，27(11)：1-8.

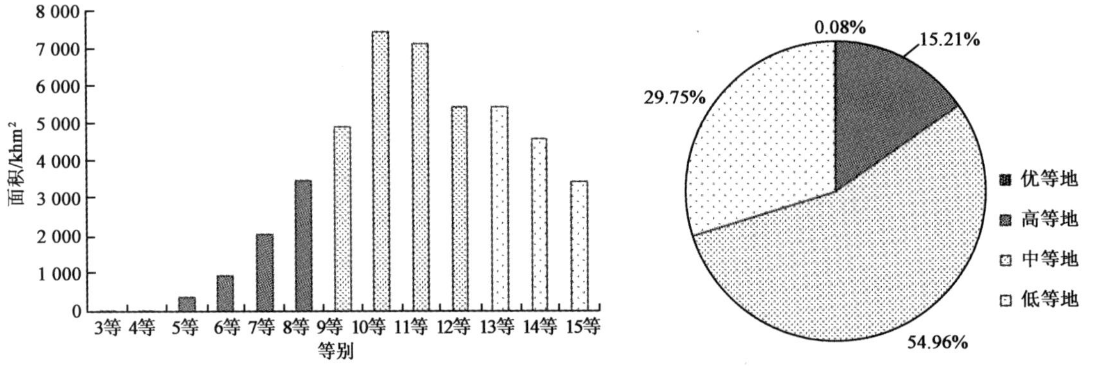

图 4-3 西部地区耕地经济等别面积分布

第二节 各省(自治区、直辖市)等别分布情况

一、各省(自治区、直辖市)耕地面积分布

根据西部地区国家级汇总数据库，从耕地面积分布情况来看(表 4-4)，内蒙古自治区的耕地面积最大，达到 7 146.28 khm^2，占西部地区耕地总面积的 15.8%；其次是云南省和四川省，其耕地均占西部地区耕地面积的 13%以上；宁夏、青海、西藏三省(自治区)的耕地面积最小，合计耕地面积还不到西部地区耕地总面积的 4%。

表 4-4　西部地区各省(自治区、直辖市)耕地复种类型面积汇总　khm^2

省份	一年一熟	一年一熟或两熟	两年三熟	一年两熟	一年三熟	合计
甘肃	4 111.62	0.00	501.89	19.14	0.00	4 632.64
广西	0.00	381.22	0.00	4 003.55	0.00	4 384.77
贵州	305.44	0.00	0.00	4 297.46	0.00	4 602.89
内蒙古	7 146.28	0.00	0.00	0.00	0.00	7 146.28
宁夏	1 099.88	0.00	0.00	0.00	0.00	1 099.88
青海	494.79	0.00	0.00	0.00	0.00	494.79
陕西	1 886.90	0.00	634.12	1 567.93	0.00	4 088.94
四川	0.00	146.67	0.00	5 928.62	0.00	6 075.28
西藏	187.10	0.00	0.00	0.00	0.00	187.10
新疆	4 162.50	0.00	0.00	0.00	0.00	4 162.50
云南	1 222.62	0.00	0.00	4 895.81	1.12	6 119.55
重庆	0.00	0.00	0.00	2 347.63	0.00	2 347.63
合计	20 617.13	527.88	1 136.01	23 060.12	1.12	45 342.27

从各省(自治区、直辖市)耕地的复种类型来看(表 4-4),其中,北部的内蒙古和宁夏、西北的新疆、西南的青海和西藏均只有一年一熟,甘肃和陕西两省以一年一熟为主,云南、四川、重庆、广西、贵州五省(自治区、直辖市)以一年两熟的耕作方式为主,两年三熟的耕地分布在甘肃和陕西两省,一年三熟的耕地仅在云南有极少量的分布。

从各省(自治区、直辖市)耕地的利用类型来看(表 4-5),西部地区大部分省份以旱地为主,只有西藏自治区旱地分布最少,这是由于西藏分等的对象均选择在水资源条件较好的“一江两河”区域,灌溉水田主要分布在四川、广西、重庆等南部省份,望天田主要分布在重庆、贵州和云南三个省(自治区、直辖市)、菜地在大部分省份均有少量分布,宜农未利用地仅在贵州省有极少量分布。

表 4-5　西部地区各省(自治区、直辖市)耕地用地类型面积汇总　khm^2

省份	水田	望天田	水浇地	旱地	菜地	可开垦林地	合计
甘肃	9.11	0.08	1 004.94	3 609.86	8.66	0.00	4 632.64
广西	2 460.45	45.30	0.44	1 866.06	12.52	0.00	4 384.77
贵州	819.03	623.24	0.04	3 048.86	23.23	88.5	4 602.89
内蒙古	82.95	0.35	1 750.48	5 265.06	47.45	0.00	7 146.28
宁夏	44.84	0.00	353.05	698.82	3.17	0.00	1 099.88
青海	0.00	0.00	161.81	311.11	21.87	0.00	494.79
陕西	172.93	22.91	870.05	3 005.26	17.80	0.00	4 088.94
四川	3 100.34	0.00	0.00	2 974.95	0.00	0.00	6 075.28

续表 4-5

省份	水田	望天田	水浇地	旱地	菜地	可开垦林地	合计
西藏	0.00	0.00	164.02	22.89	0.20	0.00	187.10
云南	1 356.74	182.36	47.22	4 497.19	36.04	0.00	6 119.55
重庆	734.89	385.51	0.00	1 215.07	12.15	0.00	2 347.63
合计	8 781.27	1 259.76	4 352.03	26 515.13	183.07	88.50	41 179.76

注：由于数据缺失，用地类型没有统计新疆维吾尔自治区。

二、自然等别分布

从各自然等别在西部各省份的分布情况来看（表 4-6），西部各省份自然等别分布情况差异较大，南部的广西、四川、重庆等省份的耕地自然等别分布情况较好，等别集中在 6～10 等；北部的内蒙古、宁夏、甘肃等省份的耕地自然等别较低，其等别多集中在 10 等以后；西南地区西藏、青海的耕地自然等别也较低，集中分布在 12～13 等；陕西省的耕地自然等别分布呈现两极分化，等别集中分布在 7～9 等和 12～14 等；云南和贵州两省虽然也位于南部地区，但因所处的云贵高原自然条件的限制，自然等别也偏低。

按照自然等 1～4 等、5～8 等、9～12 等、13～15 等划分为优等、高等、中等和低等 4 个档次（图 4-4、表 4-7），优等地全部分布在四川省；高等地分布最多的 3 个省份是广西、四川、陕西，3 个省份高等地占西部高等地面积的 87.2%，西藏和青海两个省份没有优等地和高等地分布；中等地分布最多的 3 个省份是云南、四川、新疆，3 个省份中等地占西部中等地面积的 50.0%；低等地分布最多的 3 个省份是内蒙古、甘肃、陕西，3 个省份低等地占西部低等地面积的 82.0%，广西和重庆两个省份没有低等地分布。

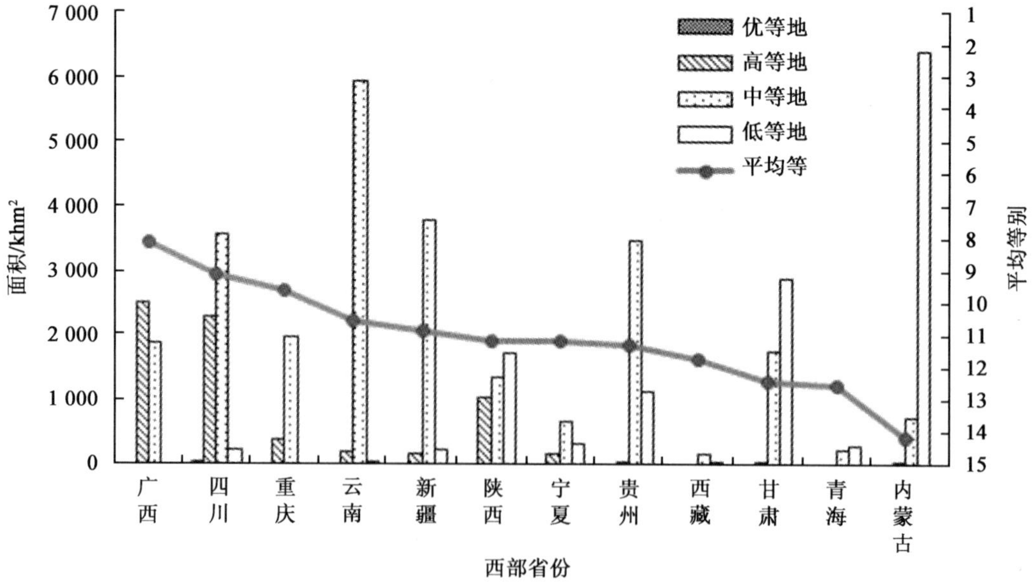

图 4-4　西部 12 省份耕地自然等别构成

表 4-6　西部地区分省份自然等别面积分布

khm²

省份	4 等	5 等	6 等	7 等	8 等	9 等	10 等	11 等	12 等	13 等	14 等	15 等	合计
甘肃	0.00	0.00	0.00	0.46	4.33	9.73	332.07	445.89	948.04	2 531.48	360.64	0.00	4 632.64
广西	0.00	54.17	868.92	1 265.82	312.44	319.33	1 399.93	163.83	0.33	0.00	0.00	0.00	4 384.77
贵州	0.00	0.00	0.00	0.00	6.33	544.34	816.91	1 289.60	816.32	846.20	273.60	9.59	4 602.89
内蒙古	0.00	0.00	0.00	0.81	0.00	93.90	241.28	241.24	141.86	520.37	1 684.46	4 222.36	7 146.28
宁夏	0.00	0.00	0.28	21.03	124.93	108.84	116.72	162.45	259.07	167.82	128.99	9.75	1 099.88
青海	0.00	0.00	0.00	0.00	0.00	0.00	0.00	13.69	210.20	250.25	20.38	0.27	494.79
陕西	0.00	0.00	30.45	557.39	451.71	351.61	112.16	237.24	630.65	543.10	1 144.94	29.69	4 088.94
四川	7.30	2.80	148.60	323.04	1 816.71	1 048.13	2 142.89	263.00	120.08	173.12	29.62	0.00	6 075.28
西藏	0.00	0.00	0.00	0.00	0.00	0.00	11.25	50.00	100.22	20.70	4.93	0.00	187.10
新疆	0.00	0.00	35.91	65.26	42.68	64.68	1 188.10	1 705.17	838.58	131.83	90.30	0.00	4 162.50
云南	0.00	0.00	11.43	37.80	135.32	680.11	1 548.20	2 888.80	813.60	4.30	0.00	0.00	6 119.55
重庆	0.00	0.00	0.00	0.04	370.92	685.76	859.87	389.24	41.79	0.00	0.00	0.00	2 347.63
合计	7.30	56.97	1 095.58	2 271.64	3 265.38	3 906.44	8 769.39	7 850.14	4 920.74	5 189.16	3 737.86	4 271.66	45 342.27

按面积加权平均的方法计算得出各省份平均自然等别(图 4-4、表 4-7)，从各省份平均自然等别高低来看，平均等别最高的三个省份是广西、四川、重庆，其平均等别分别为 8.2 等、9.2 等和 9.6 等；平均自然等别最低的三个省份分别是内蒙古、青海、甘肃，其平均自然等别分别为 12.6 等、12.6 等和 12.5 等；平均自然等别最高的广西比平均自然等别最低的内蒙古高 4.4 个等别。

表 4-7 西部 12 省份耕地自然等别构成

省份	等别面积构成/khm^2				等别范围及平均等别(等)		
	优等地	高等地	中等地	低等地	最高等	最低等	平均等
内蒙古	—	0.8	718.3	6 427.2	7	15	14.2
广西	—	2 501.3	1 883.4	—	5	12	8.1
重庆	—	371.0	1 976.7	—	7	12	9.6
四川	7.3	2 291.2	3 574.1	202.7	4	14	9.2
贵州	—	6.3	3 467.2	1 129.4	8	15	11.3
云南	—	184.6	5 930.7	4.3	6	13	10.6
西藏	—	0.0	161.5	25.6	10	14	11.8
陕西	—	1 040.0	1 331.2	1 717.7	6	15	11.2
甘肃	—	4.8	1 735.7	2 892.1	8	14	12.5
青海	—	0.0	223.9	270.9	11	14	12.6
宁夏	—	146.2	647.2	306.5	7	15	11.2
新疆	—	143.8	3 796.5	222.1	6	14	10.9

三、利用等别分布

从各利用等别在西部各省份的分布情况来看(表 4-8)，与自然等别分布情况相比，利用等别分布总体上变化不大，依然是东南部省份高等别耕地分布较多，西北、东北及西南部省份低等别耕地分布较多。与自然等别分布相比，各省份内的利用等别分布情况有细微变化，比如新疆、内蒙古、甘肃等省份的利用等别更趋向低等别集中，四川、广西的利用等别分布趋于分散，其他省份等别分布情况变化不明显。

按照利用等 1～4 等、5～8 等、9～12 等、13～15 等划分为优等、高等、中等和低等 4 个档次(图 4-5、表 4-9)，优等地全部分布在广西、四川、云南 3 个省份；高等地分布最多的 3 个省份是四川、广西、陕西，3 个省份高等地占西部高等地面积的 85.3%，西藏和青海两个省份没有优等地和高等地分布；中等地分布最多的 3 个省份是云南、新疆、四川，3 个省份中等地占西部中等地面积的 50.2%；低等地分布最多的 3 个省份是内蒙古、甘肃、陕西，3 个省份低等地占西部低等地面积的 79.8%，广西和重庆两个省份没有低等地分布。

按面积加权平均的方法计算得出各省平均利用等别(图 4-5、表 4-9)，从各省平均利用等别高低来看，平均利用等别最高的 3 个省份依然是广西、四川、重庆，其平均等别分别为 8.2 等、9.0 等和 9.7 等；平均等别最低的 3 个省份分别是内蒙古、甘肃、青海，其平均等别分别为 13.0 等、12.9 等和 12.6 等；等别最高的广西比等别最低的内蒙古高 4.8 个等别。

表 4-8　西部地区分省份利用等别面积分布

khm^2

省份	4 等	5 等	6 等	7 等	8 等	9 等	10 等	11 等	12 等	13 等	14 等	15 等	合计
甘肃	0.00	0.00	0.00	2.71	4.48	27.53	220.05	398.98	714.51	1 278.78	1 985.60	0.00	4 632.64
广西	14.90	92.09	599.28	1 135.33	614.49	617.98	1 109.63	201.08	0.00	0.00	0.00	0.00	4 384.77
贵州	0.00	0.00	0.00	1.24	47.09	338.94	845.90	1 037.61	1 128.90	1 054.44	148.78	0.00	4 602.89
内蒙古	0.00	0.00	0.00	1.44	5.62	27.63	115.58	251.98	497.30	518.47	1 358.38	4 369.88	7 146.28
宁夏	0.00	0.00	1.79	29.19	109.38	134.14	114.55	87.47	201.91	317.09	104.36	0.00	1 099.88
青海	0.00	0.00	0.00	0.00	0.00	0.00	0.00	23.27	180.33	259.68	31.52	0.00	494.79
陕西	0.00	8.83	132.49	299.26	383.23	379.56	282.10	296.13	558.70	870.24	878.40	0.00	4 088.94
四川	9.94	129.51	441.21	825.67	1 120.10	742.67	1 284.78	1 234.14	142.46	144.81	0.00	0.00	6 075.28
西藏	0.00	0.00	0.00	0.00	0.00	0.00	7.76	57.05	86.67	34.72	0.89	0.00	187.10
新疆	0.00	0.00	0.18	3.72	29.18	78.61	266.53	1 465.08	1 744.02	461.18	114.01	0.00	4 162.50
云南	1.90	21.23	22.21	110.34	237.03	534.08	1 472.16	2 231.70	1 468.68	20.21	0.00	0.00	6 119.55
重庆	0.00	0.00	0.00	25.50	333.51	596.82	836.74	502.59	52.47	0.00	0.00	0.00	2 347.63
合计	26.74	251.66	1 197.14	2 434.39	2 884.10	3 477.96	6 555.77	7 787.09	6 775.96	4 959.61	4 621.96	4 369.88	45 342.27

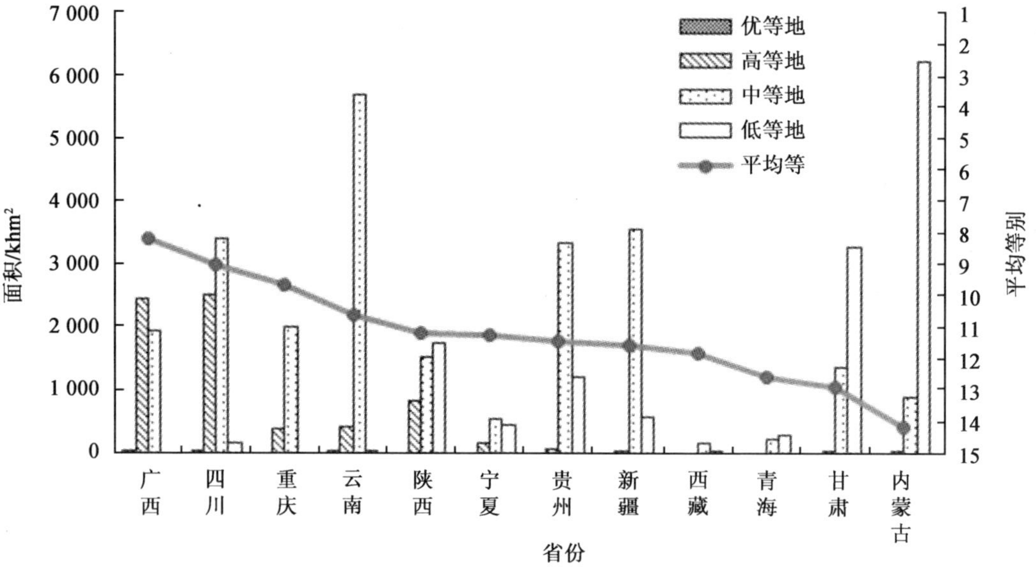

图 4-5　西部 12 省份耕地利用等别构成

表 4-9　西部 12 省份耕地利用等别构成

省份	等别面积构成/khm^2				等别范围及平均等别(等)		
	优等地	高等地	中等地	低等地	最高等	最低等	平均等
内蒙古	—	7.1	892.5	6 246.7	7	15	14.2
广西	14.9	2 441.2	1 928.7	—	4	11	8.2
重庆	—	359	1 988.6	—	7	12	9.7
四川	9.9	2 516.5	3 404.1	144.8	4	13	9.0
贵州	—	48.3	3 351.4	1 203.2	7	14	11.4
云南	1.9	390.8	5 706.6	20.2	4	13	10.6
西藏	—	—	151.5	35.6	10	14	11.8
陕西	—	823.8	1 516.9	1 748.2	5	14	11.2
甘肃	—	7.2	1 361.1	3 264.4	7	14	12.9
青海	—	—	205.6	289.2	11	14	12.6
宁夏	—	140.4	538.1	421.5	6	14	11.3
新疆	—	33.1	3 554.2	575.2	6	14	11.6

四、经济等别分布

从各经济等别在西部各省的分布情况来看(表 4-10),与利用等别分布情况相比,经济等别的分布情况变化较大。首先,新疆的耕地经济等别往高等别发展,其经济等别主要集中在7～11 等;其次,北部的内蒙古、甘肃、陕西等省份的耕地经济等别更加向低等别发展,以 13～14 等耕地居多;南部的四川、云南、贵州、广西等省份的耕地经济等别分布都或多或少地出现了向低等别移动的现象。可见,经济等分布较利用等分布出现的明显变化,表明新疆的耕地产投比高于其他省份。

表 4-10　西部地区分省份经济等别面积分布

khm²

省份	3 等	4 等	5 等	6 等	7 等	8 等	9 等	10 等	11 等	12 等	13 等	14 等	15 等	合计
甘肃	0.00	0.00	0.00	0.00	4.85	3.54	20.27	75.36	160.03	424.07	1 142.11	2 769.06	33.35	4 632.64
广西	0.00	24.94	164.54	516.75	920.51	803.55	867.71	836.07	249.93	0.76	0.00	0.00	0.00	4 384.77
贵州	0.00	0.00	0.00	0.00	3.86	39.63	274.28	840.39	941.61	1 433.55	1 066.80	2.78	0.00	4 602.89
内蒙古	0.00	0.00	0.00	0.00	0.76	5.13	44.73	150.25	347.49	638.28	815.80	1 747.08	3 396.75	7 146.28
宁夏	0.00	0.00	5.70	2.98	15.53	61.22	105.47	173.39	152.35	355.04	228.19	0.00	0.00	1 099.88
青海	0.00	0.00	0.00	0.00	0.00	0.00	0.00	1.16	19.83	153.55	320.26	0.00	0.00	494.79
陕西	0.00	0.00	0.53	3.43	23.55	174.31	354.10	483.86	515.71	858.22	1 675.25	0.00	0.00	4 088.94
四川	0.00	6.01	202.35	361.39	579.59	1 063.31	1 070.69	1 370.94	1 131.52	247.60	41.88	0.00	0.00	6 075.28
西藏	0.00	0.00	0.00	0.00	0.00	0.00	0.00	5.05	55.29	90.06	36.69	0.00	0.00	187.10
新疆	0.00	0.00	0.00	21.94	364.18	895.62	924.74	941.39	516.89	285.62	119.17	76.79	16.16	4 162.50
云南	0.57	5.54	8.87	53.02	111.55	232.71	622.11	1 619.54	2 530.81	934.83	0.00	0.00	0.00	6 119.55
重庆	0.00	0.00	0.00	0.03	42.77	207.97	638.08	939.30	484.54	34.94	0.00	0.00	0.00	2 347.63
合计	0.57	36.49	381.99	959.54	2 067.15	3 486.99	4 922.18	7 436.71	7 106.00	5 456.51	5 446.15	4 595.72	3 446.26	4 5342.26

按照经济等 1～4 等、5～8 等、9～12 等、13～15 等划分为优等、高等、中等和低等 4 个档次(图 4-6，表 4-11)，优等地全部分布在广西、四川、云南 3 个省份；高等地分布最多的 3 个省份是广西、四川、新疆，3 个省份高等地占西部高等地面积的 85.4%，西藏和青海两个省份没有优等地和高等地分布；中等地分布最多的 3 个省份是云南、贵州、四川，3 个省中等地占西部中等地面积的 51.0%；低等地分布最多的 3 个省份是内蒙古、甘肃、陕西，3 个省份低等地占西部低等地面积的 85.2%，广西、重庆和云南 3 个省份没有低等地分布。

按面积加权平均的方法计算得出各省份平均经济等别(图 4-6、表 4-11)，从各省份平均经济等别高低来看，平均经济等别最高的 3 个省份是广西、四川、新疆，其平均等别分别为 8.2 等、9.1 等和 9.5 等；平均等别最低的 3 个省份分别是甘肃、内蒙古、青海，其平均等别分别为 13.4 等、13.1 等和 12.6 等；等别最高的广西比等别最低的内蒙古高 4.8 个等别。

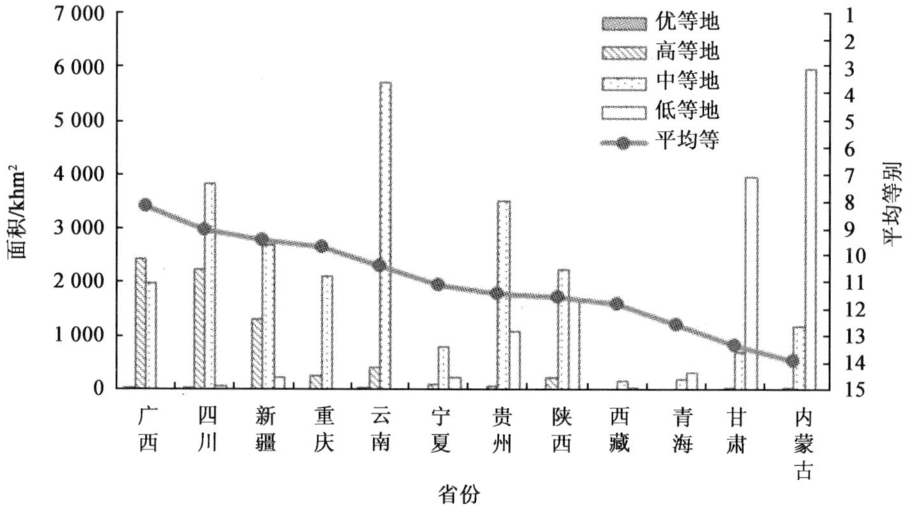

图 4-6 西部 12 省份耕地经济等别构成

表 4-11 西部 12 省份耕地经济等别构成

省份	等别面积构成/khm²				等别范围及平均等别(等)		
	优等地	高等地	中等地	低等地	最高等	最低等	平均等
内蒙古	0.0	5.9	1 180.8	5 959.6	7	15	13.9
广西	24.9	2 405.4	1 954.5	0.0	4	12	8.2
重庆	0.0	250.8	2 096.9	0.0	7	12	9.7
四川	6.0	2 206.6	3 820.8	41.9	4	13	9.1
贵州	0.0	43.5	3 489.8	1 069.6	7	13	11.4
云南	6.1	406.1	5 707.3	0.0	3	12	10.4
西藏	0.0	0.0	150.4	36.7	10	13	11.8
陕西	0.0	201.8	2 211.9	1 675.2	5	13	11.6
甘肃	0.0	8.4	679.7	3 944.5	7	15	13.4
青海	0.0	0.0	174.5	320.3	10	13	12.6
宁夏	0.0	85.4	786.3	228.2	5	13	11.1
新疆	0.0	1 281.7	2 668.6	212.1	6	15	9.5

第三节　土地利用分区等别分布情况

一、西部地区利用分区概况

全国土地利用总体规划纲要(2006—2020 年)根据各地资源条件、土地利用现状、经济社会发展阶段和区域发展战略定位的差异，把全国划分为 9 个土地利用区(图 4-7)，其中西部地区被划分为 3 个土地利用区：西北区、西南区和青藏区。西北区包括新疆、内蒙古、宁夏、陕西、甘肃 5 个省份；西南区包括云南、贵州、四川、重庆、广西 5 个省份；青藏区包括西藏、青海 2 个省份。

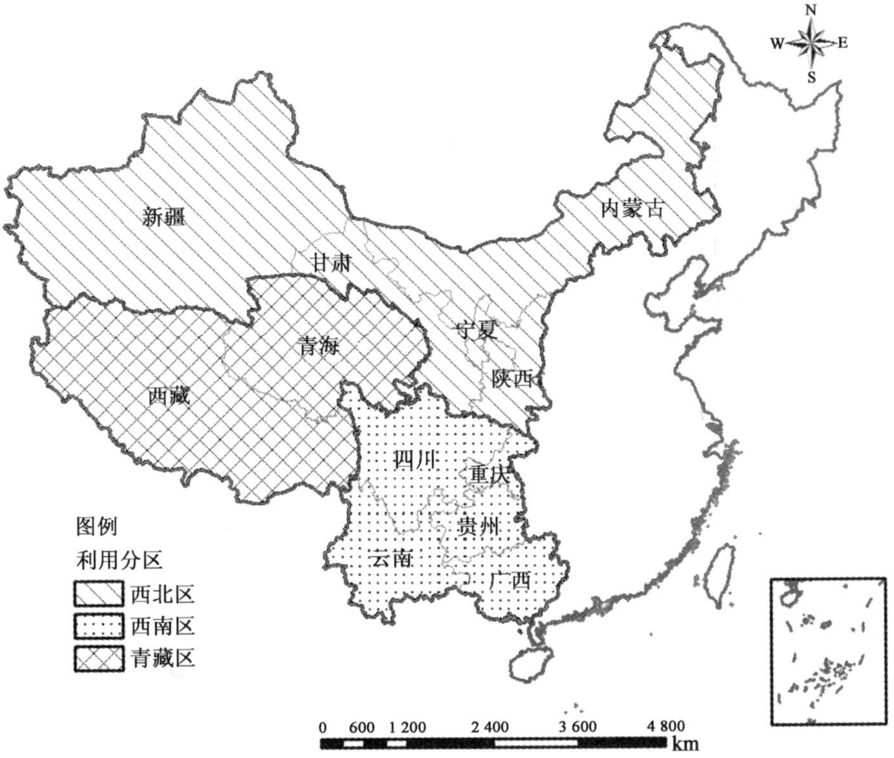

图 4-7　西部地区利用分区分布示意图

二、自然等别分布

从各利用分区的耕地自然等别分布范围来看(图 4-8，表 4-12)，西南区的等别范围为 4～15 等，以 6～12 等为主；西北区耕地等别范围为 6～15 等，以 10～15 等地为主；青藏区耕地等别范围为 10～15 等。

按照耕地等别 1～4 等、5～8 等、9～12 等、13～15 等划分为优等、高等、中等和低等 4 个档次(图 4-9，表 4-13)，可以看出，西南区的耕地以中等地为主，中等地面积占全区耕地总面积的 72.54%，其次为高等地和低等地，分别占全区耕地总面积的 22.58%和 4.72%，该区还有少量的优等地分布，占全区耕地总面积的 0.16%；西北区的耕地以低等地为主，低等地面积占全区耕地总面积的 56.88%，其次为中等地和高等地，分别占全区耕地总面积的 35.62%和7.49%，该区无优等耕地；青藏区的耕地面积较小，并且只有中等地和低等地分布，两者分别占全区耕地总面积的 52.35%和 47.65%。

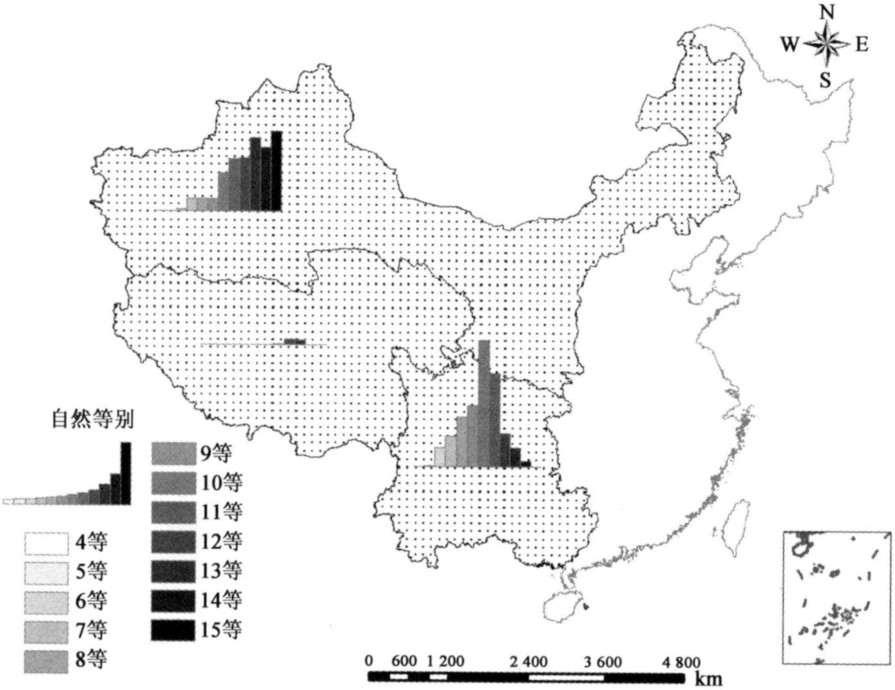

图 4-8 西部各利用分区自然等别面积分布示意图

表 4-12 西部各利用分区自然等别面积分布 khm²

自然等别	青藏区	西北区	西南区
4 等	—	—	7.30
5 等	—	—	56.97
6 等	—	66.63	1 028.95
7 等	—	644.94	1 626.70
8 等	—	623.65	2 641.72
9 等	—	628.76	3 277.68
10 等	11.25	1 990.34	6 767.80
11 等	63.69	2 791.99	4 994.47
12 等	310.43	2 818.21	1 792.11
13 等	270.95	3 894.60	1 023.61
14 等	25.31	3 409.33	303.22
15 等	0.27	4 261.80	9.59

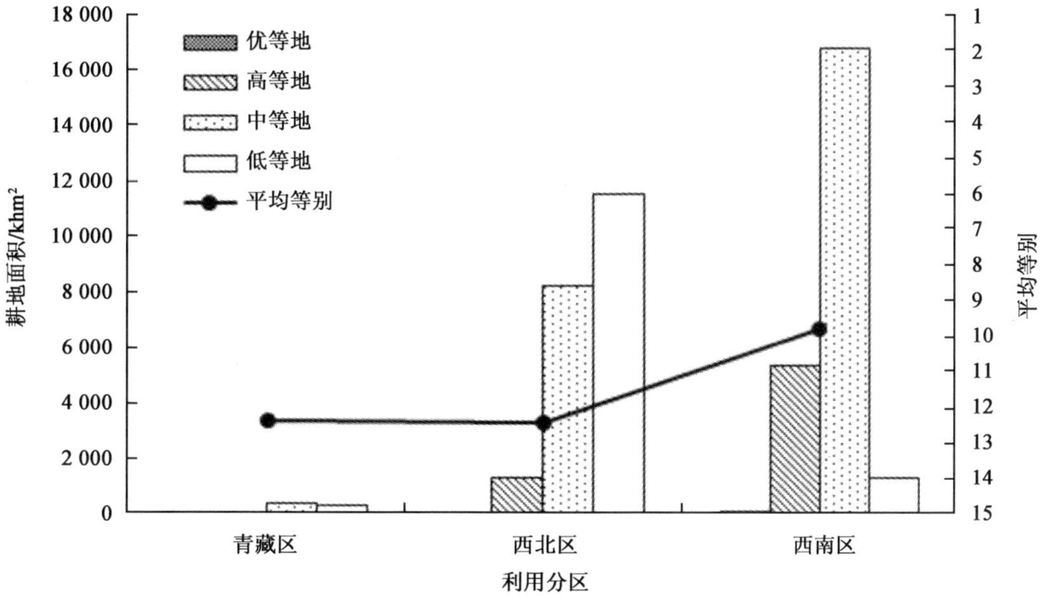

图 4-9　西部各利用分区耕地自然等别构成

表 4-13　西部各利用分区耕地自然等别构成

指标区名称	等别面积构成/khm²				等别范围及平均等别(等)		
	优等地	高等地	中等地	低等地	最高等	最低等	平均等
青藏区	—	—	385.37	296.53	10	15	12.3
西北区	—	1 335.23	8 229.29	11 565.73	6	15	12.4
西南区	7.30	5 354.34	16 832.06	1 336.43	4	15	9.8

按面积加权平均的方法计算得出各利用分区的耕地平均等别，3 个利用分区中，西南区的耕地平均等别最高，其值为 9.8 等；西北区的耕地平均等别最低，其值为 12.4 等。

三、利用等别分布

从各利用分区的耕地利用等别分布范围来看(图 4-10，表 4-14)，西南区的等别范围为 4～14 等，以 7～12 等为主，西北区耕地等别范围为 5～15 等，以 11～15 等地为主，青藏区耕地等别范围为 10～14 等。

按照耕地等别 1～4 等、5～8 等、9～12 等、13～15 等划分为优等、高等、中等和低等 4 个档次(图 4-11)，可以看出，西南区的耕地以中等地为主，中等地面积占全区耕地总面积的 69.61%，其次为高等地和低等地，分别占全区耕地总面积的 24.46%和 5.81%，该区还有少量的优等地分布，占全区耕地总面积的 0.11%；西北区的耕地以低等地为主，低等地面积占全区耕地总面积的 58.00%，其次为中等地和高等地，分别占全区耕地总面积的 37.21%和4.79%，该区无优等耕地；青藏区的耕地面积较小，并且只有中等地和低等地分布，两者分别占全区耕地总面积的 52.07%和 47.93%。

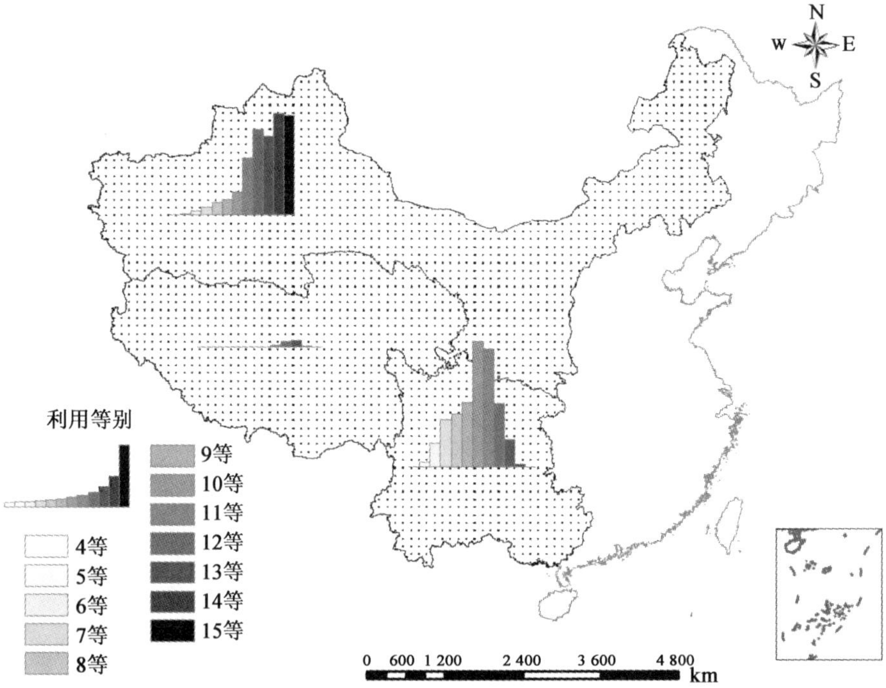

图 4-10 西部各利用分区利用等别面积分布示意图

表 4-14 西部各利用分区利用等别面积分布 khm²

利用等别	青藏区	西北区	西南区
4 等	—	0.00	26.74
5 等	—	8.83	242.84
6 等	—	134.45	1 062.69
7 等	—	336.31	2 098.07
8 等	—	531.89	2 352.21
9 等	—	647.46	2 830.50
10 等	7.76	998.80	5 549.20
11 等	80.32	2 499.65	5 207.12
12 等	267.00	3 716.45	2 792.51
13 等	294.40	3 445.75	1 219.46
14 等	32.41	4 440.77	148.78
15 等	0.00	4 369.88	—

按面积加权平均的方法计算得出各利用分区的耕地平均等别(表 4-15)，3 个利用分区中，西南区的耕地平均等别最高，其值为 9.8 等，与全国的耕地平均等别持平；西北区的耕地平均等别最低，其值为 12.7 等，比全国平均等低 2.9 个等别，比西部地区平均等低 1.5 个等别。

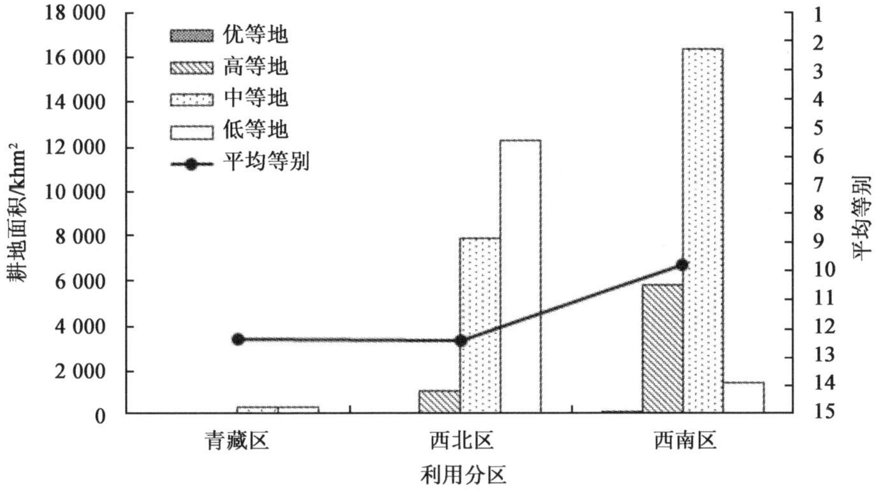

图 4-11　西部各利用分区耕地利用等别构成

表 4-15　西部各利用分区耕地利用等别构成

指标区名称	等别面积构成/khm²				等别范围及平均等别(等)		
	优等地	高等地	中等地	低等地	最高等	最低等	平均等
青藏区	—	—	355.08	326.81	10	14	12.4
西北区	—	1 011.48	7 862.36	12 256.40	5	15	12.7
西南区	26.74	5 755.81	16 379.34	1 368.24	4	14	9.8

四、经济等别分布

从各利用分区的耕地经济等别分布范围来看(图 4-12,表 4-16),西南区的等别范围为 3～14 等,以 8～12 等为主,西北区耕地等别范围为 5～15 等,以 11～15 等为主,青藏区耕地等别范围为 10～13 等。

表 4-16　西部各利用分区经济等别面积分布　khm²

经济等别	青藏区	西北区	西南区
3 等	—	—	0.57
4 等	—	—	36.49
5 等	—	6.23	375.76
6 等	—	28.35	931.20
7 等	—	408.87	1 658.28
8 等	—	1 139.82	2 347.17
9 等	—	1 449.31	3 472.87
10 等	6.21	1 824.26	5 606.24
11 等	75.13	1 692.46	5 338.41
12 等	243.61	2 561.22	2 651.68
13 等	356.95	3 980.53	1 108.67
14 等	—	4 592.94	2.78
15 等	—	3 446.26	—

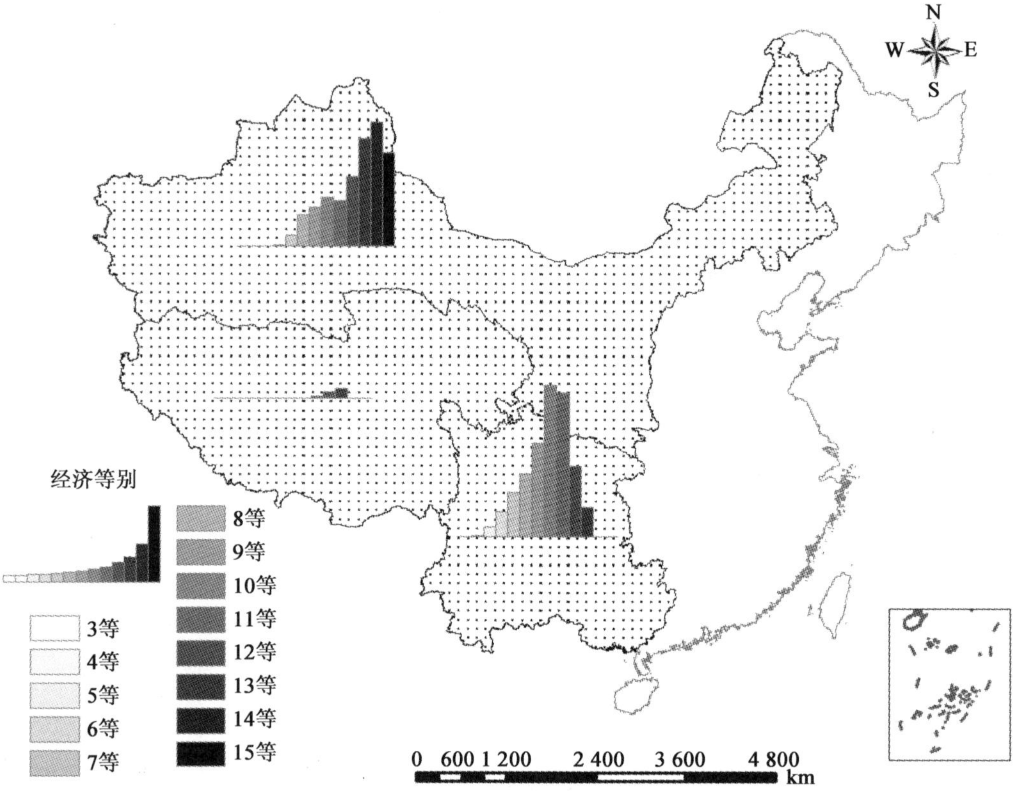

图 4-12 西部各利用分区经济等别面积分布示意图

按照耕地等别1～4等、5～8等、9～12等、13～15等划分为优等、高等、中等和低等4个档次(图4-13),可以看出,西南区的耕地以中等地为主,中等地面积占全区耕地总面积的71.53%,其次为高等地和低等地,分别占全区耕地总面积的22.76%和5.68%,该区还有少量的优等地分布,占全区耕地总面积的0.03%;西北区的耕地以低等地为主,低等地面积占全区耕地总面积的54.74%,其次为中等地和高等地,分别占全区耕地总面积的38.95%和6.32%,该区无优等耕地;青藏区的耕地面积较小,并且只有中等地和低等地分布,两者分别占全区耕地总面积的56.51%和43.49%。

按面积加权平均的方法计算得出各利用分区的耕地平均经济等别(表4-17),3个利用分区中,西南区的耕地平均等别最高,其值为9.8等;青藏区的耕地平均等别最低,其值为12.4等。

表 4-17 西部各利用分区耕地经济等别构成

指标区名称	等别面积构成/khm^2				等别范围及平均等别(等)		
	优等地	高等地	中等地	低等地	最高等	最低等	平均等
青藏区	—	—	324.95	356.95	10	13	12.4
西北区	—	1 583.27	7 527.25	12 019.73	5	15	12.3
西南区	37.06	5 312.41	17 069.20	1 111.45	3	14	9.8

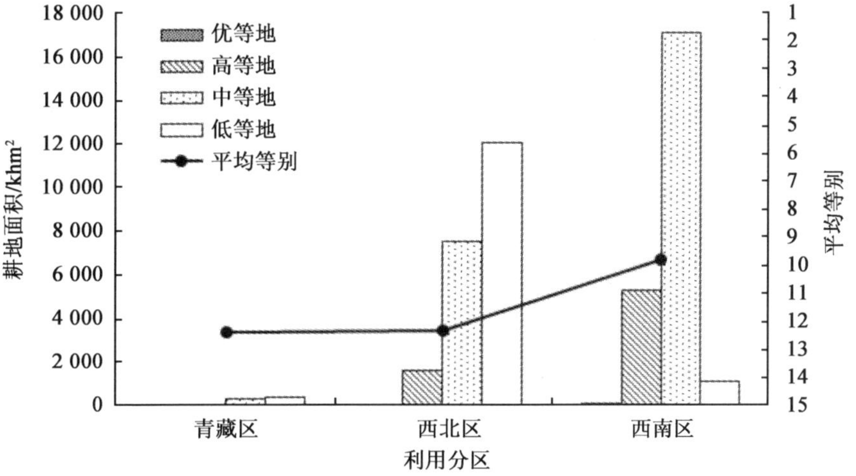

图 4-13 西部各利用分区耕地经济等别构成

第四节 各一级指标区等别分布情况

一、各一级指标区耕地面积分布

根据西部地区农用地分等国家级汇总成果，西部地区共包含 10 个一级指标区，从各一级指标区耕地面积分布情况来看(表 4-18)，云贵高原区的耕地面积最多，为 11 150.3 khm^2，占西部地区耕地总面积的 24.59%，其次是四川盆地区，其区内耕地面积为 9 251.8 khm^2，占西部地区耕地面积的 20.4%，区内耕地面积最少的指标区为横断山区，其耕地面积为 68.5 khm^2，仅占西部地区耕地总面积的 0.15%。

表 4-18 西部地区各一级指标区耕地面积分布情况

一级区名称	区内耕地面积/khm^2	面积比例/%
云贵高原区	11 150.3	24.59
四川盆地	9 251.8	20.40
黄土高原区	7 546.0	16.64
内蒙古高原及长城沿线区	6 126.8	13.51
西北区	5 047.9	11.13
华南区	2 576.3	5.68
江南区	1 808.5	3.99
东北区	1 336.4	2.95
青藏高原区	429.8	0.95
横断山区	68.5	0.15

从各一级指标区耕地的复种类型来看(表 4-19)，其中，北部的东北区、西北区、内蒙古高

原及长城沿线区3个指标区内的耕地均为一年一熟制，青藏高原区和黄土高原区以一年一熟制为主，南部的江南区、华南区、云贵高原区、四川盆地区和横断山区等指标区以一年两熟制为主，两年三熟的耕地分布较少，主要在四川盆地区和黄土高原区有少量分布，一年三熟的耕地仅在华南区有极少量的分布。

表 4-19 西部地区各一级区耕地复种类型面积汇总 khm²

一级区	一年一熟	一年一熟或两熟	两年三熟	一年两熟	一年三熟	合计
东北区	1 336.43	0.00	0.00	0.00	0.00	1 336.43
横断山区	27.91	0.00	0.00	40.55	0.00	68.46
华南区	0.00	0.00	0.00	2 577.93	0.00	2 577.93
黄土高原区	5 656.97	0.00	634.12	1 255.34	0.00	7 546.43
江南区	0.00	381.22	0.00	1 425.62	0.00	1 806.84
内蒙古高原及长城沿线区	6 126.78	0.00	0.00	0.00	0.00	6 126.78
青藏高原区	274.15	146.67	0.00	0.00	0.00	420.82
四川盆地区	641.96	0.00	501.89	8 132.19	0.00	9 276.03
西北区	5 047.91	0.00	0.00	0.00	0.00	5 047.91
云贵高原区	1 505.02	0.00	0.00	9 628.50	1.12	11 134.64
合计	20 617.13	527.88	1 136.01	23 060.12	1.12	45 342.27

从各一级指标区耕地的利用类型来看(表4-20)，西部地区大部分指标区以旱地为主，由于缺乏新疆的耕地类型数据，因此就现有的数据可知西北区以水浇地为主；灌溉水田主要分布在四川盆地区、云贵高原区、华南区、江南区、横断山区等南部的指标区，望天田在西部地区分布较少，主要在云贵高原、四川盆地、江南区有少量分布，菜地和宜农未利用地分布面积极少。

表 4-20 西部地区各一级区耕地利用类型面积汇总 khm²

一级区	水田	望天田	水浇地	旱地	菜地	可开垦林地	合计
东北区	21.29	0.00	44.29	1 261.67	9.17		1 336.43
横断山区	16.42	0.61	8.04	43.23	0.16		68.46
华南区	1 487.16	8.97	0.44	1 072.14	9.22	88.5	2 666.43
黄土高原区	23.75	0.06	1 430.67	6 047.95	44.00		7 546.43
江南区	973.29	36.33	0.00	793.92	3.30		1 806.84
内蒙古高原及长城沿线区	106.50	0.35	1 949.91	4 029.30	40.71		6 126.78
青藏高原区	0.43	0.00	173.06	246.76	0.57		420.82
四川盆地区	3 864.23	408.44	18.63	4 969.36	15.37		9 276.03
西北区	1.94	0.00	683.07	198.94	1.46		885.41
云贵高原区	2 286.25	804.99	43.94	7 851.85	59.10		11 046.13
合计	8 781.27	1 259.76	4 352.03	26 515.13	183.07	88.50	41 179.76

二、各一级指标区耕地质量等别分布

(一)自然等别分布

从各自然等别在西部各一级指标区的分布情况来看(图 4-14),西部各一级区自然等别分布区域差异明显,总体上东南区高等别耕地分布多,东北和西南低等别耕地分布多。南部的江南区和华南区较高等别的耕地分布较多,等别集中分布在 5～8 等;四川盆地区和云贵高原区中间等别的耕地分布较多,等别集中在 8～11 等;东北的内蒙古高原及长城沿线区、东北区及西南青藏高原区、横断山区的耕地等别较低,等别集中分布在 12～14 等。

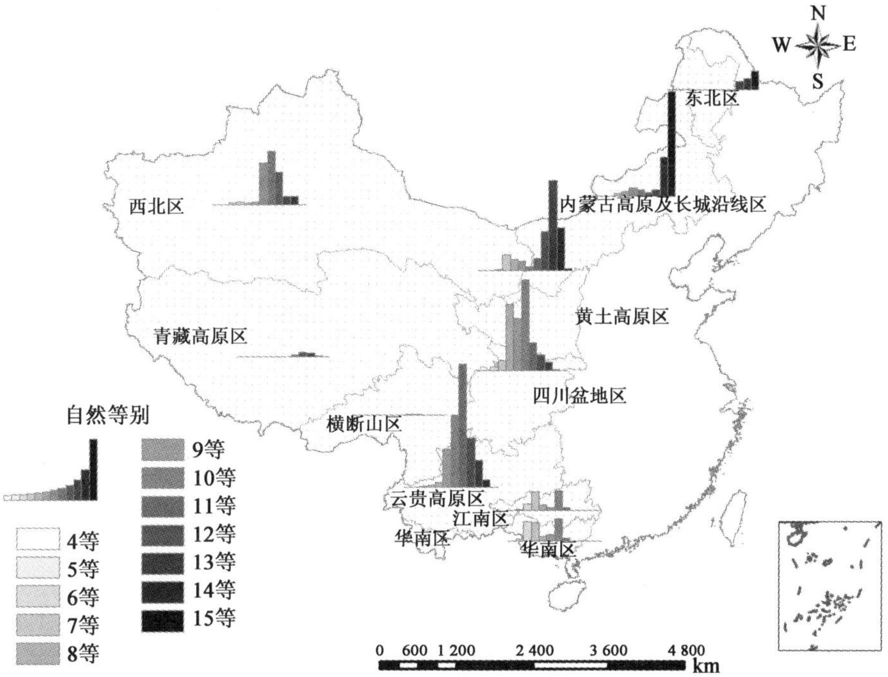

图 4-14　西部各一级指标区自然质量等别面积分布示意图

按照自然等 1～4 等、5～8 等、9～12 等、13～15 等划分为优等、高等、中等和低等 4 个档次(图 4-15、表 4-21),优等地全部分布在云贵高原区;高等地分布最多的 3 个指标区是四川盆地区、华南区、江南区,3 个一级区高等地占西部高等地面积的 77.5%,东北区和横断山区两个指标区没有优等地和高等地分布;中等地分布最多的 3 个指标区是云贵高原区、四川盆地区、西北区,3 个指标区中等地占西部中等地面积的 73.2%;低等地分布最多的 3 个指标区是内蒙古高原及长城沿线区、黄土高原区、云贵高原区,3 个指标区低等地占西部低等地面积的 85.4%,华南区和江南区两个指标区没有低等地分布。

按面积加权平均的方法计算得出各一级区平均自然等别(图 4-15、表 4-21),从各区平均自然等别高低来看,平均等别最高的指标区是华南区,其平均等别为 8.0 等;其次是江南区,平均等别为 8.3 等;平均自然等别最低的两个指标区分别是东北区和内蒙古高原及长城沿线区,其平均自然等别分别为 12.5 等和 12.4 等;平均自然等别最高的华南区比平均自然等别最低的东北区高 4.5 个等别。

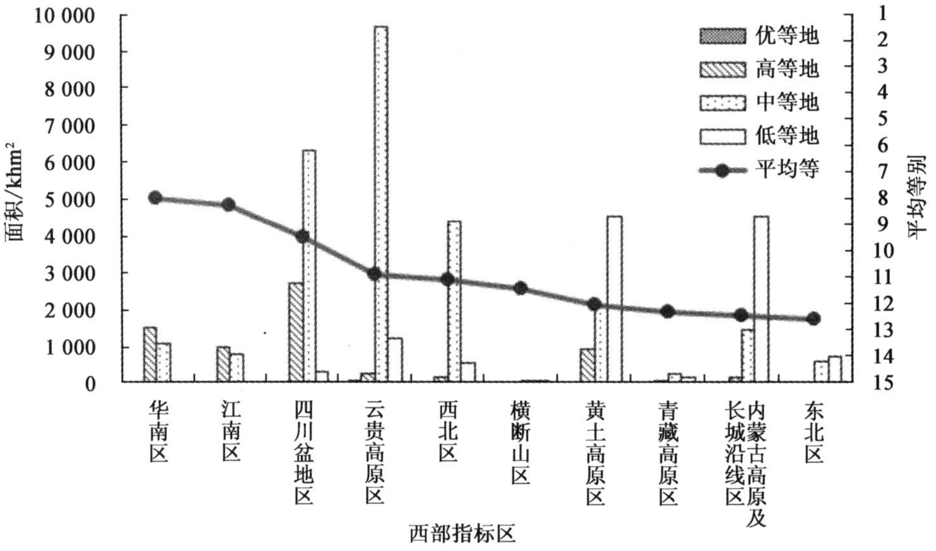

图 4-15 西部各指标区耕地自然等别构成

表 4-21 西部各指标区耕地自然等别构成

指标区名称	等别面积构成/khm²				等别范围及平均等别/等		
	优等地	高等地	中等地	低等地	最高等	最低等	平均等
东北区	—	—	590.0	746.4	10	13	12.5
华南区	—	1 498.9	1 081.6	—	5	12	8.0
江南区	—	1 002.5	801.8	—	5	11	8.3
内蒙古高原及长城沿线区	—	144.5	1 438.5	4 543.8	6	15	12.4
黄土高原区	—	933.9	2 095.0	4 518.2	6	15	12.0
四川盆地区	—	2 683.0	6 287.3	300.3	6	14	9.5
云贵高原区	7.3	283.5	9 628.4	1 216.2	4	15	10.8
横断山区	—	—	64.2	4.3	10	14	11.4
西北区	—	143.8	4 373.7	530.4	6	14	11.1
青藏高原区	—	0.3	249.5	175.0	8	14	12.3

注:"—"表示当前指标区内没有该类等别的耕地。

(二)利用等别分布

从各利用等别在西部各一级指标区的分布情况来看(图 4-16),与自然等别分布情况相比无明显变化。总体上还是东南区高等别耕地分布多,东北和西南低等别耕地分布多。南部的江南区和华南区较高等别的耕地分布较多,等别集中分布在 5～8 等;四川盆地区和云贵高原区中间等别的耕地分布较多,等别集中在 8～11 等;东北的内蒙古高原及长城沿线区、东北区及西南青藏高原区、横断山区的耕地等别较低,等别集中分布在 12～14 等。

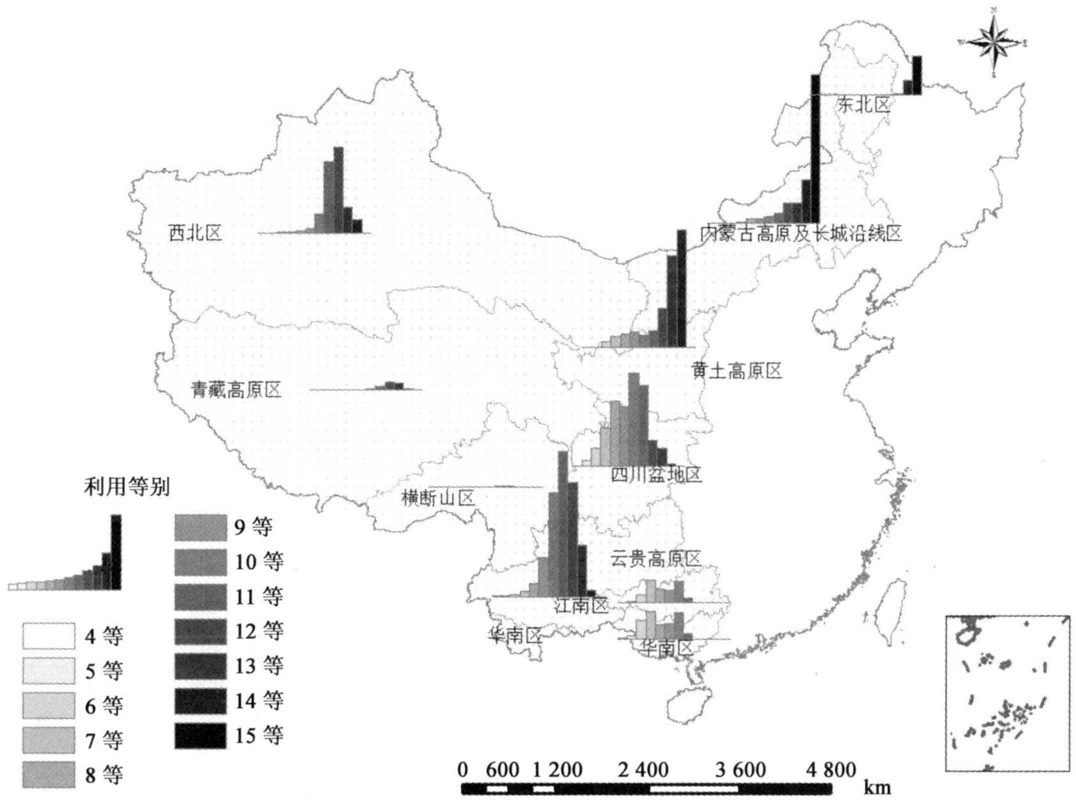

图 4-16　西部各一级指标区利用等别面积分布示意图

按照利用等 1～4 等、5～8 等、9～12 等、13～15 等划分为优等、高等、中等和低等 4 个。档次(图 4-17、表 4-22),优等地全部分布在华南区和云贵高原区;高等地分布最多的 3 个指标区是四川盆地区 、华南区、江南区,3 个一级区高等地占西部高等地面积的 78.7%,东北区、横断山区和青藏高区 3 个指标区没有优等地和高等地分布;中等地分布最多的 3 个指标区是云贵高原区、四川盆地区、西北区,3 个指标区中等地占西部中等地面积的 76.6%;低等地分布最多的 3 个指标区是内蒙古高原及长城沿线区、黄土高原区、云贵高原区,3 个指标区低等地占西部低等地面积的 79.3%,华南区和江南区两个指标区没有低等地分布。

按面积加权平均的方法计算得出各一级区平均利用等别(图 4-17、表 4-22),从各区平均利用等别高低来看,平均等别最高的 3 个指标区是华南区、江南区、四川盆地区,其平均等别分别为 8.1 等、8.3 等、9.5 等;平均利用等别最低的 3 个指标区分别是东北区、内蒙古高原及长城沿线区、黄土高原区,其平均利用等别分别为 13.3 等、12.7 等、12.3 等;平均利用等别最高的华南区比平均利用等别最低的东北区高 5.2 个等别。

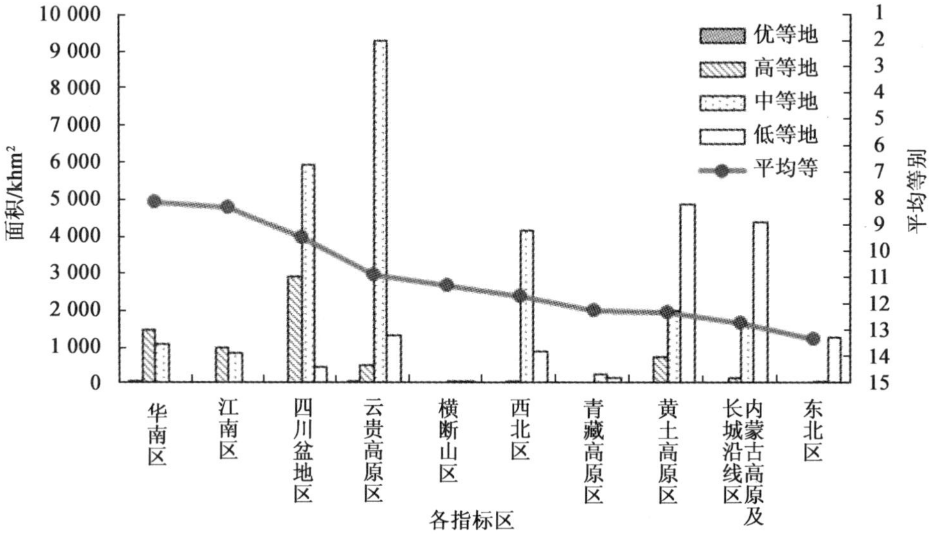

图 4-17 西部各指标区耕地利用等别构成

表 4-22 西部各指标区耕地利用等别构成

指标区名称	等别面积构成/khm²				等别范围及平均等别/等		
	优等地	高等地	中等地	低等地	最高等	最低等	平均等
东北区	—	—	84.3	1 252.2	11	14	13.3
华南区	14.9	1 465.0	1 098.1	—	4	11	8.1
江南区	—	976.2	830.6	—	5	11	8.3
内蒙古高原及长城沿线区	—	153.4	1 585.2	4 388.1	6	14	12.7
黄土高原区	—	729.1	1 971.2	4 846.1	5	14	12.3
四川盆地区	—	2 891.4	5 924.9	459.8	5	14	9.5
云贵高原区	11.8	526.0	9 273.7	1 323.1	4	14	10.9
横断山区	—	—	67.2	1.3	9	13	11.3
西北区	—	34.1	4 129.6	884.2	6	14	11.7
青藏高原区	—	—	2 59.9	160.9	8	14	12.2

注:"—"表示当前指标区内没有该类等别的耕地。

(三)经济等别分布

从各经济等别在西部各一级指标区的分布情况来看(图 4-18),与利用等别分布情况对比,等别变化较明显的是西北区,西北区经济等别有明显提升,中间等别的耕地增多。总体上依然是江南区、华南区经济等别较高,等别集中分布在 5～8 等;四川盆地区和西北区中间等别的耕地分布较多,等别集中分布在 7～10 等;东北的内蒙古高原及长城沿线区、东北区及西南青藏高原区、横断山区的耕地等别较低,等别集中分布在 12～14 等。

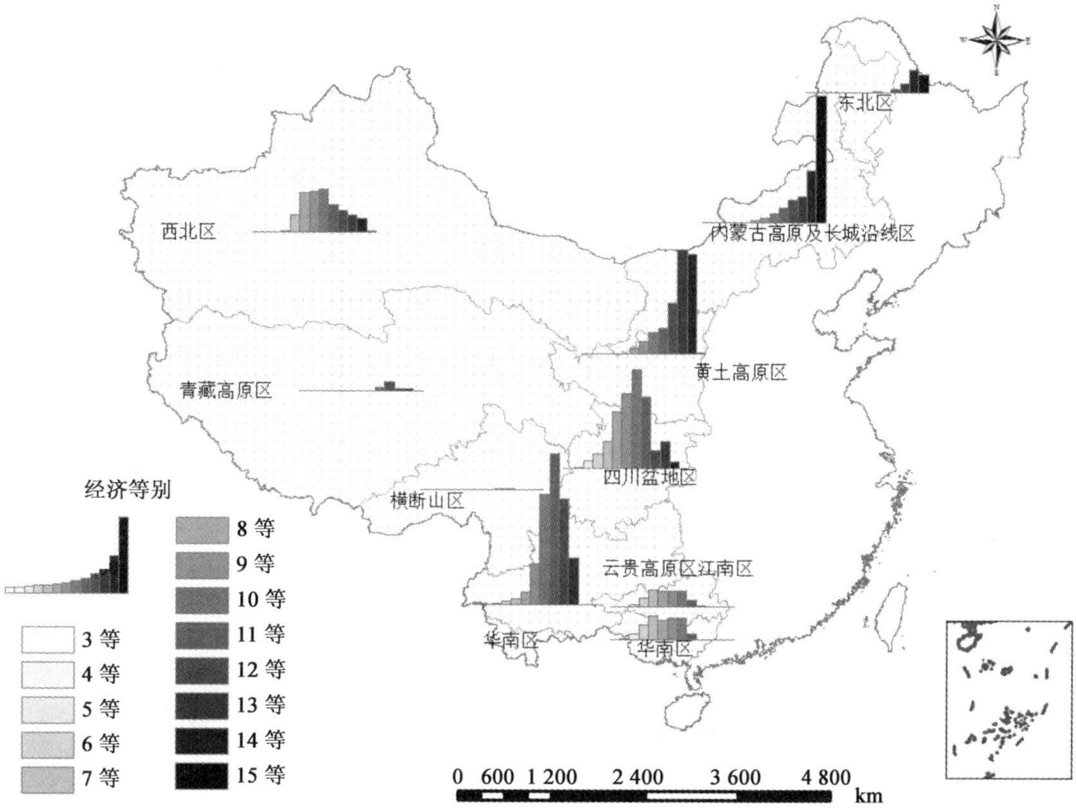

图 4-18　西部各一级指标区经济等别面积分布示意图

按照经济等 1～4 等、5～8 等、9～12 等、13～15 等划分为优等、高等、中等和低等 4 个档次(图 4-19、表 4-23)，优等地全部分布华南区、云贵高原区、四川盆地区，其中以华南区分布最多；高等地分布最多的三个指标区是四川盆地区、华南区、西北区，三个一级区高等地占西部高等地面积的 74.6%，横断山区没有优等地和高等地分布；中等地分布最多的三个指标区是云贵高原区、四川盆地区、西北区，三个指标区中等地占西部中等地面积的 72.8%；低等地分布最多的三个指标区是内蒙古高原及长城沿线区、黄土高原区、云贵高原区，三个指标区低等地占西部低等地面积的 79.7%，华南区和江南区两个指标区没有低等地分布。

按面积加权平均的方法计算得出各一级区平均经济等别(图 4-19、表 4-23)，从各区平均经济等别高低来看，平均等别最高的 3 个指标区是华南区、江南区、四川盆地区，其平均等别分别为 8.1 等、8.3 等、9.6 等；平均经济等别最低的三个指标区分别是东北区、内蒙古高原及长城沿线区、黄土高原区，其平均自然等别分别为 13.0 等、12.9 等、12.5 等；平均经济等别最高的华南区比平均自然等别最低的东北区高 4.9 个等别。

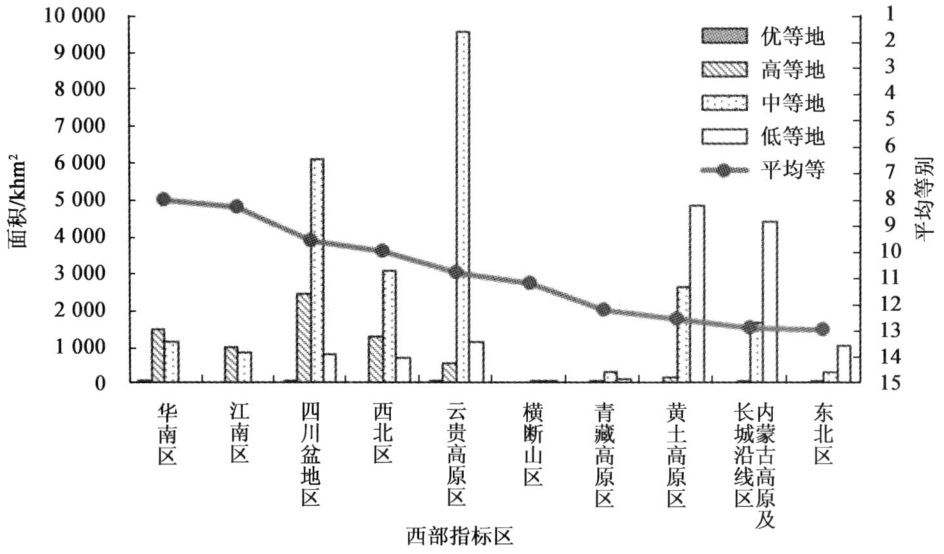

图 4-19 西部各一级指标区耕地经济等别构成

表 4-23 西部各指标区耕地经济等别构成

指标区名称	等别面积构成/khm²				等别范围及平均等别/等		
	优等地	高等地	中等地	低等地	最高等	最低等	平均等
东北区	—	1.5	329.4	1 005.5	8	14	13.0
华南区	24.9	1 445.1	1 106.2	—	4	11	8.1
江南区	—	960.3	848.2	—	4	11	8.3
内蒙古高原及长城沿线区	—	93.2	1 664.6	4 369.0	5	14	12.9
黄土高原区	—	148.3	2 607.8	4 790.0	5	15	12.5
四川盆地区	5.6	2 415.3	6 056.7	774.2	4	14	9.6
云贵高原区	6.6	548.4	9 488.5	1 106.9	3	14	10.8
横断山区	—	—	68.3	0.2	9	13	11.2
西北区	—	1 290.0	3 049.7	708.2	6	15	10.0
青藏高原区	—	0.1	305.7	124.0	8	14	12.2

注:"—"表示当前指标区内没有该类等别的耕地。

三、各一级指标区不同耕作制度下耕地等别分布

复种类型反映了光温条件差异对耕地质量的影响,通常来讲,同一区域内,复种次数越多,耕地的生产能力就越高。西部各指标区标准耕作制度和复种类型多样,根据西部地区农用地分等国家级汇总成果,将各指标区内耕地复种类型进行分类,共分为 5 类:一年一熟、一年一熟或两熟、两年三熟、一年两熟、一年三熟,并按面积加权法,计算各复种类型耕地的等别,具体统计结果见表 4-24。

表 4-24　各一级指标区不同耕作制度耕地平均等别

等别	耕作	东北区	横断山区	华南区	黄土高原区	江南区	内蒙古高原区	青藏高原区	四川盆地区	西北区	云贵高原区
自然等别	一年一熟	12.5	12.1	—	12.9	—	12.4	11.9	12.2	11.1	11.9
	一年一熟或两熟	—	—	—	—	8.4	—	12.9	—	—	—
	两年三熟	—	—	—	12.1	—	—	—	11.1	—	—
	一年两熟	—	10.9	8.0	7.8	8.3	—	—	9.2	—	10.7
	一年三熟	—	—	—	—	—	—	—	—	—	6.2
利用等别	一年一熟	13.3	12.0	—	13.2	—	12.7	12.2	12.4	11.7	12.1
	一年一熟或一年两熟	—	—	—	—	8.6	—	12.1	—	—	—
	两年三熟	—	—	—	12.0	—	—	—	12.0	—	—
	一年两熟	—	10.9	8.1	8.2	8.3	—	—	9.1	—	10.7
	一年三熟	—	—	—	—	—	—	—	—	—	5.8
经济等别	一年一熟	13.0	11.7	—	13.2	—	12.9	12.4	12.5	10.0	11.8
	一年一熟或两熟	—	—	—	—	8.8	—	11.8	—	—	—
	两年三熟	—	—	—	12.1	—	—	—	13.0	—	—
	一年两熟	—	10.9	8.1	10.0	8.2	—	—	9.2	—	10.7
	一年三熟	—	—	—	—	—	—	—	—	—	7.0

注："—"表示当前指标区内没有该耕作制度的耕地。

由表 4-24 可以看出，同一指标区内，耕地复种越多等别就越高，自然等别、利用等别和经济等别均按照一年三熟、一年两熟、两年三熟、一年一熟依次递减。

从不同复种类型在各指标区的平均等别分布情况来看(图 4-20)，西部地区 10 个一级指标区中，只有云贵高原区有一年三熟的耕地，其平均自然等别、利用等别和经济等别分别达 6.2 等、5.8 等和 7.0 等，远高于其他复种类型的等别。

一年两熟的耕地分布在西部 6 个指标区中，从自然等别分布情况来看，其中黄土高原区的自然等别最高，横断山区的等别最低；从利用等别分布情况来看，除黄土高原区的利用等别略低于其自然等别外，其他指标区与自然等别分布无明显差异；从经济等别分布情况来看，与利用等别分布情况相比，黄土高原的经济等别较利用等别差距较大，经济等别最高的 3 个指标区是华南区、江南区和四川盆地区。

两年三熟的耕地分布在四川盆地区和黄土高原区，两个指标区相比，四川盆地区的自然等和利用等较高，黄土高原区的经济等较高，四川盆地的 3 个等别差距明显，黄土高原区的 3 个等别差距很小。一年一熟或两熟的耕地分布在江南区和青藏高原区，两个指标区等别差距较大，江南区的等别远高于青藏高原区，江南区自然等别高于利用等别和经济等别，青藏高原区则相反，经济等高于利用等和自然等。

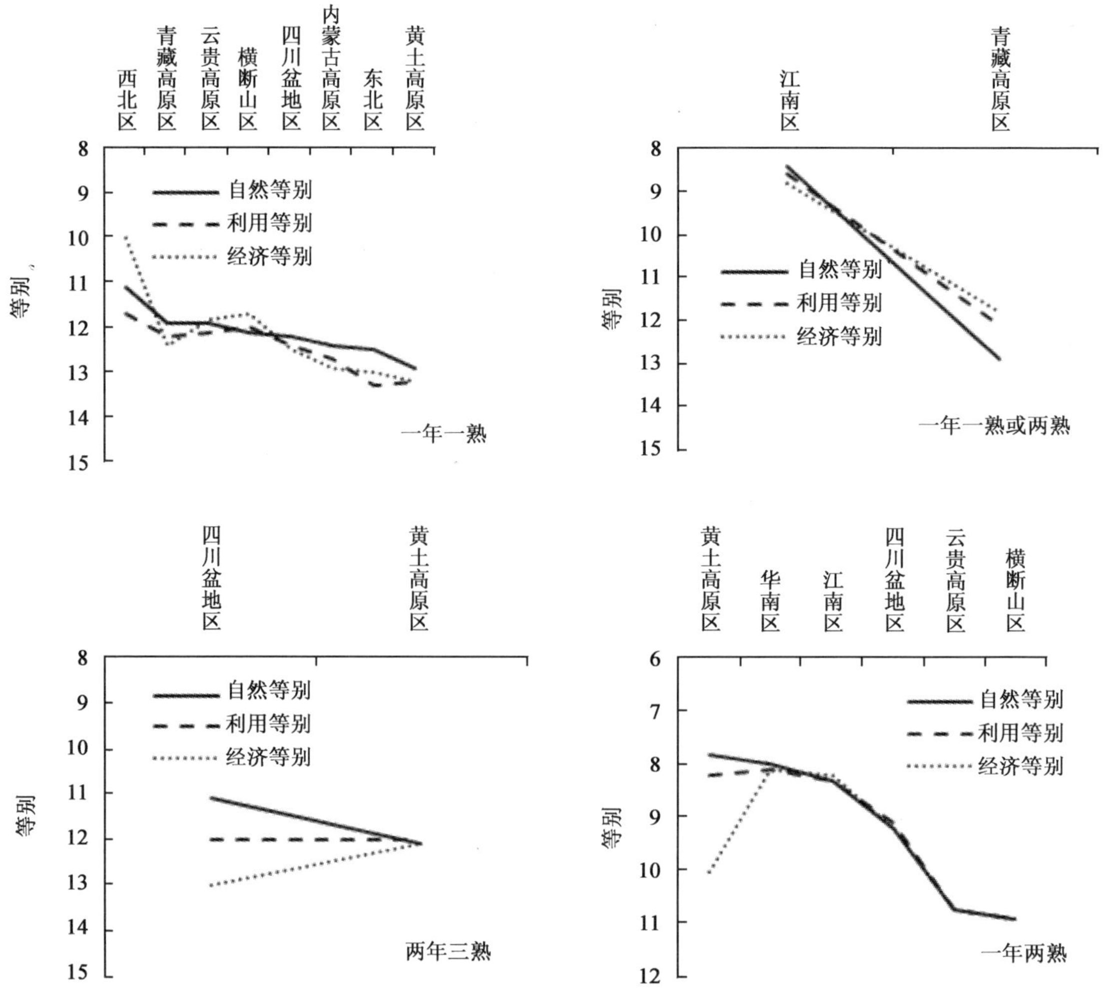

图 4-20　各耕作制度下指标区间耕地等别对比

一年一熟的耕地分布在 8 个指标区中，一年一熟耕地的等别均较低。从自然等别分布情况来看，自然等别最高的 3 个指标区是西北区、青藏高原区和云贵高原区，黄土高原区的自然等别最低；从利用等别分布情况来看，与自然等别分布相比，除横断山区之外，其他各指标区利用等别均略低于自然等别；从经济等别分布情况来看，与利用等别分布相比，变化较明显的是西北区，其经济等别明显高于利用等别。

四、各一级指标区不同用地类型耕地等别分布

土地利用现状分类中的灌溉水田、望天田、水浇地、旱地反映水分条件差异对耕作方式及耕地质量的影响。同一地区，灌溉水田或水浇地的质量通常优于望天田或旱地。西部地区农用地分等的对象包括灌溉水田、望天田、水浇地、旱地、菜地和少量的宜农未利用地，根据西部地区农用地分等结果，将各指标区内不同地类的等别按面积进行加权平均，不同指标区及不同地类间等别也存在差异，见表 4-25。

表 4-25　各一级指标区不同利用类型耕地平均等别

等别	耕作	东北区	横断山区	华南区	黄土高原区	江南区	内蒙古高原区	青藏高原区	四川盆地区	西北区	云贵高原区
自然等别	菜地	12.0	10.9	9.4	10.6	9.3	11.0	11.5	8.7	10.4	9.9
	灌溉水田	12.4	10.7	6.6	9.7	7.0	11.0	9.8	8.3	10.0	9.5
	旱地	12.5	11.6	9.9	12.6	10.0	13.1	12.7	10.4	13.8	11.3
	水浇地	12.2	11.9	6.0	9.5	—	11.3	11.7	10.3	11.4	9.9
	望天田	—	11.3	7.2	8.4	7.5	13.0	—	9.8	—	10.2
	宜农未利用地	—	—	—	—	—	—	—	—	—	13.1
利用等别	灌溉水田	12.0	10.8	6.8	9.8	7.2	10.8	10.0	7.8	10.3	9.5
	水浇地	12.0	11.5	7.0	9.5	—	11.1	11.8	10.5	11.3	10.0
	望天田	—	11.3	7.8	8.3	7.5	14.0	—	9.8	—	10.3
	旱地	13.4	11.5	9.8	12.9	9.8	13.6	12.4	10.7	13.9	11.4
	菜地	12.9	11.4	9.5	10.7	8.6	10.9	12.1	8.6	10.4	9.7
	宜耕未利用地	—	—	—	—	—	—	—	—	—	13.0
经济等别	菜地	12.6	11.4	9.6	11.4	8.8	11.2	12.3	8.8	11.1	9.6
	灌溉水田	11.0	10.9	7.0	11.0	7.2	10.7	9.5	8.0	11.6	9.5
	旱地	13.1	11.3	9.6	13.0	9.7	13.7	12.4	10.8	14.0	11.2
	水浇地	11.4	11.3	7.0	10.8	—	11.4	11.9	11.7	12.1	10.0
	望天田	—	11.3	8.0	10.6	7.6	14.0	—	9.8	—	10.5
	宜农未利用地	—	—	—	—	—	—	—	—	—	12.6

注：①“—”表示当前指标区内没有该类型的耕地；②由于未能获取新疆分等图斑的地类数据，因此表中新疆数据未统计在内。

从各指标区内各耕地地类等别分布情况来看(图 4-21)，大部分指标区中灌溉水田或水浇地的等别均高于望天田或旱地，等别分布比较特殊的指标区是黄土高原区和四川盆地区，黄土高原区望天田的等别最高，四川盆地区水浇地的等别偏低。其中地类平均等别变化最大的三个指标区是西北区、云贵高原区和内蒙古及长城沿线区，西北区利用等别最高的水田比利用等别最低的旱地高 3.6 个等别，云贵高原区利用等别最高的水田比利用等别最低的宜农未利用地高 3.5 个等别，内蒙古高原及长城沿线区利用等别最高的水田比利用等别最低的望天田高 3.2 个等别，这说明在这三个指标区中，灌溉条件对耕地质量影响较大。地类等别变化最小的是横断山区，区内各地类等别均在 10.8～11.5 等。

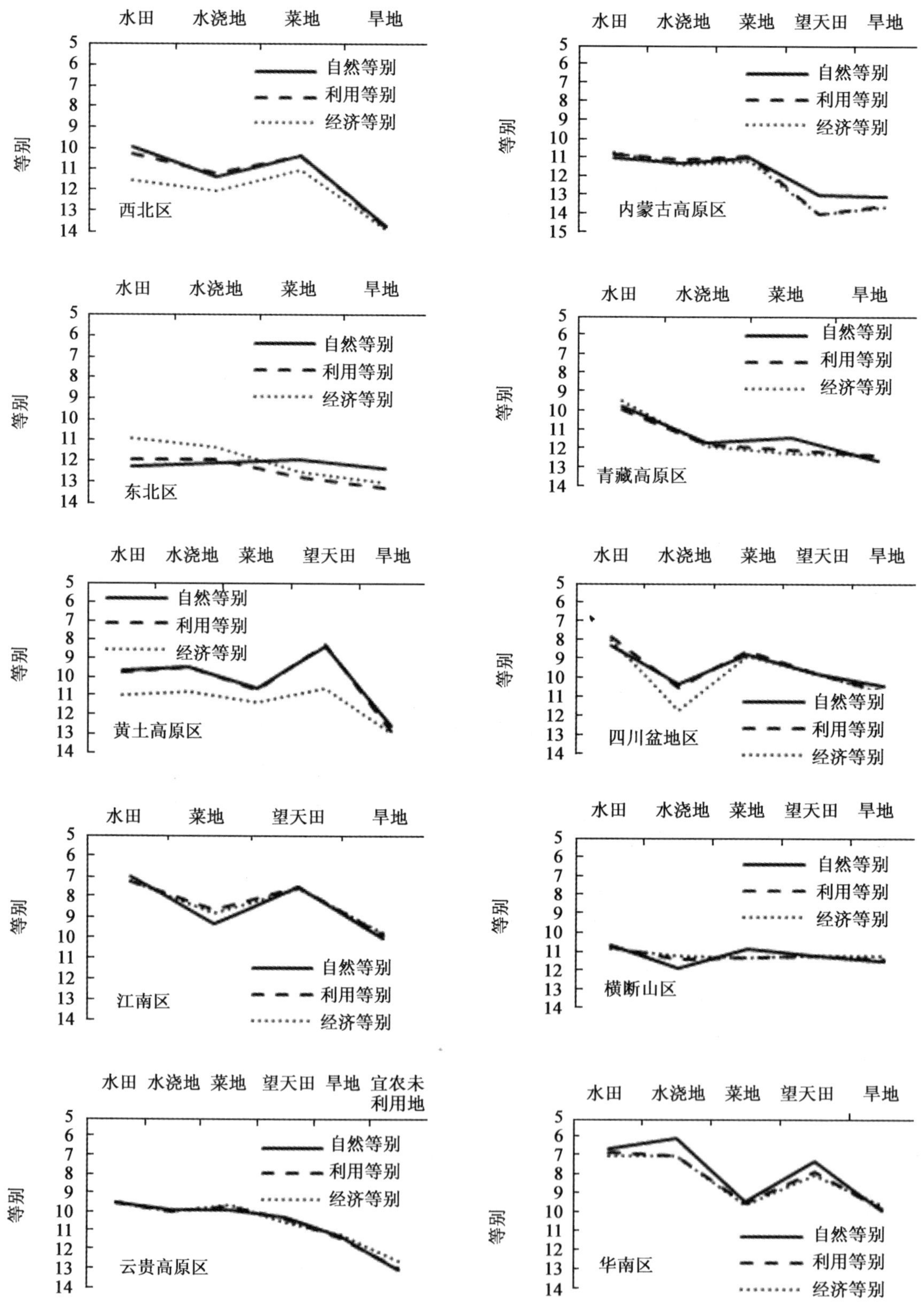

图 4-21 各一级指标区不同地类耕地平均等别对比

从各耕地地类在不同指标区的等别分布情况来看(图 4-22),总体上华南区、江南区、四川盆地区和云贵高原区等南部指标区的各耕地地类等别高于其他各指标区。

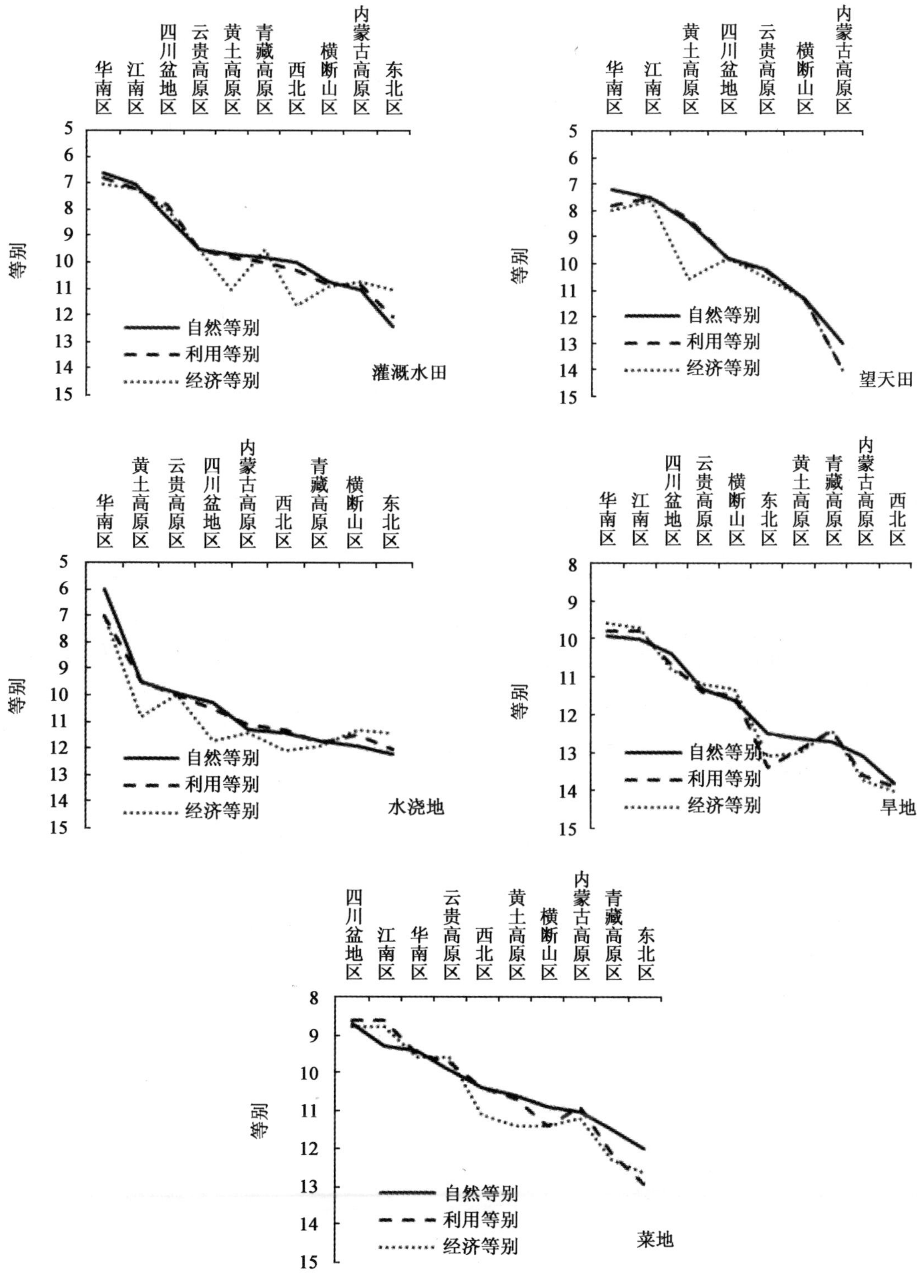

图 4-22　各耕地利用类型下指标区间耕地等别对比

灌溉水田在各指标区均有分布，从自然等别分布情况来看，华南区灌溉水田自然等别最高，东北区的等别最低；从利用等别分布情况来看，与自然等别分布相比，在各指标区内的等别变化情况不大；从经济等别分布情况来看，与利用等别分布相比，出现明显变化的是黄土高原区和西北区，这两个指标区灌溉水田的经济等别明显低于其利用等别。

望天田在西部地区 7 个指标区内有分布，从自然等别分布情况来看，华南区、江南区、黄土高原区的望天田自然等别最高，内蒙古高原及长城沿线区的自然等别最低；从利用等别分布情况来看，与自然等别分布情况相比，变化较明显的是华南区利用等别略低于其自然等别，望天田利用等别最高的是江南区；从经济等别分布情况来看，与利用等分布相比，变化较明显的是黄土高原区，其经济等别与利用等别相比明显降低。

水浇地在除江南区的其他 9 个指标区中有分布，从自然等别分布情况来看，华南区、黄土高原区和云贵高原区 3 个指标区内的水浇地等别最高，东北区水浇地自然等别最低；从利用等别分布情况来看，与自然等别分布无明显差异；从经济等别分布情况来看，与利用等别分布情况相比，差异较明显的是黄土高原区、四川盆地区和西北区，3 个指标区内水浇地的经济等别低于其利用等别。

旱地在西部地区各指标区均有分布，从自然等别分布情况来看，自然等别最高的 3 个指标区是华南区、江南区和四川盆地区，自然等别最低的是西北区；从利用等别分布情况来看，与自然等别相比，出现明显变化的是东北区，其旱地的利用等别明显低于自然等别；从经济等别分布情况来看，与利用等别分布情况无明显差异。

菜地在西部地区 10 个指标区中均有分布，其中以四川盆地区和江南区的菜地等别最高，东北区等别最低；西部地区只有云贵高原区将宜农未利用地作为了分等对象，该地类的平均等别较低为 13 等。

五、各一级指标区不同海拔高度耕地等别分布

地形因素往往通过影响农作物生长所需光、温、水、土等自然因素的再分配以及耕地的利用条件，从而间接影响耕地的生产能力。同一地区，平原区的耕地质量通常优于山地，根据西部地区农用地分等成果，将西部地区各分等单元按其海拔高度进行分段，并且按面积加权法计算各段区内的平均等别，如表 4-26 所示。

表 4-26 各一级指标区不同海拔高度耕地平均等别

等别	海拔高度/m	东北区	横断山区	华南区	黄土高原区	江南区	内蒙古高原区	青藏高原区	四川盆地区	西北区	云贵高原区
自然等别	≤500	12.6	—	7.9	7.6	8.2	12.9	—	9.1	10.7	10.4
	500～1 000	12.1	—	8.4	10.1	8.6	12.6	11	9.4	11	10.6
	1 000～1 500	13	—	10.4	13.1	9.4	11.9	11.5	10.7	10.7	10.9
	1 500～2 000	—	11.3	—	12.7	9.7	13.2	12	11.3	11.7	10.7
	>2 000	—	11.4	—	12.7	—	13	12.3	12.2	13	11.3

续表 4-26

等别	海拔高度/m	东北区	横断山区	华南区	黄土高原区	江南区	内蒙古高原区	青藏高原区	四川盆地区	西北区	云贵高原区
利用等别	≤500	13.4	—	8	7.8	8.2	13.1	—	9.1	11.4	10.4
	500～1 000	13.1	—	8.6	10.4	8.8	12.9	10	9.3	11.8	10.9
	1 000～1 500	14	—	10.2	13.1	9.3	12.1	10.4	11.1	11.3	11
	1 500～2 000	—	11.3	—	13.1	9.3	13.8	11.4	11.8	11.9	10.7
	>2 000	—	11.3	—	13.1	—	14	12.2	12.8	13.1	11.3
经济等别	≤500	13	—	8	9.8	8.1	13.1	—	9.2	9	10.4
	500～1 000	12.9	—	8.7	11.1	9	13	9.1	9.3	9.6	10.9
	1 000～1 500	14	—	10.4	12.9	9.4	12.4	10.5	11.4	9.9	10.9
	1 500～2 000	—	11.2	—	13.1	9.3	13.8	11.3	12.5	11.6	10.6
	>2 000	—	11.2	—	13.2	—	14	12.3	13.3	12.7	11.1

注:“—”表示当前指标区内没有该海拔高度的耕地。

从各指标区内不同海拔高度的耕地等别分布情况来看(图 4-23),除了内蒙古高原及长城沿线区、东北区的 1 000～1 500 m 的耕地等别略高于低海拔的耕地之外,总体上其他指标区的低海拔的耕地等别优于高海拔区,其中差异最明显的是黄土高原区,在海拔 1 000 m 以下,耕地质量随着海拔的升高明显下降,至海拔 1 000 m 以上质量趋于稳定;横断山区的耕地普遍在海拔 1 500 m 以上,耕地质量随海拔变化不明显。

从自然等别、利用等别和经济等别在各指标区不同海拔的耕地平均等别分布的差异来看,部分指标区三个等别的分布情况有明显差异。西北区在海拔 1 500 m 以下经济等别最高、自然等别居中、利用等别最低,随着海拔的升高三个等别趋于一致;内蒙古高原及长城沿线区的利用等别和经济等别略低于自然等别,并且随着海拔的升高差距趋于明显;东北区在各海拔段自然等别略高于利用等别和经济等别;青藏高原区的耕地利用等别和经济等别略高于自然等别,并且随着海拔的升高,差距逐渐减小;黄土高原区低海拔耕地的经济等别低于自然等别和经济等别,随着海拔的升高,差距逐渐减小;四川盆地区耕地利用等和经济等随着海拔的升高,趋于低于其自然等。

从各海拔段的耕地在不同指标区之间的平均等别分布情况来看(图 4-24),在海拔 500 m 以下,共有 8 个指标区有耕地分布。从自然等分布趋势看,黄土高原区、华南区、江南区的耕地等别最高,内蒙古高原区及长城沿线区、东北区、西北区的耕地等别最低;从利用等的分布趋势看,排在自然等别前五位的指标区和末位的内蒙古高原及长城沿线区耕地利用等别与自然等别持平,西北区和东北区的耕地利用等别略低于自然等别、东北区的利用等别最低,从经济等的分布趋势看,黄土高原区的耕地经济等明显低于自然等和利用等,而西北区的经济等明显高于其自然等和利用等,内蒙古高原及长城沿线区的耕地经济等别最低。

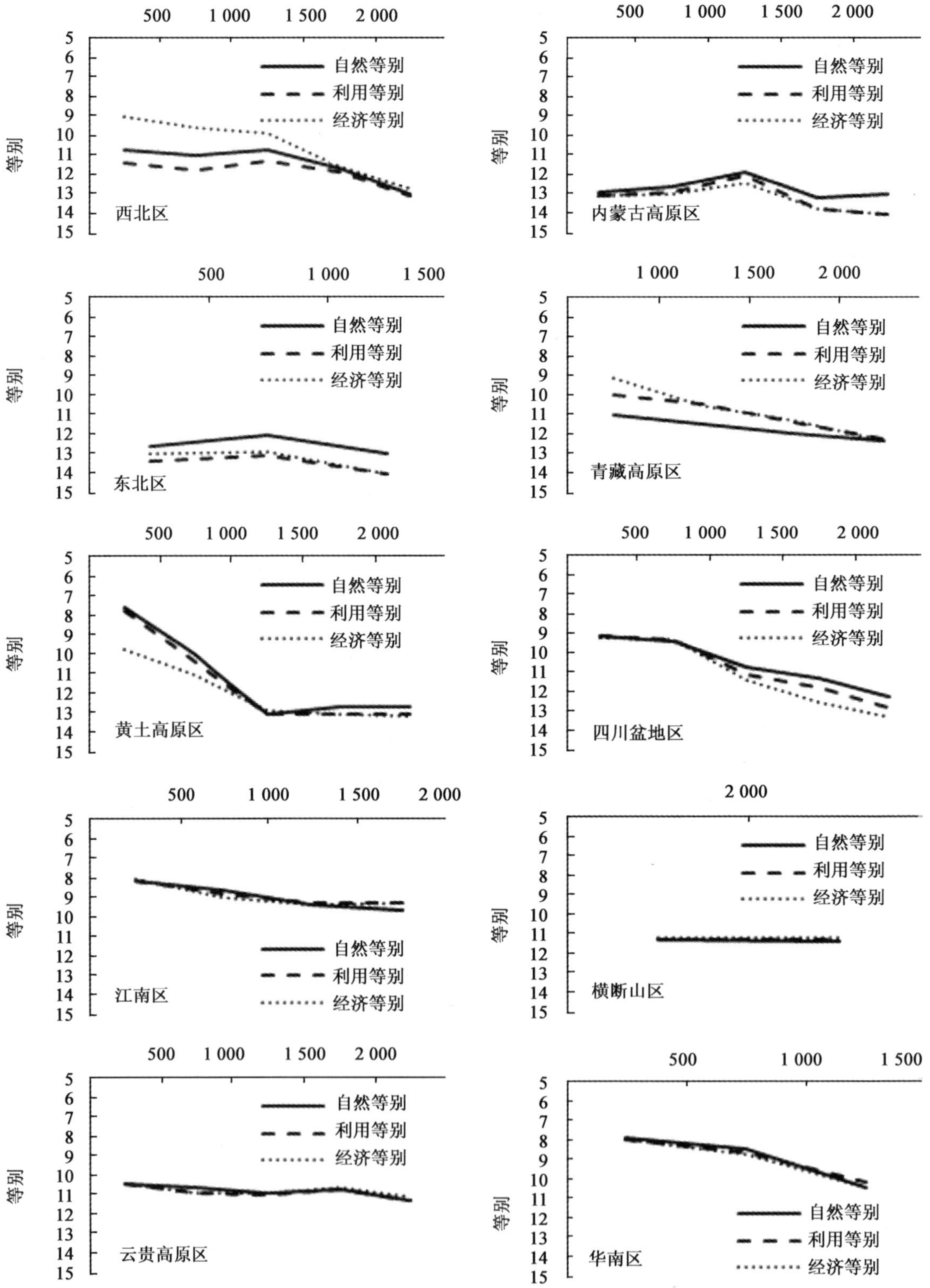

图 4-23 各一级指标区不同海拔耕地平均等别对比

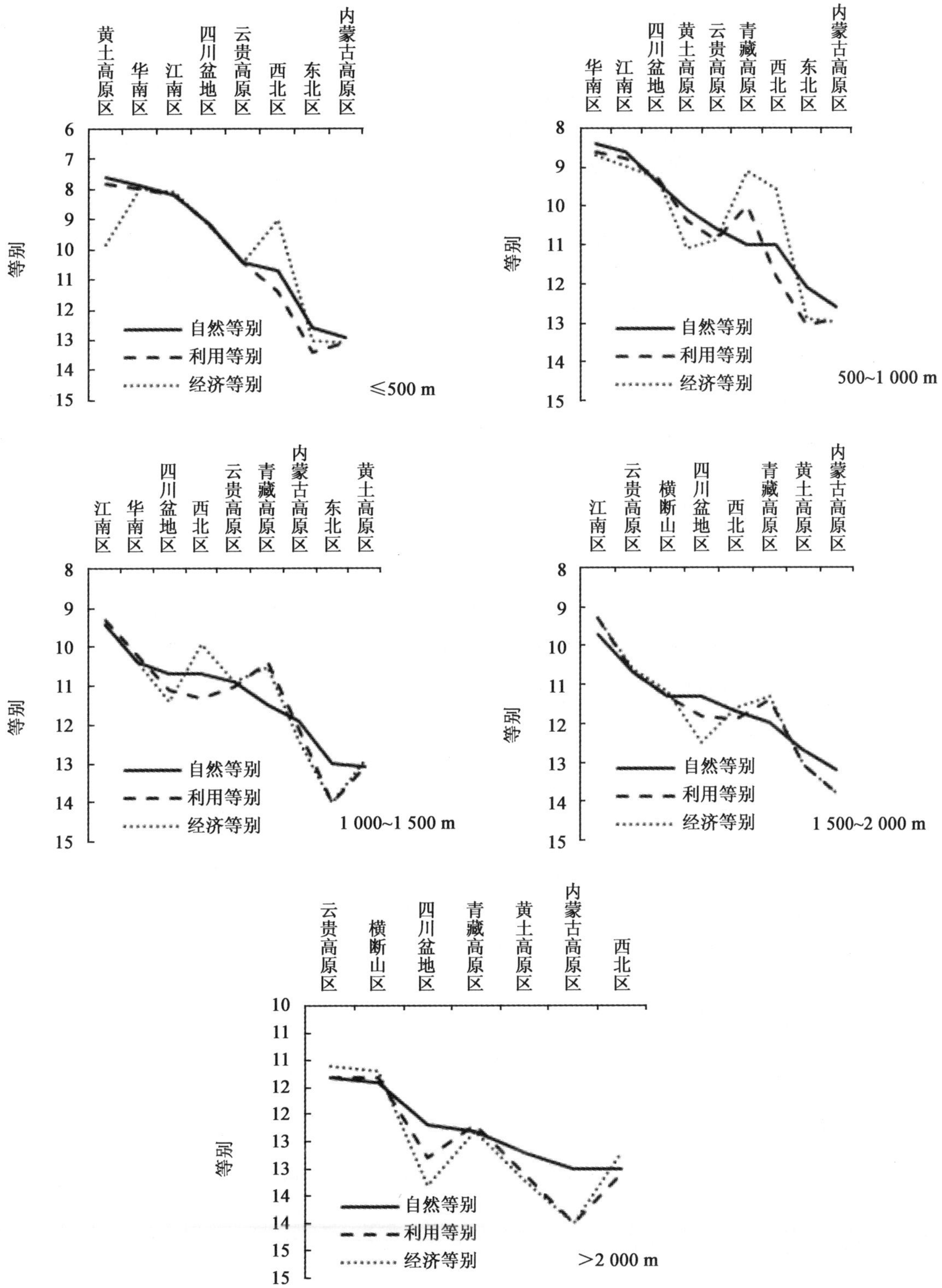

图 4-24　各海拔高度下指标区间耕地等别对比

在海拔500～1 000 m，共有9个指标区有耕地分布。从自然等别分布来看，黄土高原区的耕地等别明显下降，从第一位下降至第四位，耕地自然等别最高的3个指标区是华南区、江南区和四川盆地区，内蒙古高原及长城沿线区的耕地自然等别最低；从利用等别分布来看，与自然等别分布相比，出现明显变化的是青藏高原区、西北区和东北区，其中青藏高原区利用等别明显高于其自然等别，西北区和东北区的耕地利用等别则低于其自然等别，利用等别最高的3个指标区是华南区、江南区和四川盆地区，青藏高原区则上升至第四位，东北区的耕地利用等别最低；从经济等别分布情况看，与利用等别分布相比，出现明显变化的是黄土高原区、青藏高原区和西北区，黄土高原区的经济等别较其利用等别有所降低，青藏高原区和西北区的经济等别较其利用等别有所升高，经济等别最高的3个指标区是华南区、江南区和青藏高原区，内蒙古高原及长城沿线区的经济等别最低。

在海拔1 000～1 500 m，共有9个指标区有耕地分布。从自然等别分布来看，自然等别最高的3个指标区是江南区、华南区和四川盆地区，黄土高原区的等别最低；从利用等别分布来看，与自然等别分布情况相比，出现明显变化的是西北区、青藏高原区、东北区，其中西北区和东北区的利用等别较其自然等别有所降低，青藏高原区的利用等别较其自然等别明显升高，利用等别最高的3个指标区为江南区、华南区和青藏高原区，利用等别最低的是东北区。

在海拔1 500～2 000 m，共有8个指标区有耕地分布。从自然等别分布情况来看，自然等别最高的3个指标区是江南区、云贵高原区和横断山区，内蒙古高原及长城沿线区的自然等别最低；从利用等别分布情况来看，与自然等别分布相比，四川盆地区和青藏高原区，其中四川盆地区的耕地利用等别较自然等别有所降低，青藏高原区的耕地利用等别较自然等别有所上升，利用等别最高的3个指标区依然是江南区、云贵高原区和横断山区，内蒙古高原及长城沿线区的利用等别最低；从经济等别分布情况来看，与利用等别分布相比，出现明显变化的是四川盆地区，其耕地经济等别较利用等别有所降低，经济等别最高的3个指标区依然是江南区、云贵高原区和横断山区，内蒙古高原及长城沿线区的利用等别最低。

在海拔2 000 m以上，共有7个指标区有耕地分布。从自然等别分布情况来看，自然等别最高的3个指标区是云贵高原区、横断山区和四川盆地区，西北区的自然等别最低；从利用等别分布情况来看，与自然等别分布相比，出现明显变化是四川盆地区和内蒙古高原及长城沿线区，两个指标区的耕地利用等别比其自然等别明显降低，利用等别最高的3个指标区是云贵高原区、横断山区和青藏高原区，内蒙古高原区的利用等别最低；从经济等别分布情况来看，与利用等别分布相比，只有四川盆地区的经济等别低于其利用等别，其他指标区经济等别变化不大。

第五节 不同经度梯度耕地利用空间分布分析

一、西部地区耕地经度概况

我国西部地区包括12个省（自治区、直辖市），地理位置位于E73°40′～126°02′，东西跨经度近53°。将西部地区耕地划分为5个梯度范围，＜E85°、E85°～E95°、E95°～E105°、E105°～

E115°、≥E115°。其中<E85°的耕地只分布在新疆；E85°～E95°的耕地分布在新疆、西藏、甘肃、青海；E95°～E105°的耕地主要分布中四川、云南、甘肃、青海、贵州，广西、内蒙古、宁夏有少量分布；E105°～E115°的耕地主要分布在四川、贵州、重庆、陕西、广西、甘肃、宁夏、内蒙古，云南有少量分布；≥E115°的耕地只分布在内蒙古。

经过对西部地区国家级评价单元进行分析归类，分属各经度梯度的评价单元数量详见表4-27。<E85°的评价单元数量为2 043个，占西部地区评价单元数量的1.39%；E85°～E95°的评价单元数量为2563个，占西部地区评价单元数量的1.74%；E95°～E105°的评价单元数量为60 654个，占西部地区评价单元数量的41.28%；E105°～E115°的评价单元数量为79 662个，占西部地区评价单元数量的54.21%；≥E115°的评价单元数量为2 017个，占西部地区评价单元数量的1.37%。

表4-27　按经度梯度划分评价单元计数　个

省份	<E85°	E85°～E95°	E95°～E105°	E105°～E115°	≥E115°	合计
新疆	2 043	1 861	1	—	—	3 905
西藏	—	641	—	—	—	641
甘肃	—	50	7 139	6 920	—	14 109
青海	—	11	1 690	—	—	1 701
四川	—	—	36 657	22 029	—	58 686
云南	—	—	13 541	327	—	13 868
贵州	—	—	1 538	14 063	—	15 601
广西	—	—	65	9 514	—	9 579
内蒙古	—	—	12	2 092	2 017	4 121
宁夏	—	—	11	2 937	—	2 948
重庆	—	—	—	12 136	—	12 136
陕西	—	—	—	9 644	—	9 644
总计	2 043	2 563	60 654	79 662	2 017	146 939

二、自然等别分布

从西部区各经度梯度的耕地自然等别分布情况来看(表4-28)，<E85°耕地的等别范围为6～14等，以10～12等为主；E85°～E95°耕地等别范围为7～14等，以10～12等为主；E95°～E105°耕地的等别范围为4～15等，以8～13等为主；E105°～E115°耕地等别范围为5～15等，以9～13等为主；≥E115°耕地等别范围为10～15等，以13～15等为主。

按照耕地等别1～4等、5～8等、9～12等、13～15等划分为优等、高等、中等和低等4个档次(图4-25，表4-29)。优等地只分布在E105°～E115°，高等地除在≥E115°没有分布外，其他各经度梯度均有分布，中等地和低等地在各经度梯度均有分布。除≥E115°的耕地绝大多数为低等地外，其他各经度梯度均以中等地为主。

按面积加权平均的方法计算得出各经度梯度的耕地平均等别，5个经度梯度耕地平均等别的高低顺序为E105°～E115°、E95°～E105°、<E85°、E85°～E95°、≥E115°。E105°～E115°的耕地平均等别最高，其值为10.63等；≥E115°梯度的耕地平均等别最低，其值为14.46等。

表4-28 按经度梯度划分西部地区耕地自然等别面积统计 khm²

自然等别	<E85°	E85°～E95°	E95°～E105°	E105°～E115°	≥E115°	合计
4等	—	—	7.77	—	—	7.77
5等	—	—	2.80	54.17	—	56.97
6等	35.91	—	119.75	939.18	—	1 094.84
7等	63.33	1.93	289.52	1 916.27	—	2 271.06
8等	41.04	1.63	1 057.97	2 173.14	—	3 273.79
9等	29.87	34.82	1 171.94	2 670.46	—	3 907.09
10等	822.35	377.92	2 543.20	5 015.86	2.42	8 761.75
11等	981.18	775.51	3 336.63	2 734.41	22.43	7 850.15
12等	562.05	377.60	1 893.96	2 072.73	14.98	4 921.32
13等	98.86	71.52	1 650.82	2 890.05	477.69	5 188.94
14等	38.36	56.87	545.70	1 928.27	1 167.73	3 736.93
15等	—	—	9.86	1 770.34	2 491.46	4 271.66
合计	2 672.94	1 697.80	12 629.92	24 164.91	4 176.70	45 342.27

表4-29 西部各经度梯度耕地自然等别构成

经度梯度	等别面积构成/khm²				等别范围及平均等别(等)		
	优等地	高等地	中等地	低等地	最高等	最低等	平均等
<E85°	—	140.28	2 395.45	137.22	6	14	10.79
E85°～E95°	—	3.56	1 565.85	128.39	7	14	11.14
E95°～E105°	7.77	1 470.04	8 945.73	2 206.38	4	15	10.76
E105°～E115°	—	5 082.76	12 493.46	6 588.66	5	15	10.63
≥E115°	—	—	39.83	4 136.88	10	15	14.46

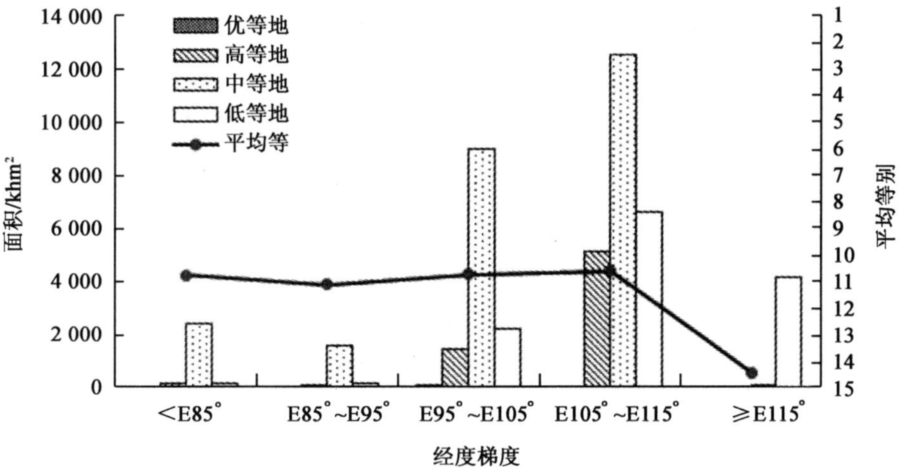

图 4-25　西部各经度梯度耕地自然等别构成

三、利用等别分布

从西部区各经度梯度的耕地利用等别分布情况来看(表 4-30),<E85°耕地的等别范围为 7～14 等,以 11～12 等为主;E85°～E95°耕地等别范围为 6～14 等,以 11～12 等为主;E95°～E105°耕地的等别范围为 4～14 等,以 10～13 等为主;E105°～E115°耕地等别范围为 4～15 等,以 8～14 等为主;≥E115°耕地等别范围为 8～15 等,以 14～15 等为主。

表 4-30　按经度梯度划分西部地区耕地利用等别面积统计　khm²

利用等别	<E85°	E85°～E95°	E95°～E105°	E105°～E115°	≥E115°	合计
4 等	—	—	12.20	14.90	—	27.10
5 等	—	—	106.70	144.25	—	250.95
6 等	—	0.18	182.70	1 015.56	—	1 198.44
7 等	3.72	—	561.93	1 864.69	—	2 430.34
8 等	29.08	0.10	727.95	2 134.32	1.36	2 892.81
9 等	60.21	19.17	896.03	2 500.07	2.31	3 477.78
10 等	143.90	130.50	2 341.83	3 937.02	1.34	6 554.59
11 等	1 032.65	491.03	2 975.47	3 272.92	11.66	7 783.75
12 等	1 022.29	826.48	2 340.06	2 405.41	181.86	6 776.10
13 等	329.02	167.28	1 347.36	2 835.35	279.56	4 958.57
14 等	52.07	62.84	992.68	2 528.15	986.21	4 621.96
15 等	—	—	—	1 657.47	2 712.42	4 369.88
合计	2 672.94	1 697.59	12 484.92	24 310.12	4 176.70	45 342.27

按照耕地等别 1～4 等、5～8 等、9～12 等、13～15 等划分为优等、高等、中等和低等 4 个档次(图 4-26,表 4-31)。优等地只分布在 E105°～E115°和 E95°～E105°梯度内,高等地、中等地和低等地在各经度梯度均有分布,且主要分布在 E105°～E115°和 E95°～E105°。各经度梯度,除≥E115°的耕地绝大多数为低等地外,其他各经度梯度均以中等地为主。

按面积加权平均的方法计算得出各经度梯度耕地的平均等别,5 个经度梯度耕地平均等别的高低顺序为 E105°～E115°、E95°～E105°、<E85°、E85°～E95°、≥E115°。E105°～E115°梯度的耕地平均等别最高,其值为 10.73 等;≥E115°梯度的耕地平均等别最低,其值为 14.48 等。

表 4-31 西部各经度梯度耕地利用等别构成

经度梯度	等别面积构成/khm^2				等别范围及平均等别(等)		
	优等地	高等地	中等地	低等地	最高等	最低等	平均等
<E85°	—	32.8	2 259.05	381.09	7	14	11.55
E85°～E95°	—	0.28	1 467.18	230.12	6	14	11.69
E95°～E105°	12.2	1 579.28	8 553.39	2 340.04	4	14	10.82
E105°～E115°	14.9	5 158.82	12 115.42	7 020.97	4	15	10.73
≥E115°	—	1.36	197.17	3 978.19	8	15	14.48

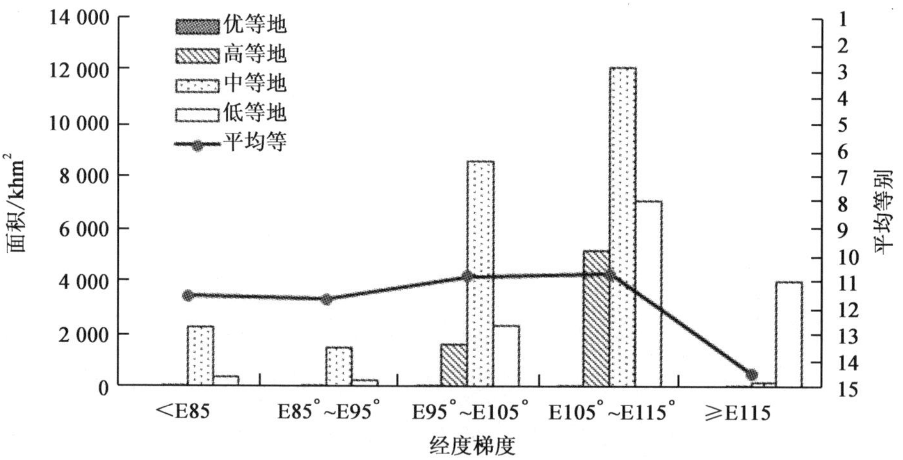

图 4-26 西部各经度梯度耕地利用等别构成

四、经济等别分布

从西部区各经度梯度的耕地经济等别分布情况来看(表 4-32),<E85°耕地的等别范围为 6～14 等,以 8～11 等为主;E85°～E95°耕地等别范围为 6～15 等,以 8～11 等为主;E95°～E105°耕地的等别范围为 4～15 等,以 9～14 为主;E105°～E115°耕地等别范围为 4～15 等,以 9～14 等地为主;≥E115°梯度耕地等别范围为 7～15 等,以 12～15 等为主。

按照耕地等别 1～4 等、5～8 等、9～12 等、13～15 等划分为优等、高等、中等和低等 4 个档次(图 4-27,表 4-33)。优等地只分布在 E105°～E115°和 E95°～E105°,高等地、中等地和低等地在各经度梯度均有分布,且主要分布在 E105°～E115°和 E95°～E105°。各经度梯度,除≥E115°的耕地绝大多数为低等地外,其他各经度梯度均以中等地为主。

按面积加权平均的方法计算得出各经度梯度的耕地平均等别,5 个经度梯度耕地平均等别的高低顺序为<E85°、E85°～E95°、E95°～E105°、E105°～E115°、≥E115°。<E85°的耕地平均等别最高,其值为 9.58 等;≥E115°的耕地平均等别最低,其值为 13.98 等。

表 4-32　按经度梯度划分西部地区耕地经济等别面积统计　　khm²

经济等别	<E85°	E85°～E95°	E95°～E105°	E105°～E115°	≥E115°	合计
3 等	—	—	0.57	—	—	0.57
4 等	—	—	11.94	24.94	—	36.88
5 等	—	—	176.34	204.73	—	381.07
6 等	9.72	12.21	345.73	588.04	—	955.71
7 等	187.66	176.51	421.38	1 280.67	0.72	2 066.95
8 等	517.55	378.19	704.74	1 897.56	2.17	3 500.21
9 等	671.28	254.09	1 098.38	2 890.60	9.34	4 923.69
10 等	607.01	339.60	2 322.60	4 108.65	54.84	7 432.71
11 等	351.42	221.13	3 103.02	3 289.62	135.69	7 100.88
12 等	190.05	188.15	1 800.93	2 916.13	360.45	5 455.70
13 等	99.99	72.16	1 390.89	3 352.15	530.71	5 445.91
14 等	38.25	39.27	1 207.52	2 081.06	1 229.61	4 595.72
15 等	—	16.16	23.28	1 553.66	1 853.17	3 446.26
合计	2 672.94	1 697.48	12 607.34	24 187.81	4 176.70	45 342.26

表 4-33　西部各经度梯度耕地经济等别构成

经度梯度	等别面积构成/khm²				等别范围及平均等别(等)		
	优等地	高等地	中等地	低等地	最高等	最低等	平均等
<E85°	0	714.93	1 819.76	138.24	6	14	9.58
E85°～E95°	0	566.91	1 002.97	127.59	6	15	9.68
E95°～E105°	12.51	1 648.19	8 324.93	2 621.69	3	15	10.77
E105°～E115°	24.94	3 971	13 205	6 986.87	4	15	10.88
≥E115°	0	2.89	560.32	3613.49	7	15	13.98

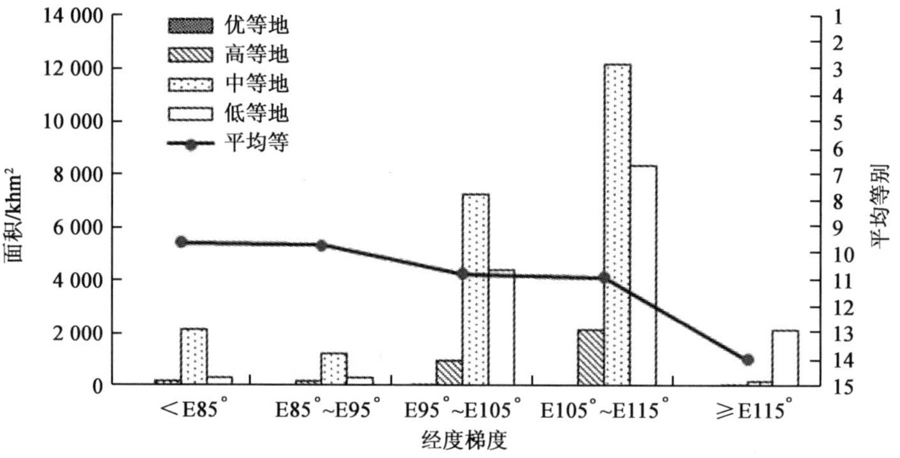

图 4-27 西部各经度梯度耕地经济等别构成

第六节 不同纬度梯度耕地利用空间分布分析

一、西部地区耕地纬度概况

我国西部地区包括12个省(自治区、直辖市),地理位置位于N20°54′～50°20′,南北跨纬度近30°。将西部地区耕地划分为6个纬度梯度范围<N25°、N25°～N30°、N30°～N35°、N35°～N40°、N40°～N45°、≥N45°。其中<N25°的耕地分布在广西、云南;N25°～N30°的耕地分布在广西、云南、贵州、四川、重庆、西藏;N30°～N35°的耕地主要分布在四川、重庆、陕西、甘肃,西藏有少量分布;N35°～N40°的耕地分布在陕西、甘肃、宁夏、青海、新疆、内蒙古;N40°～N45°的耕地分布在新疆、内蒙古、甘肃;≥N45°的耕地分布在新疆和内蒙古。

经过对西部地区国家级评价单元进行分析归类,分属各纬度梯度的评价单元数量详见表4-34。<N25°的评价单元数量为17 026个,占西部地区评价单元数量的11.59%;N25°～N30°的评价单元数量为47 011个,占西部地区评价单元数量的31.99%;N30°～N35°的评价单元数量为56 939个,占西部地区评价单元数量的38.75%;N35°～N40°的评价单元数量为18 500个,占西部地区评价单元数量的12.59%;N40°～N45°的评价单元数量为6 196个,占西部地区评价单元数量的4.22%;≥N45°的评价单元数量为1 267个,占西部地区评价单元数量的0.86%。

表 4-34　按纬度划分评价单元计数

省份	<N25°	N25°～N30°	N30°～N35°	N35°～N40°	N40°～N45°	≥N45°	合计
广西	8 628	951	—	—	—	—	9 579
云南	8 259	5 609	—	—	—	—	13 868
贵州	139	15 462	—	—	—	—	15 601
四川	—	18 107	40 579	—	—	—	58 686
重庆	—	6 258	5 878	—	—	—	12 136
西藏	—	624	17	—	—	—	641
陕西	—	—	6 522	3 122	—	—	9 644
甘肃	—	—	3 943	9 948	218	—	14 109
宁夏	—	—	—	2 948	—	—	2 948
青海	—	—	—	1 701	—	—	1 701
新疆	—	—	—	469	3 014	422	3 905
内蒙古	—	—	—	312	2 964	845	4 121
合计	17 026	47 011	56 939	18 500	6 196	1 267	146 939

二、自然等分析

从西部区各纬度梯度的耕地自然等别分布情况来看(表 4-35),<N25°耕地的等别范围为5～12 等,以 6～7 等、10～11 等为主;N25°～N30°耕地等别范围为 4～15 等,以 8～12 等为主;N30°～N35°耕地的等别范围为 6～14 等,以 8～13 等为主;N35°～N40°耕地等别范围为 6～15 等,以 10～14 等为主;N40°～N45°耕地等别范围为 7～15 等,以 10～11 等、14～15 等为主;≥N45°梯度耕地等别范围为 9～15 等,以 13～15 等为主。

按照耕地等别 1～4 等、5～8 等、9～12 等、13～15 等划分为优等、高等、中等和低等 4 个档次(图 4-28,表 4-36)。优等地只分布在 N25°～N30°内;高等地除在≥N45°梯度内没有分布外,其他梯度均有分布,主要分布在 N30°～N35°和<N25°;中等地在各梯度均有分布,主要分布在 N25°～N30°和<N25°;低等地除在<N25°没有分布外,其他梯度均有分布,主要分布在 N35°～N40°和 N40°～N45°。各纬度梯度,<N25°、N25°～N30°和 N30°～N35°梯度的耕地以中等地为主,N35°～N40°、N40°～N45°和≥N45°梯度的耕地以低等地为主。

按面积加权平均的方法计算得出各纬度梯度的耕地平均等别,5 个纬度梯度耕地平均等别的高低顺序为<N25°、N30°～N35°、N25°～N30°、N35°～N40°、N40°～N45°、≥N45°,总体呈由南往北平均等别逐步降低的趋势。<N25°梯度的耕地平均等别最高,其值为 9.24 等;≥N45°梯度的耕地平均等别最低,其值为 13.60 等。

表 4-35 按纬度梯度划分西部地区耕地自然等别面积统计 khm²

自然等别	＜N25°	N25°～N30°	N30°～N35°	N35°～N40°	N40°～N45°	≥N45°	合计
4 等	—	7.77	—	—	—	—	7.77
5 等	54.17	2.80	—	—	—	—	56.97
6 等	845.09	69.90	143.65	36.19	—	—	1 094.84
7 等	1 033.55	355.62	794.07	86.02	1.79	—	2 271.06
8 等	350.10	1 016.49	1 706.91	198.85	1.44	—	3 273.79
9 等	796.41	1 568.74	1 268.35	144.53	127.78	1.27	3 907.09
10 等	2 508.16	2 578.21	1 911.77	679.86	1 040.87	42.87	8 761.75
11 等	1 703.69	2 999.68	756.48	615.02	1 416.62	358.65	7 850.15
12 等	370.18	1 440.78	790.38	1 389.60	755.43	174.95	4 921.32
13 等	—	978.36	900.45	2 682.09	254.17	373.87	5 188.94
14 等	—	281.26	78.90	1 674.21	1 165.27	537.29	3 736.93
15 等	—	9.59	0.00	256.06	3 013.63	992.38	4 271.66
合计	7 661.36	11 309.21	8 350.96	7 762.44	7 777.00	2 481.29	45 342.27

表 4-36 西部各纬度梯度耕地自然等别构成

纬度梯度	等别面积构成/khm²				等别范围及平均等别(等)		
	优等地	高等地	中等地	低等地	最高等	最低等	平均等
＜N25°	0	2 282.91	5 378.44	0	5	12	9.24
N25°～N30°	7.77	1 444.81	8 587.41	1 269.21	4	15	10.44
N30°～N35°	0	2 644.63	4 726.98	979.35	6	14	9.73
N35°～N40°	0	321.06	2 829.01	4 612.36	6	15	12.38
N40°～N45°	0	3.23	3 340.7	4 433.07	7	15	12.99
≥N45°	0	0	577.74	1 903.54	9	15	13.60

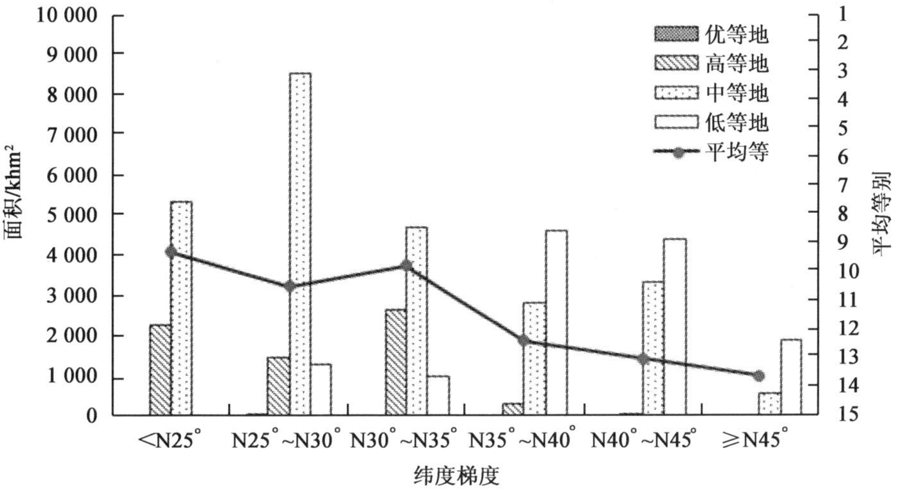

图 4-28　西部各纬度梯度耕地自然等别构成

三、利用等分析

从西部区各纬度梯度的耕地利用等别分布情况来看(表 4-37),<N25°耕地的等别范围为4～13 等,以 7～11 等为主;N25°～N30°耕地等别范围为 4～14 等,以 9～13 等为主;N30°～N35°耕地的等别范围为 5～14 等,以 8～11 为主;N35°～N40°耕地等别范围为 6～15 等,以11～14 等为主;N40°～N45°耕地等别范围为 6～15 等,以 11～15 等为主;≥N45°耕地等别范围为 10～15 等,以 13～15 等为主。

按照耕地等别 1～4 等、5～8 等、9～12 等、13～15 等划分为优等、高等、中等和低等4 个档次(图 4-29,表 4-38)。优等地只分布在<N25°和 N25°～N30°梯度内;高等地除在≧ N45°没有分布外,其他梯度均有分布,主要分布在 N30°～N35°和<N25°;中等地在各梯度均有分布,主要分布在 N25°～N30°、<N25°和 N30°～N35°;低等地除在各梯度均有分布,主要分布在 N35°～N40°和 N40°～N45°。各纬度梯度,<N25°、N25°～N30°和N30°～N35°的耕地以中等地为主,N35°～N40°、N40°～N45°和≥N45°的耕地以低等地为主。

按面积加权平均的方法计算得出各纬度梯度的耕地平均等别,5 个纬度梯度耕地平均等别的高低顺序为<N25°、N30°～N35°、N25°～N30°、N35°～N40°、N40°～N45°、≥N45°,总体呈由南往北平均等别逐步降低的趋势。<N25°的耕地平均等别最高,其值为 9.32 等;≥N45°的耕地平均等别最低,其值为 14.10 等。

表 4-37　按纬度梯度划分西部地区耕地利用等别面积统计　　khm²

自然等别	<N25°	N25°～N30°	N30°～N35°	N35°～N40°	N40°～N45°	≥N45°	合计
4 等	16.76	10.34	—	—	—	—	27.10
5 等	100.13	17.36	133.46	—	—	—	250.95
6 等	599.61	112.91	483.96	1.79	0.18	—	1 198.44
7 等	995.10	580.25	820.64	33.06	1.28	—	2 430.34
8 等	644.31	849.22	1 247.27	145.79	6.21	—	2 892.81
9 等	960.84	1 134.09	1 102.73	228.19	51.92	—	3 477.78
10 等	2 147.25	2 208.53	1 483.00	408.70	304.34	2.77	6 554.59
11 等	1 423.41	2 935.93	1 220.52	834.13	1 321.78	47.98	7 783.75
12 等	767.35	2 014.21	752.16	1 238.01	1 740.28	264.07	6 776.10
13 等	22.11	1 193.97	887.59	1 927.32	589.72	337.86	4 958.57
14 等	—	149.67	306.82	2 723.21	892.77	549.48	4 621.96
15 等	—	—	—	222.23	2 868.53	1 279.12	4 369.88
合计	7 676.87	11 206.49	8 438.17	7 762.44	7 777.00	2 481.29	45 342.27

表 4-38　西部各纬度梯度耕地利用等别构成

纬度梯度	等别面积构成/khm²				等别范围及平均等别(等)		
	优等地	高等地	中等地	低等地	最高等	最低等	平均等
<N25°	16.76	2 339.15	5 298.85	22.11	4	13	9.32
N25°～N30°	10.34	1 559.74	8 292.76	1 343.64	4	14	10.53
N30°～N35°	0	2 685.33	4 558.41	1 194.41	5	14	9.76
N35°～N40°	0	180.64	2 709.03	4 872.76	6	15	12.64
N40°～N45°	0	7.67	3 418.32	4 351.02	6	15	13.14
≥N45°	0	0	314.82	2 166.46	10	15	14.10

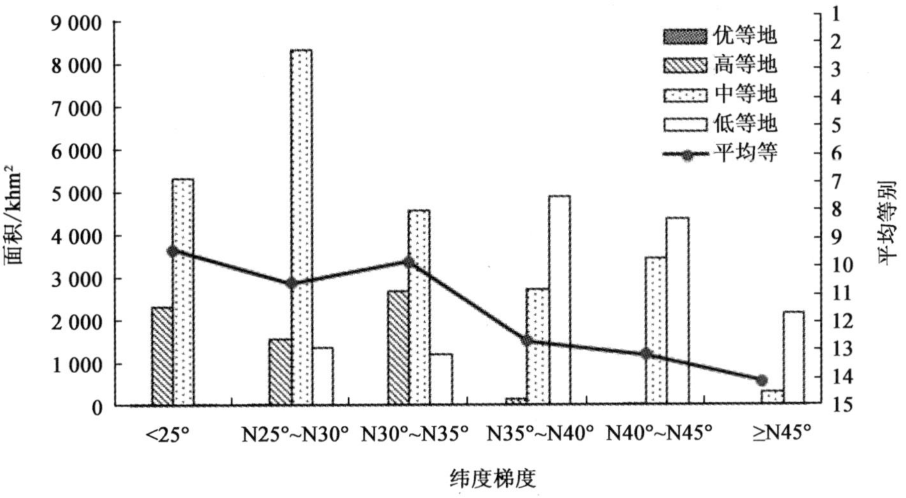

图 4-29　西部各纬度梯度耕地利用等别构成

四、经济等分析

从西部区各纬度梯度的耕地经济等别分布情况来看(表 4-39),＜N25°梯度耕地的等别范围为 3～13 等,以 9～11 等为主;N25°～N30°梯度耕地等别范围为 4～14 等,以 9～13 等为主;N30°～N35°梯度耕地的等别范围为 4～14 等,以 8～11 等为主;N35°～N40°梯度耕地等别范围为 5～15 等,以 12～14 等为主;N40°～N45°耕地等别范围为 6～15 等,以 14～15 等为主;≥N45°耕地等别范围为 7～15 等,以 12～15 等为主。

按照耕地等别 1～4 等、5～8 等、9～12 等、13～15 等划分为优等、高等、中等和低等 4 个档次(图 4-30,表 4-40)。优等地分布在＜N25°、N25°～N30°和 N30°～N35°,以＜N25°分布最多;高等地各纬度梯度均有分布,主要分布在＜N25°和 N30°～N35°;中等地在各梯度均有分布,主要分布在 N25°～N30°、＜N25°和 N30°～N35°;低等地除在各梯度均有分布,主要分布在 N35°～N40°和 N40°～N45°。各纬度梯度,＜N25°、N25°～N30°和 N30°～N35°的耕地以中等地为主,N35°～N40°、N40°～N45°和≥N45°梯度的耕地以低等地为主。

按面积加权平均的方法计算得出各纬度梯度的耕地平均等别,5 个纬度梯度耕地平均等别的高低顺序为＜N25°、N30°～N35°、N25°～N30°、N40°～N45°、N35°～N40°、≥N45°,总体呈由南往北平均等别逐步降低的趋势。＜N25°梯度的耕地平均等别最高,其值为 9.25 等;≥N45°梯度的耕地平均等最低,其值为 13.30 等。

表 4-39 按纬度梯度划分西部地区耕地经济等别面积统计 khm²

经济等别	<N25°	N25°～N30°	N30°～N35°	N35°～N40°	N40°～N45°	≥N45°	合计
3 等	0.57	—	—	—	—	—	0.57
4 等	26.30	5.01	5.56	—	—	—	36.88
5 等	169.22	25.61	180.54	5.70	—	—	381.07
6 等	485.02	152.52	293.26	11.56	13.36	—	955.71
7 等	840.22	398.96	442.44	82.64	297.84	4.85	2 066.95
8 等	833.45	775.00	924.98	265.11	686.39	15.27	3 500.21
9 等	1 243.37	1 279.76	1 300.98	346.71	716.44	36.43	4 923.69
10 等	1 923.13	2 403.92	1 760.99	390.89	812.50	141.29	7 432.71
11 等	1 640.51	2 955.91	1 273.33	483.03	582.64	165.45	7 100.88
12 等	495.95	2 130.81	720.29	1 218.85	549.29	340.51	5 455.70
13 等	9.40	1 132.14	851.56	2 528.89	524.28	399.64	5 445.91
14 等	—	2.78	638.03	2 159.64	1 132.00	663.27	4 595.72
15 等	—	—	—	269.40	2 462.27	714.59	3 446.26
合计	7 667.15	11 262.43	8 391.96	7 762.44	7 777.00	2 481.29	45 342.26

表 4-40 西部各纬度梯度耕地经济等别构成

纬度梯度	等别面积构成/khm²				等别范围及平均等别(等)		
	优等地	高等地	中等地	低等地	最高等	最低等	平均等
<N25°	26.87	2 327.91	5 302.96	9.4	3	13	9.25
N25°～N30°	5.01	1 352.09	8 770.4	1 134.92	4	14	10.52
N30°～N35°	5.56	1 841.22	5 055.59	1 489.59	4	14	10.15
N35°～N40°	0	365.01	2 439.48	4 957.93	5	15	12.49
N40°～N45°	0	997.59	2 660.87	4 118.55	6	15	12.19
≥N45°	0	20.12	683.68	1 777.5	7	15	13.30

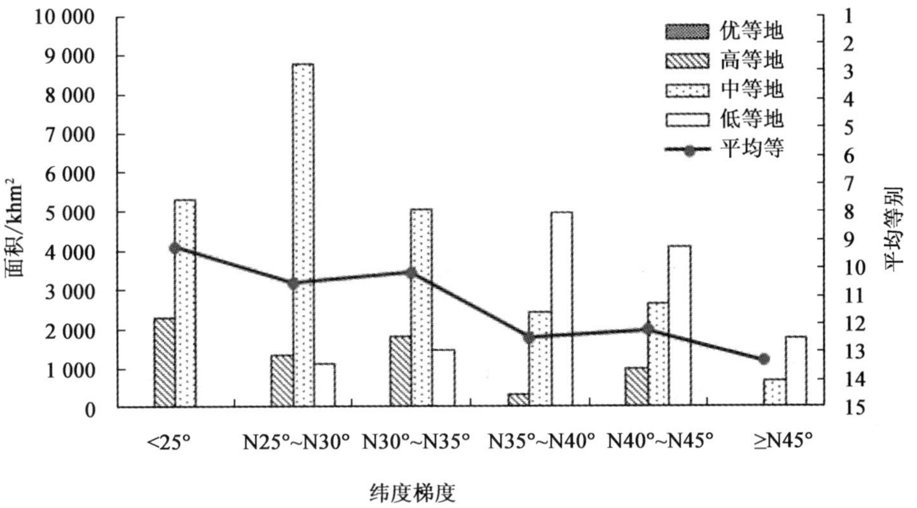

图 4-30 西部各纬度梯度耕地经济等别构成

本章小结

本章以西部区耕地质量评价国家级汇总成果为基础，基于 GIDS 空间分析及数理统计，从省际间、利用分区、一级指标区、耕作制度、海拔高度、用地类型、经纬度等不同尺度对西部区耕地质量等别空间分布进行分析，结果表明：

西部区耕地数量少、质量低，平均利用等别为 11.2 等，比全国平均等 9.8 等低 1.4 个等别。各省耕地等别差异较大，广西、四川、重庆等南部省份等别较高、甘肃、内蒙古、青海等北部省份等别较低，从各省平均等别来分析，广西平均自然等、平均利用等和平均经济等均为 8.2 等，内蒙古平均自然等、平均利用等和平均经济等分别为 12.6、13.0 和 13.4 等；西部地区划分为 3 个土地利用区，包括西北区、西南区和青藏区，依据等别评价结果西南区整体等别最高，青藏区次之，西北区最低；西部区各一级指标区间耕地数量与质量分布差异明显，华南区、江南区、四川盆地区等地区耕地等别较高，青藏高原、内蒙古高原及长城沿线区、东北区的等别较低，耕地质量最优的华南区平均自然等、平均利用等和平均经济等分别为 8.0、8.1 和 8.1 等，耕地质量最差的东北区平均自然等、平均利用等和平均经济等分别为 12.5、13.3 和 13.0 等；同一指标区内，耕地复种次数越多等别越高，灌溉水田的水浇地的等别一般高于望天田和旱地的等别，海拔低的耕地等别高于海拔高的耕地等别；相同熟制、相同地类或相同海拔的耕地在不同指标区间的等别分布受地域条件影响较大；不同经度、纬度梯度耕地质量等别空间分布特征显著。

第五章　标准样地体系

第一节　标准样地概述

一、标准样地的概念

(一)标准样地的概念

标准样地是指在一定的栽培管理技术条件下，该区域内最有利于农业生产活动的农作物产量最高的若干个农用地分等定级单元，它们在该行政区域内所处位置的气候、地形地貌、土壤、灌溉与排水、土地利用、农业生产等条件的综合特征最优。

(二)标准样地的内涵

农用地标准样地体系包括：农用地标准样地分级体系和可用于描述并表达标准样地特征的因素体系。

(1)农用地标准样地分级体系　国家级标准样地、省级标准样地、县级标准样地。国家级标准样地的基本作用包括：一是在全国农用地等级划分中，对省际之间农用地等级的"接边"进行控制，二是在省内农用地等级划分中，对最高等级农用地的确定进行控制；省级标准样地的作用包括：一是在省级区域内农用地等级的划分中，对省际之间农用地等级的"接边"进行控制，二是在省内农用地等级划分中，对最高等级农用地的确定进行控制；县级标准样地的基本作用是对县级区域内，对各个乡级单位最高农用地等级的确定进行控制。

(2)描述标准样地特征的因素体系　气候因素、土壤因素、地形地貌因素、灌溉与排水条件、农田基本状况、产量水平等。

二、标准样地的设置

(一)标准样地设置的目的

(1)通过农用地分等标准样地的设置，科学揭示区域农用地质量及空间分布规律。

(2)通过农用地分等标准样地的设置与描述，以质量最优的地块代表同一区域土地质量特征，直观反映农用地质量状况。

(3)通过对农用地分等标准样地进行长期动态监测，能够及时了解和掌握农用地质量在时间和空间上的动态变化，分析和探讨引起这些变化的自然、经济和政策等因素，并及时调整。

(二)标准样地设置的原则

1.分层设置原则

根据《规程》对标准样地设置、管理的规定，标准样地应依不同主导因素分国家级、省级和县级分别设置。其中国家级标准样地依据耕作制度、光温条件、水分条件、土壤条件的宏观差异，分省布设；省级标准样的依据耕作制度分区、水分条件、土壤条件、地形条件、土地利用条件的中观差异，分县布设；县级标准样地依据影响农业生产的微观差异，分乡布设。

2. 生产条件综合最优原则

由于标准样地的农作物产量要求在区域内最高，相应地其气候、地形、地貌、土壤、灌溉排水、土地利用、农业生产条件等综合生产条件也应该最优，才能实现产量最高。

3. 质量最好原则

《规程》规定，标准样地必须是区域农作物产量最高的分等单元，产量最高，必然对应质量最好。以质量最好作为代表性区域标准样地设置标准尺度，比以中等质量或平均质量作为标准和尺度更便于进行全省（自治区、直辖市）乃至全国范围内不同代表类型区域之间土地质量、土地等别的比较。因为对于区域土地质量而言，由于土地质量高低组合的差异，不同区域（县、市）间土地“中等质量”往往不具可比性。而质量最好土地的生产力实际上就是光温生产潜力，也就是说，不同区域（县、市）质量最好的土地之间通过光、温条件的比较即能建立其优劣对比关系，更便于操作。

4. 稳定性原则

标准样地必须是从永久性农用地中选定的地块，一般均为土地利用总体规划确定为基本农田的分等单元。各级标准样地的土地用途变更需报上级土地行政主管部门批准。

5. 代表性原则

每个标准样地都必须具有明显的代表性，这些代表性包括：所属农业区划、地形条件、水文特征的代表性；地理位置和区位条件的代表性；土地利用方式及其影响因素的代表性，如农业清洁生产、生态农业示范区改善土地质量的土地利用方式，城市发展、工业发展通过土地污染致使土地质量变异的影响等。

6. 实用有效原则

我国的农用地分等工作主要是以县为工作区域进行的，有关计算、结果确定和面积统计及标准地块设定后的日常管理均由各县市国土行政主管部门具体负责，而国土管理部门的日常土地管理工作已相当繁忙。因此，标准样地的设置必须少而精，做到实用有效。根据这些标准样地，即可通过比照和订正，快速、全面、准确地确定县域内全部农用地质量等别及其动态变化。

第二节　标准样地选取

一、国家级标准样地的选取

以省级行政区为基本单元（不计香港、澳门特别行政区和台湾省），按照统计分析工作的需求，每个省级行政区内设置 10～15 个国家级标准样地。按照标准样地的设置原则，由各个省级政府土地和农业行政主管部门根据国家在本省级行政区域内设置的国家级标准样地的数量目标，具体提出应在省内哪些县级行政区、哪些乡级行政区、哪些村或办事处设置和确定作为国家级标准样地的农用地地块。同时，要在 1∶10 000 标准分幅的土地利用图上核查出作为国家级标准样地的农用地地块图斑的坐标，拍摄它们所处位置的景观照片，并将这些材料一并上报国土资源部。然后由国土资源部组织，将标准样地及其坐标定位标注在全国土地利用现状图上，形成全国农用地标准样地分布图。国家级标准样地特征描述体系可根据《规程》来确定。

二、省级标准样地的选取

省级标准样地的数量和定位设计都可参照国家级标准样地的设计方式完成。如以省下辖的行政区为单位进行设计时，下辖的行政单位要以县级行政区为对象。设置在各个省级区域内的国家级标准地块，可作为本省级区域内的省级标准地块，而将它们纳入省级标准样地的数量部分。省级标准样地特征描述体系可根据《规程》来确定。

三、县级标准样地的选取

县级标准样地的数量和定位设计也可参照国家级或者省级标准样地的设计方式完成。如以县下辖的行政区为单位进行设计时，下辖的行政单位要以乡/镇级行政区为对象。在县内各乡镇级区域内设置 2～3 个即可。在乡级区域内已设置有国家级或省级标准地块的，不必再乡级区域内重新设置县级标准地块。县级标准样地特征描述体系可根据《规程》来确定。

第三节　标准样地设置结果

西部地区共设置国家级标准样地 162 块(图 5-1)，省级标准样地共计 2 741 块(图 5-2)，县级标准样地不完全统计 7 000 余块(图 5-3)。各省国家级基本信息见表 5-1。

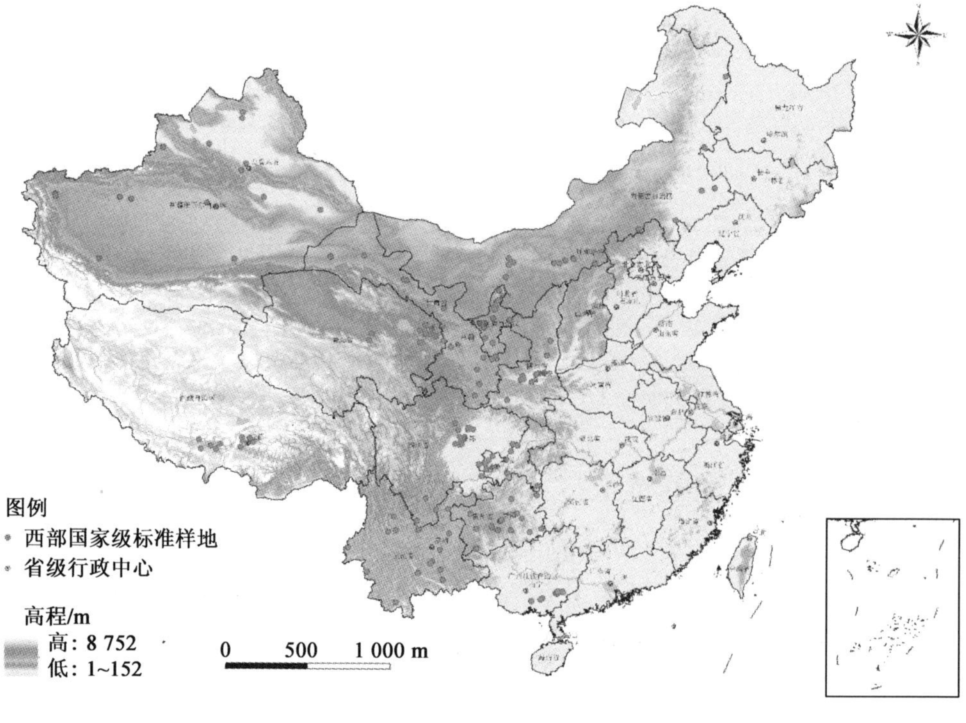

图 5-1　西部地区国家级标准样地设置结果图

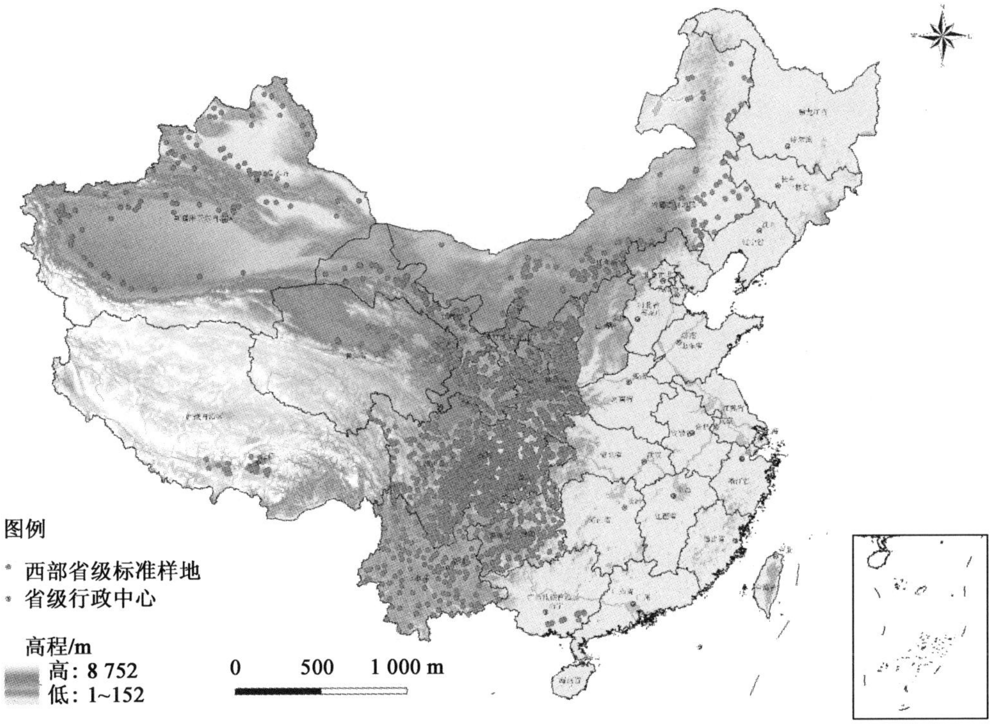

图 5-2　西部地区省级标准样地空间分布图

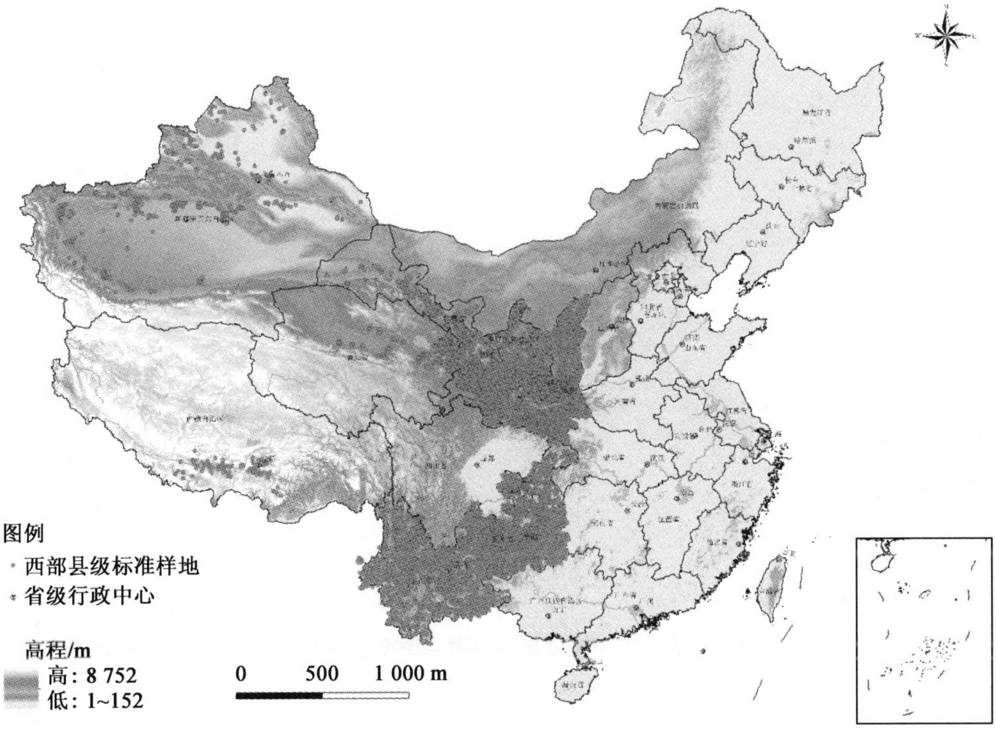

图 5-3　西部地区县级标准样地空间分布图(部分)

表 5-1 各省国家级标准样地基本信息

样地编号	所在省份	所在县	所在乡	所在村	*X* 坐标值(度)	*Y* 坐标值(度)
G63252305	青海	贵德县	河西镇	下排村	101.381 780	36.036 732
G63212204	青海	民和县	巴州镇	上马家村	102.775 330	36.246 997
G63012115	青海	大通县	塔尔镇	塔尔村	101.630 970	37.001 427
G63282202	青海	都兰县	察汗乌苏镇	北园村	98.078 568	36.307 972
G63282201	青海	都兰县	香加乡	先锋村	97.928 013	35.938 233
G63252303	青海	贵德县	拉西瓦镇	尼那村	101.262 540	36.069 925
G63212612	青海	互助县	威远镇	大寺村	101.972 260	36.832 659
G63012310	青海	湟源县	申中乡	卡路村	101.191 930	36.726 969
G63012214	青海	湟中县	多巴镇	多巴二村	101.521 950	36.668 725
G63012211	青海	湟中县	甘河滩镇	李九村	101.557 220	36.535 093
G63212307	青海	乐都县	雨润镇	深沟村	102.304 620	36.474 222
G63212308	青海	乐都县	高店镇	大峡村	102.218 070	36.479 625
G63212106	青海	平安县	小峡镇	上店村	101.950 450	36.533 944
G63010209	青海	西宁市	乐家湾镇	下十里铺村	101.837 140	36.578 328
G63012113	青海	大通县	城关镇	阳坡庄村	101.527 220	37.052 604
G53280111	云南	景洪市	嘎洒镇	曼勉	100.791 111	21.975 000
G53252209	云南	蒙自市	新安所镇	大新寨	103.432 500	23.308 889
G53042808	云南	元江县	澧江镇	澧江	101.976 389	23.604 444
G53250210	云南	开远市	乐白道办事处	楷甸	103.266 667	23.835 556
G53352712	云南	耿马县	勐定镇	下坝	99.025 000	23.540 833
G53042304	云南	通海县	河西镇	寸村	102.658 056	24.141 111
G53042103	云南	江川县	大街镇	大庄	102.757 778	24.280 556
G53312313	云南	盈江县	平原镇	新莲	97.810 278	24.744 167
G53012505	云南	宜良县	匡远镇	李毛营	103.189 444	24.918 889
G53032206	云南	陆良县	马街	郭家	103.698 056	25.813 333
G53290101	云南	大理市	银桥镇	银桥村	100.120 278	25.746 389
G53232807	云南	元谋县	江边乡	龙街	101.863 889	25.951 111
G53292 402	云南	宾川县	金牛镇	白塔村	100.549 444	25.832 222
G53322 115	云南	古城区	金江	产构	100.370 833	26.605 556
G53062 114	云南	鲁甸县	桃源乡	桃源	103.576 667	27.166 944
G52222901	贵州	松桃县	普觉镇	干背河村	108.981 011	27.992 981
G52260101	贵州	凯里市	旁海镇	大普村	108.055 216	26.740 062
G52263101	贵州	黎平县	中潮镇	杨家庄村	109.233 180	26.154 124

续表 5-1

样地编号	所在省份	所在县	所在乡	所在村	X 坐标值(度)	Y 坐标值(度)
G52262201	贵州	黄平县	旧州镇	天关村	107.772 540	27.005 917
G52232801	贵州	安龙县	木咱镇	哪黑村	105.364 791	25.052 283
G52270101	贵州	都匀市	平浪镇	平浪村	107.404 517	26.063 828
G52011201	贵州	乌当区	东风镇	乌当村	106.820 284	26.642 385
G52250101	贵州	西秀区	东屯乡	桥头村	106.255 377	26.207 564
G52273101	贵州	惠水县	三都镇	金石村	106.616 746	26.056 043
G52252601	贵州	平坝县	白云镇	浪塘村	106.245 450	26.295 506
G52242801	贵州	赫章县	松林坡乡	榨落村	104.946 878	26.920 173
G52212801	贵州	湄潭县	黄家坝镇	官堰村	107.423 992	27.780 829
G52282101	贵州	六枝特区	郎岱镇	坝子村	105.323 304	26.111 739
G52263201	贵州	榕江县	车江乡	章鲁村	108.537 038	25.969 861
S61012603	陕西	高陵县	湾子乡	西张市	108.991 986	34.556 208
G61080009	陕西	杨陵区	杨村乡	南庄村	108.144 276	34.294 606
G61062907	陕西	洛川县	百益乡	武郊村	109.686 699	35.582 932
G61060208	陕西	宝塔区	临镇	石村	109.942 390	36.375 728
G61011504	陕西	临潼区	栎阳镇	观高村	109.177 430	34.622 183
G61012503	陕西	户县	五竹乡	侯家庙村	108.682 260	34.145 273
G61012605	陕西	高陵县	湾子乡	西张市村	108.991 986	34.556 208
G61050202	陕西	临渭区	官道乡	李新村	109.534 035	34.644 227
G61032401	陕西	扶风县	上宋乡	凤鸣村	107.954 686	34.258 195
G61042410	陕西	乾县	临平镇	马里村	108.094 997	34.467 943
G61070206	陕西	汉台区	老君镇	王道池村	107.088 896	33.138 291
G50023101	重庆	荣昌县	吴家镇	双流村	105.383 966	29.629 466
G50023208	重庆	璧山县	青杠街道办事处	大森村	106.219 572	29.491 488
G50022601	重庆	合川市	大石镇	高顶村	106.223 846	30.089 202
G50232301	重庆	南川市	东城街道办事处	乐秀村	107.124 243	29.179 290
G50022107	重庆	长寿区	新市镇	红土地村	107.088 601	29.928 066
G50122407	重庆	梁平县	碧山镇	黄桥村	107.452 145	30.769 476
G50122401	重庆	梁平县	梁山镇	八角村	107.773 147	30.682 381
G50022901	重庆	永川市	胜利路街道	永钢村	105.870 442	29.384 442
G50022802	重庆	铜梁县	侣俸镇	石蛤村	105.953 543	29.849 897
G50352201	重庆	秀山县	官庄镇	乜敖居委	109.002 287	28.493 571
G50232202	重庆	垫江县	新民镇	七桥村	107.365 638	30.378 589

续表 5-1

样地编号	所在省份	所在县	所在乡	所在村	X 坐标值(度)	Y 坐标值(度)
G50023002	重庆	大足县	智凤镇	登云村	105.774 009	29.652 798
G62042108	甘肃	靖远县	乌兰镇	西滩村	104.658 889	36.552 500
G62210303	甘肃	敦煌市	七里镇	南台村	94.599 722	40.106 389
G62210106	甘肃	玉门市	柳河乡	东风	96.926 389	40.403 889
G62292309	甘肃	永靖县	刘家峡镇	大庄村	103.316 667	35.938 889
G62262107	甘肃	武都区	汉王镇	汉王街	105.013 965	33.342 956
G62262701	甘肃	西和县	十里乡	十里铺村	105.291 389	33.975 833
G62052310	甘肃	甘谷县	磐安	上北街	105.109 722	34.762 500
G62230105	甘肃	凉州区	羊下坝镇	三沟村	102.684 444	37.997 222
G62222502	甘肃	高台县	巷道乡	东湾村	99.840 236	39.366 848
G62222404	甘肃	临泽县	蓼泉镇	上庄村	100.009 939	39.334 444
G45072101	广西	灵山县	新圩镇	—	109.273 796	22.376 000
G45072102	广西	灵山县	檀圩镇	—	109.172 600	22.320 726
G45070301	广西	钦北区	小董镇	—	108.644 494	22.232 145
G45070302	广西	钦北区	小董镇	—	108.628 645	22.234 983
G45252601	广西	北流市	大里镇	沙舒村	110.188 101	22.739 839
G45252602	广西	北流市	民安镇	民安村	110.446 045	22.746 359
G45252603	广西	北流市	大里镇	六堆村	110.189 952	22.756 101
G45252604	广西	北流市	新荣镇	新荣村	110.482 205	22.709 458
G45250201	广西	玉州区	仁厚镇	下罗村	110.061 071	22.667 812
G45250202	广西	玉州区	名山镇	榕楼村	110.216 510	22.708 378
G45250203	广西	玉州区	城西镇	新定村	110.114 789	22.635 613
G45250204	广西	玉州区	名山镇	二泉村	110.161 219	22.678 300
G64042314	宁夏	隆德县	城关镇	竹林村	106.043 488	35.364 909
G64222615	宁夏	彭阳县	古城镇	高庄村	106.280 563	35.513 144
G64042213	宁夏	西吉县	兴隆镇	罗家庄村	105.475 950	35.431 081
G64040212	宁夏	原州区	黑城镇	平路村	106.070 138	36.241 506
G64020501	宁夏	惠农区	尾闸镇	团结村	106.442 300	39.085 800
G64022102	宁夏	平罗县	头闸镇	头闸村	106.395 175	38.555 263
G64210204	宁夏	青铜峡市	叶盛镇	叶盛村	106.094 538	38.063 503
G64212710	宁夏	同心县	河西镇	石坝村	105.475 438	37.055 631
G64030206	宁夏	吴忠市市区	板桥乡	板桥村	106.085 738	37.575 050
G64032307	宁夏	盐池县	花马池镇	田记掌村	107.183 588	37.482 781

续表 5-1

样地编号	所在省份	所在县	所在乡	所在村	X坐标值(度)	Y坐标值(度)
G64012216	宁夏	贺兰县	金贵镇	联星村	106.224 413	38.290 300
G64018105	宁夏	灵武市	崇兴镇	台子村	106.183 250	38.032 541
G64012103	宁夏	永宁县	胜利乡	许旺村	106.140 588	38.190 731
G64022211	宁夏	海原县	高崖乡	三分湾村	105.574 863	36.504 259
G64052108	宁夏	中宁县	恩和镇	曹桥村	105.492 700	37.305 438
G64050109	宁夏	中卫市市区	柔远镇	砖塔村	105.151 013	37.303 550
G510112006	四川	龙泉驿区	黄土	光大	104.258 333	30.672 778
G510124015	四川	郫县	友爱	皇庄	103.808 333	31.818 889
G510122008	四川	双流县	正兴	蒋店	104.022 778	31.452 500
G510123005	四川	温江县	公平	燃灯	103.899 167	30.689 722
G510125003	四川	新都县	太兴	瓦窑	104.229 722	30.812 500
G510681004	四川	广汉市	连山	向阳	104.390 417	30.965 953
G510603002	四川	旌阳区	寿丰	福兴	104.448 056	31.086 389
G510682007	四川	什邡县	马井	新华	104.132 500	31.080 556
G513427012	四川	宁南县	白鹤滩	解放	102.843 000	27.087 361
G513401014	四川	西昌市	黄联关	新镇	102.199 164	27.684 519
G510521009	四川	泸县	兆雅	商坪	105.585 000	29.010 556
G510703013	四川	涪城区	城郊	新观寺	104.644 167	31.501 111
G510781001	四川	江油市	九岭	七窑	104.690 278	31.608 611
G510704010	四川	游仙区	魏城	青冈	104.960 833	31.523 333
G510411011	四川	仁和县	总发	立新	101.759 167	26.435 833
15072202	内蒙古	莫力达瓦自治旗	红彦镇		124.899 125	49.508 729
15050208	内蒙古	科尔沁区	敖力布皋	敖力布皋	122.373 655	43.779 925
15052301	内蒙古	开鲁	建华镇	建华村	121.390 252	43.762 655
15040401	内蒙古	松山区	太平地	板什吐	119.218 801	42.392 745
15220101	内蒙古	乌兰浩特市	乌兰哈达	白音特布斯格	122.124 869	46.025 546
15282710	内蒙古	杭锦后旗	南小召	永丰	107.091 618	40.836 999
15282301	内蒙古	磴口县	补隆镇	河壕	107.071 099	40.479 600
15030201	内蒙古	海渤湾区	新地	贾孟墩	106.865 838	39.813 671
15062501	内蒙古	杭锦旗	呼和木独镇	呼和木独村	107.415 397	40.630 462
15020701	内蒙古	九原区	莎木佳	东园	110.299 726	40.577 199
15253110	内蒙古	多伦	城关镇	南村	116.482 593	42.162 784

续表 5-1

样地编号	所在省份	所在县	所在乡	所在村	X 坐标值(度)	Y 坐标值(度)
15260201	内蒙古	丰镇县	新城湾	东园子	113.180 584	40.452 348
15010501	内蒙古	赛罕区	巧报镇	前巧报村	111.720 123	40.755 469
15012101	内蒙古	土默特左旗	察素齐	中山村	111.118 328	40.697 463
15022101	内蒙古	土右旗	苏卜盖乡	苏卜盖村	110.694 691	40.554 590
G54012106	西藏	林周县	强嘎乡	—	91.199 478	29.931 111
G54012507	西藏	堆龙德庆县	昂嘎乡	—	90.716 389	29.899 722
G54012403	西藏	曲水县	曲甫乡	—	90.716 389	29.398 611
G54232908	西藏	白朗县	强堆乡	—	89.290 000	29.080 278
G54232210	西藏	南木林县	上布加乡	—	89.470 278	29.380 278
G54230109	西藏	日喀则市	甲措雄乡	—	88.959 444	29.202 222
G54232805	西藏	谢通门县	通门乡	—	88.199 444	29.415 000
G54232502	西藏	萨迦县	雄玛乡	—	88.396 944	28.982 222
G54012604	西藏	达孜县	塔吉乡	—	91.445 556	29.738 056
G54222301	西藏	贡嘎县	岗堆乡	—	90.793 056	29.738 056
G65012105	新疆	乌鲁木齐	青格达湖	新联村	87.314 080	44.001 440
G65422206	新疆	乌苏市	甘河子乡	一道坪村	84.333 060	44.451 528
G65210109	新疆	吐鲁番市	艾丁湖乡	西热木村	89.160 243	42.524 449
G65310115	新疆	喀什市	夏马勒巴	克孜都维	75.580 840	39.275 040
G65320117	新疆	和田市	拉斯奎镇	巴什拉斯	79.520 480	37.105 160
G65422604	新疆	和布克赛	一八四团	五连	86.112 422	46.231 372
G65422603	新疆	和布克赛	和什托洛	夏尔甫村	86.025 715	46.521 757
G65410102	新疆	伊宁市	农四师	良繁场	81.250 485	43.525 465
G65410101	新疆	伊宁市	托格拉克	上托格拉	81.240 881	43.571 890
G65302114	新疆	阿图什市	上阿图什	喀依沙克	75.515 129	39.372 238
G65290113	新疆	阿克苏市	农一师九	五连	79.521 619	40.373 446
G65290112	新疆	阿克苏市	依干其乡	依干其村	80.280 505	40.490 303
G65282416	新疆	若羌县	铁干里克	库尔干村	88.090 906	39.015 644
G65280111	新疆	库尔勒市	普惠农场	一分队	85.362 790	41.480 461
G65280110	新疆	库尔勒市	普惠乡	牙克其村	86.031 229	41.395 227
G65230107	新疆	昌吉市	一零五团	三连	87.082 152	43.581 344
G65230108	新疆	哈密市	花园子乡	艾勒克吐	93.335 352	42.474 792

第四节　国家级和省级标准样地分布特征分析

一、西部区国家级标准样地的分布情况

(一)西部区国家级标准样地在省级行政区各等别上的分布

耕地等别范围为1～15等,按照1～4等、5～8等、9～12等、13～15等分为四个档次,依次为优等地、高等地、中等地、低等地。依据国家级标准样地设置方法,西部区确定162块国家及标准样地,其在12个省级行政区内各等别上的分布情况如表5-2所示。

表5-2　西部区国家级标准样地在省级行政区各等别上的分布

等别		甘肃	广西	贵州	内蒙古	宁夏	青海	陕西	四川	西藏	新疆	云南	重庆	总计
优等地	4等		2						0			1		3
高等地	5等		1					1	2			1		5
	6等		5			0		2	3		0	0		10
	7等	0	3	0	1	1		3	2		0	2	1	13
	8等	2		1	0	4		2	1		0	1	7	18
中等地	9等	4	1	0	0	3		0	3		2	4	4	21
	10等	1	0	7	2	0		1	2	2	2	2	0	19
	11等	2	0	5	2	2	2	0	2	5	4	2	0	26
	12等	1		0	3	1	8	1	0	3	7	2	0	26
低等地	13等	0		0	4	3	5	1	0	0	2	0		15
	14等	0		1	1	2	0	0		0	0			4
	15等				2									2
总计	10	12	14	15	16	15	11	15	10	17	15	12	162	

注:(1)0表示在该等别上有耕地分布,而标准样地数量为0;(2)空白表示在该等别上没有耕地。

国家级标准样地在西部12省的数量范围为10～17,在耕地覆盖的4～15等12个等别上的数量差异明显,集中分布在8～12等5个等别上。优、高、中、低四个档次耕地上的国家级标准样地数量分别为3、46、92、21,所占比例为2.47%、28.40%、56.80%和12.96%,西部区一半以上的国家级标准样地分布在中等地上。国家级标准样地在省域内各个等别上的数量也有差异,部分耕地等别上没有样地分布,部分耕地等别样地数量较多。

(二)西部区国家级标准样地在耕作制度分区的分布特征

依据农用地分等规程确定的农用地分等指标区,西部12省共覆盖10个标准耕作制度一级区,28个二级区。标准耕作制度分区是根据影响耕作制度的主要环境指标(热量、水分、地貌以及社会经济条件)对耕作制度进行分区。一级区、二级区反映的是耕作制度的差异。标准耕作制度是体现气候类型及地形等生态地段一致性的具体标志。

国家级标准样地在各二级区分布不均匀，在二级区各等别上数量差异显著。较多的二级区是宁南陇中青东黄土丘陵区，盆东丘陵低山区，河套银川平原，华南低平原区，藏南高原谷地区，南疆、东疆盆地绿洲区，滇黔高原山地区，数量分别为22、14、12、10、10、10和10，仅7个二级区标准样地数量占西部区总数量的54.32%。其中，宁南陇中青东黄土丘陵区耕地等别范围为7～14等8个等别，而标准样地集中分布在11～13等3个等别上，占该二级区总数量的86.36%。大小兴安岭山地区、南岭丘陵山地区、豫西山地丘陵区、内蒙古高原区、阿拉善高原区5个二级区各等别上均没有标准样地分布(表5-3)。

表5-3 西部区国家级标准样地在耕作制度分区各等别上的数量分布

一级指标区	二级指标区	优等地	高等地				中等地				低等地			总计
		4等	5等	6等	7等	8等	9等	10等	11等	12等	13等	14等	15等	
东北区	大小兴安岭山地区									0	0	0	0	0
	松嫩平原区								0	0	0	0	1	1
横断山区			0	0	0	0	0	0	0	1	0			1
华南区	华南低平原区	0	1	5	3	0	1	0	0					10
	华南沿海西双版纳低山丘陵区	2	0	0	1	0	0	0	0	0	0			3
黄土高原区	汾渭谷地		1	1	3	2	0	1	0	0	0	0		8
	晋陕丘陵沟谷区					0	0	0	0	0	1	1		2
	宁南陇中青东黄土丘陵区				0	1	1	0	5	9	5	1		22
	渭北陇东黄土旱塬区				0	0	0	0	0	1	0	0		1
	豫西山地丘陵区			0		0	0	0	0	0	0			0
江南区	南岭丘陵山地区	0	0	0	0	0	0	0	0					0
内蒙古高原及长城沿线区	河套银川平原			0	2	3	3	0	0	1	3	0	0	12
	后山坝上高原区				0	1	0	2	2	0	0	0	0	5
	辽吉西蒙东南冀北山地						0	0	0	2	2	1	1	6
	内蒙古高原区				0	0	0	0	0	0	0	0	0	0
青藏高原区	藏南高原谷地							2	5	3	0	0		10
	海北甘南高原							0	0	0	2	0		2
四川盆地	盆东丘陵低山区		1	0	2	6	5	0	0	0	0	0		14
	盆西平原		1	3	1	1	2	0	0	0	0			8
	盆周秦巴山区		0	1	0	1	0	0	2	0	0	0		4
西北区	阿拉善高原						0	0	0	0		0		0
	北疆灌溉区						0	0	2	3	2	0		7
	河西走廊区					0	3	1	0	1	0	0		5
	南疆东疆盆地绿洲区			0	0	0	2	2	2	4	0	0		10

续表 5-3

一级指标区	二级指标区	优等地	高等地				中等地				低等地			总计
		4等	5等	6等	7等	8等	9等	10等	11等	12等	13等	14等	15等	
云贵高原区	川鄂湘黔浅山区				0	2	0	3	0	0	0	0		5
	滇黔高原山地区	1	0	0	1	1	2	2	2	0	0	1		10
	贵州高原区				0	0	0	4	5	0	0	0		9
	云南高原区	0	1	0	0	0	2	2	1	1	0			7
总计		3	5	10	13	18	21	19	26	26	15	4	2	162

西部区国家级标准样地的空间分布差异显著，在部分二级区上分布均匀，如滇黔高原山地区、贵州高原区。在部分二级区上呈现明显过度集中的现象。呈东西向狭长分布的河套银川平原，域内耕地分布均匀，而国家级标准样地主要集中在东西两侧，其对中部耕地的代表性较差。宁南陇中青东黄土丘陵区的标准样地主要分布在西部和中部，东部没有样地分布，中部分布均匀，而西部的则集中在部分耕地上。形状较规则的盆东丘陵低山区的样地主要分布在东北—西南走向的狭长耕地上（图 5-4）。

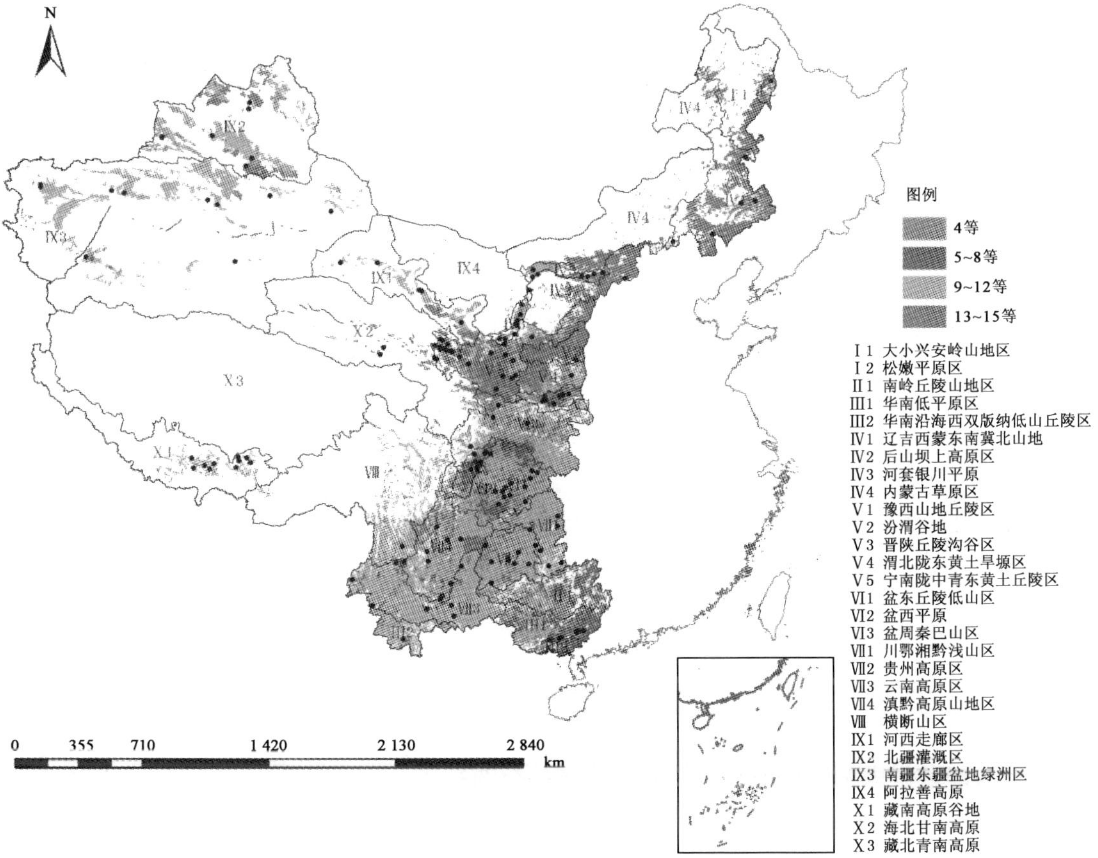

图 5-4　国家级标准样地在耕作制度二级区的分布

西部区国家级标准样地的空间分布出现偏离集中连片耕地的现象。藏南高原谷地，海拔较高，光热资源匮乏，耕地面积稀少，耕地质量偏低，而分布有较多数量的标准样地。北疆灌溉区、南疆东疆盆地绿洲区的标准样地偏离大面积耕地集中连片区而分布在耕地破碎度高的区域。

二、西部区省级标准样地的分布情况

（一）西部区省级标准样地在省级行政区各等别上的分布

从标准样地在各等别上的数量分布看，等别间数量差距明显，体现在 8～13 等耕地上标准样地均超过 300 块，而 4～6 和 15 等耕地上不足 100 块；12 等耕地上标准样地布设最多有 464 块，4 等耕地最少仅 10 块，差值为 460，差距较大。按照 4 等、5～8 等、9～12 等、13～15 等划分优等、高等、中等和低等 4 个档次，西部 11 省标准样地集中分布在中等地上，数量为 1 509，占总量的 55.38%，优等地上仅 10 块，数量明显少于其他质量耕地。

从标准样地在省际及各省等别上的分布看，省际间差距显著，体现在 11 省中四川、陕西 2 省的数量最多分别为 886 和 514，2 省占总量的 51.38%，西藏的最少，仅为 30 块，最多的四川省与其差值为 856，差距很大。标准样地在各省各等别的分布范围及集中程度差异明显，体现在青海的分布在 11～14 等耕地上，西藏的分布在 10～13 等耕地上，分布范围小于其他各省；新疆的标准样地分布范围为 7～13 等，主要集中在 11 和 12 等上，占新疆总量的 75.56%，集中程度很高（表 5-4）。

表 5-4 西部区省级标准样地在省级行政区各等别上的分布 块

等别		甘肃	贵州	内蒙古	宁夏	青海	陕西	四川	西藏	新疆	云南	重庆	总计
优等地	4 等							9			1		10
高等地	5 等						2	13			2		17
	6 等				0		19	60		0	7		86
	7 等	2	1	2	4		40	149		2	11	6	217
	8 等	11	4	2	12		58	181		1	24	77	370
中等地	9 等	23	15	6	17		49	107		3	32	49	301
	10 等	67	39	7	13		36	117	3	7	25	48	362
	11 等	91	60	11	12	7	49	83	10	28	17	14	382
	12 等	95	17	13	9	41	122	105	16	40	6	0	464
低等地	13 等	110	8	24	6	41	90	62	1	9	0		351
	14 等	29	3	35	0	5	49		0	0			121
	15 等			44									44
总计		428	147	144	73	94	514	886	30	90	125	194	2 725

注：由于缺少广西壮族自治区省级标准样地数据，因此，分析省级标准样地分布时未考虑。

（二）西部区省级标准样地在耕作制度分区的分布特征

从标准样地在各耕作制度二级区上的数量分布来看，二级区间标准样地的数量差异显著，体现在位于四川盆地区的盆东丘陵低山区标准样地数量最多布设有 495 个，占总量的 18.17%，而东北区的松嫩平原区样地仅一个。两个二级区的数量差为 494，差距较大；西部 11 省所覆盖的

26 个二级区内，宁南陇中青东黄土丘陵区、渭北陇东黄土旱塬区、盆东丘陵低山区、盆西平原和盆周秦巴山区 5 个二级区的标准样地总数量为 1 491，占总量的 54.72%(表 5-5)。

表 5-5　西部区省级标准样地在耕作制度分区各等别上的数量分布　块

一级指标区	二级指标区	优等地			高等地			中等地			低等地			总计
		4等	5等	6等	7等	8等	9等	10等	11等	12等	13等	14等	15等	
东北区	大小兴安岭山地区									0	0	4	8	12
	松嫩平原区										0	0	1	1
横断山区			0	0		0	2	6	12	76	32			128
华南区	华南沿海西双版纳低山丘陵区		0	1	0	2	2	0	3	2	0			10
黄土高原区	汾渭谷地		2	18	31	50	37	16	7	2	0			163
	晋陕丘陵沟谷区				0	0	0	2	0	12	41	28		83
	宁南陇中青东黄土丘陵区					9	9	34	56	86	78	32		304
	渭北陇东黄土旱塬区						0	8	27	68	54	15		172
	豫西山地丘陵区						1	4	0	0				5
内蒙古高原及长城沿线区	河套银川平原			0	6	12	15	10	7	6	3	4	2	65
	后山坝上高原区				0	0	0	2	1	1	5	8	13	30
	辽吉西蒙东南冀北山地						2	0	1	3	15	14	12	47
	内蒙古草原区					0	1	0	3	3	1	5	8	21
青藏高原区	藏南高原谷地							3	10	16	2	0		31
	海北甘南高原								1	20	41	4		66
四川盆地	盆东丘陵低山区	0	5	23	75	173	89	77	48	5	0			495
	盆西平原		5	32	73	48	25	24	4	0	0			211
	盆周秦巴山区			1	16	39	33	51	52	84	32	1		309
西北区	阿拉善高原						1	2	2	0				5
	北疆灌溉区						0	2	14	19	6	0		41
	河西走廊区					1	15	22	29	13	12	3		95
	南疆东疆盆地绿洲区			0	2	1	3	5	14	21	3	0		49
云贵高原区	川鄂湘黔浅山区				0	9	13	29	22	3	2	0		78
	滇黔高原山地区	9	4	9	5	18	21	34	23	10	20	2		155
	贵州高原区				1	1	9	20	42	14	4	1		92
	云南高原区	1	1	2	8	7	23	11	4	0	0			57
总计		10	17	86	217	370	301	362	382	464	351	121	44	2 725

从标准样地在二级区内各等别的数量分布来看，分布范围差异大，如在松嫩平原区标准样地仅在 15 等耕地上有 1 块，而在滇黔高原山地区的 4～14 等耕地上均有分布。分布集中程度差异也较明显，如晋陕丘陵沟谷区的标准样地集中在 11～13 等耕地上，10 等耕地仅 2 块，7～9 和 11 等耕地上没有样地布设(图 5-5)。

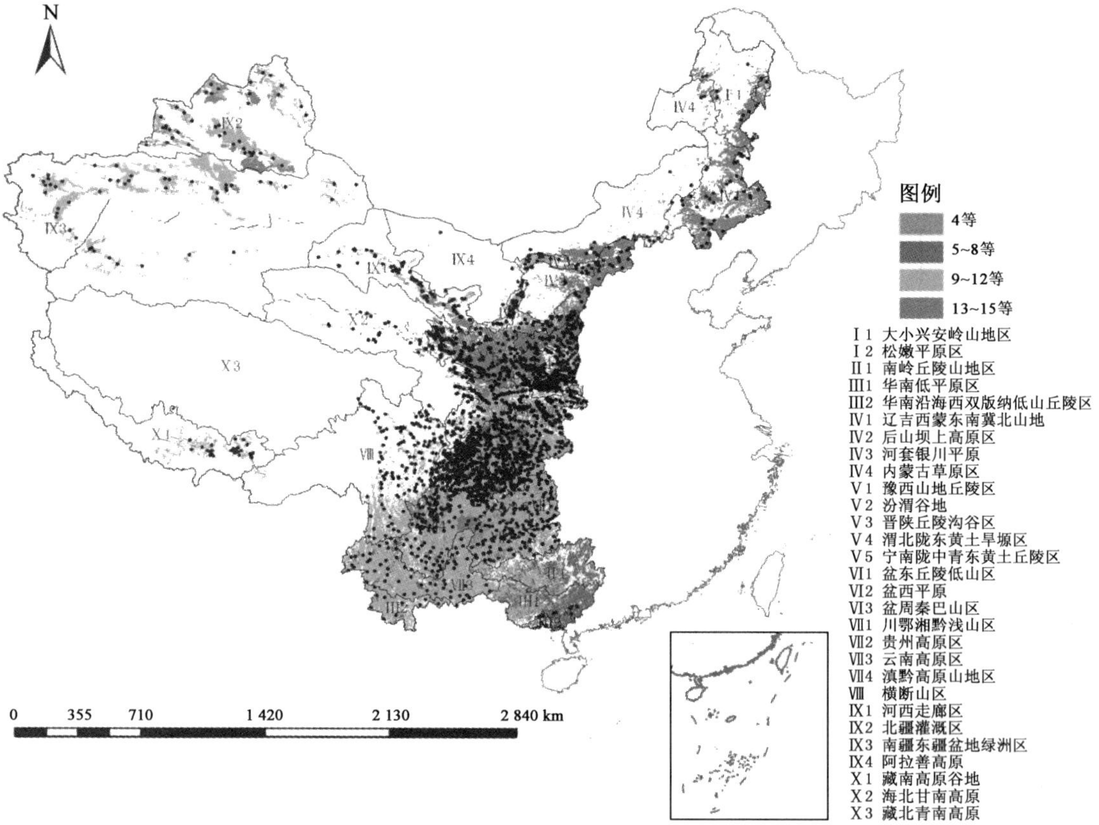

图 5-5　西部区省级标准样地在耕作制度二级区的空间分布图

本章小结

标准样地成果是农用地分等成果体系的重要组成部分，对耕地质量评价与监测具有重要意义。本章介绍了标准样地的概念、设置的原则与依据、各级标准样地选取规则，简述了西部区县、省、国家三级标准样地设置结果，西部地区共设置国家级标准样地 162 块，省级标准样地共计 2 741 块，县级标准样地不完全统计 7 000 余块。从标准样地的国家级利用等别分布情况来看，优、高、中、低四个档次耕地上的国家级标准样地数量分别为 3、46、92、21，所占比例为 2.47%、28.40%、56.80%和 12.96%，西部区一半以上的国家级标准样地分布在中等地上。

第六章　西部生态脆弱区耕地质量监测

第一节　西部生态脆弱区耕地质量监测研究内容

西部 12 省(自治区、直辖市)自然环境条件恶劣,贫困人口集中,人地矛盾尖锐,是我国生态环境脆弱区的集中分布区。恶劣的自然环境严重影响着农用地的边际化利用,水土流失、滑坡、泥石流等自然灾害频发,导致农用地水分、养分流失,土壤盐渍化以及农用地损毁等,严重制约了农用地资源的持续利用。

针对西部生态脆弱区五种生态脆弱类型区(云贵高原岩溶、石漠化边际农用地区,四川盆地地质灾害区边际农用地区,黄土高原区塬、梁、峁、川的水蚀、风蚀区边际农用地区,西北干旱化、盐渍化和沙漠化边际农用地区,内蒙古及其长城沿线农牧交错区农用地区),从影响耕地边际化利用的生态脆弱类型出发,找出影响耕地等级变化的关键限制因素及其土地整理工程措施,建立区域耕地等级监测数据库;进行区域耕地等级监测分区、布设耕地等级监测样点;建立耕地等级监测体系,确定耕地等级监测评价方法;基于耕地等级监测变化结果,分析生态脆弱区耕地转换过程、驱动机制及其耕地等级变化规律及其生态效应;形成西部生态脆弱区的耕地等级监测建议。

一、云贵高原岩溶、石漠化边际耕地区等级监测

以监测云贵高原区岩溶、石漠化引起的耕地土壤溶蚀、土壤侵蚀、岩石出露、土层厚度、土壤养分、田块切割、耕地坡度等自然条件变化,以及灌溉、田间道路、水土保持等土地整理工程引起的耕地等级变化为目标,以岩溶、石漠化和坡度为控制指标,选择云贵高原区的云南陆良县作为野外监测基地,采用固定样地与随机样地布设方法,构建岩溶、石漠化区耕地等级监测网络;查明影响岩溶、石漠化区域耕地等级变化的地表坡度、岩石出露、土层厚度、灌溉以及田间道路工程等关键因素,研究岩溶、石漠化区耕地等级变化的监测指标、分型、阈值、监测周期和诊断方法;综合集成遥感、地面调查以及采样化验分析等多源、多尺度数据采集、整合技术;分析监测示范基地内林地—耕地、耕地—建设用地转换过程,结合耕地监测示范基地耕地等级变化监测结果,揭示监测样带耕地等级变化规律、驱动机制及其生态效应,形成岩溶、石漠化区耕地等级变化监测建议。

二、四川盆地地质灾害区边际耕地等级监测

以四川盆地区泥石流、滑坡、崩塌、地面塌陷和地裂缝导致的耕地土体稳定性、土层厚度、水土流失、土壤养分等自然因素变化,以及田间水土保持工程、灌溉设施等土地整理工程措施变化引起的耕地等级变化为目标,以泥石流、滑坡、崩塌等为控制指标,选择重庆的丰都县为野外监测基地,采用固定样地与随机样地布设方法,构建四川盆地地质灾害区耕地等级变化监测

网络；查明影响该区域耕地等级变化的土体稳定性、土层厚度、土壤养分、水土保持、灌溉工程等关键限制因素，研究该区域耕地等级变化的监测指标、分型、阈值、监测周期和诊断方法；分析监测示范基地区域内草地、林地一耕地，耕地一建设用地转换过程及其趋势，结合监测示范基地内耕地等级变化监测结果，揭示监测示范基地耕地等级时空变化规律、耕地等级变化驱动机制及其生态效应，形成四川盆地区耕地等级变化监测建议。

三、黄土高原区塬、梁、峁、川的水蚀、风蚀区边际耕地等级监测

以监测黄土高原塬、梁、峁、川地形切割引起的耕地破碎、连片程度差，水蚀、风蚀引起的水土流失和土壤养分变化，灌溉设施、水土保持工程、田间平整等土地整理工程措施变化引起的耕地等级变化为目标，以塬、梁、峁、川为控制指标，选择陕西的凤翔县为野外监测示范基地，采用固定样地与随机样地布设方法，构建黄土高原区塬、梁、峁、川的水蚀、风蚀区耕地等级变化监测网络；查明影响该区域耕地等级变化的土体稳定性、有机质含量、土体构型、灌溉保障率、水土保持工程等关键限制因素；研究该区域耕地等级变化的监测指标、分型、阈值、监测周期和诊断方法；综合集成遥感、地面调查以及采样化验分析等多源、多尺度数据采集、整合技术；分析监测示范基地未利用地一耕地、耕地一其他农用地、耕地-建设用地转换过程，结合耕地监测示范基地耕地等级变化监测结果，分析监测示范基地耕地等级时空变化规律、耕地等级变化驱动机制以及耕地等级变化的生态效应，形成黄土高原区塬、梁、峁、川的水蚀、风蚀区耕地等级变化监测建议。

四、西北干旱化、盐渍化和沙漠化边际耕地等级监测

以监测西北干旱化、盐渍化和沙漠化所引起的耕地土壤表层盐分聚集、表层碱化、土体盐磐障碍层次部位、土壤养分等自然因素变化以及灌溉、排水、道路等土地整理工程设施变化引起的耕地等级变化为目标，以干旱化、盐渍化和沙漠化为控制指标，选择新疆维吾尔自治区的阿勒泰市为野外监测示范基地，采用固定样地与随机样地布设方法，构建西北区干旱化、盐渍化和沙漠化边际耕地等级变化监测网络；查明影响该区域耕地等级变化的土壤盐化、碱化、土壤障碍构型部位、土壤养分、地下水位和矿化度等关键限制因素，研究该区域耕地等级变化的监测指标、分型、阈值、监测周期和诊断方法；综合集成遥感、地面调查以及采样化验分析等多源、多尺度数据采集、整合技术；分析监测示范基地草地、沙地、湿地一耕地，耕地一建设用地转换过程，结合耕地监测示范基地内耕地等级变化监测结果，分析监测示范基地耕地等级变化时空规律、耕地等级变化驱动机制以及耕地等级变化的生态效应，形成西北区耕地等级变化监测建议。

五、内蒙古及其长城沿线农牧交错区耕地等级变化监测

以监测内蒙古及长城沿线区农牧交错带耕地有效土层厚度、土壤表层质地、土壤盐渍化、土壤有机质含量、土壤养分等自然因素变化以及灌溉、排水、田间道路等耕地工程设施变化所引起的耕地等级变化为目标，以农牧交错区耕地一牧草地转化比重为控制指标，选择达拉特旗为野外监测基地，采用固定样地与随机样地布设方法，构建内蒙古及其长城沿线区耕地等级变化监测网络；查明影响该区域耕地等级变化的关键限制因素，研究该区域耕地等级变化的监测指标、分型、阈值、监测周期和诊断方法；综合集成遥感、地面调查以及采样化验分析等多源、多

尺度数据采集、整合技术；分析监测示范基地内草地一耕地以及耕地一建设用地转换过程，结合监测样示范基地耕地等级变化监测结果，揭示监测样示范基地内耕地等级变化时空规律、耕地等级变化驱动机制以及耕地等级变化的生态效应；形成内蒙古及其长城沿线农牧交错区耕地等级变化监测建议。

第二节　监测分区与样点布设技术方法

一、监测控制区划分技术方法

（一）监测控制区的内涵

监测控制区是在给定的时空尺度下，自然和社会属性具有一致性的均质区域，监测控制区内气候、地形地貌、耕地利用水平、投入产出水平和耕地利用方式应具有相对一致性，不同监测控制区之间的上述综合属性应具有明显区别。

监测控制区在耕地质量等级变化监测中具有两个作用。一是根据监测控制区布设监测样点，根据每个监测控制区内等别分布情况，布设一个或多个监测样点；二是监测点质量等级的变化信息通过监测控制区实现“监测点”到“控制区”的提升，从而得到县域内耕地质量和产能的总体变化情况。

（二）监测控制区划定原则

1. 地域分异原则

耕地所依存的土壤，以及耕地利用方式等均具有地域分异特性，地域分异在一定程度上表现为地带性和地带性规律的空间组合，监测控制区的划分首先应该遵循耕地综合属性的地域分异原则。

2. 综合性和主导因素原则

耕地质量等级监测是对耕地的土壤属性、基础设施、利用水平等属性的综合监测，因此监测控制区的划分应该综合考虑耕地的综合属性。另外，耕地多重属性在不同的地域并不是具有同等作用，在监测控制区的划分上还应该考虑区域内影响耕地利用的主导因素。

3. 空间连续性原则

在监测控制区划分中，要尽可能保证监测控制区的空间连续性，对于孤立、零散分布的控制区划分单元，可以与邻近划分单元合并，避免监测控制区在空间上过于分散。

4. 相似性和差异性原则

监测控制区内部的主要因素具有相似性，不同的监测控制区之间具有差异性。

5. 界限完整性原则

我国土地资源的开发利用与社会经济发展等都是在一定的行政区范围内决策实施的，分区单元尽可能保持村级或乡镇级行政区划的相对完整性，便于分区成果的应用与管理，也便于分区数据的获得。

（三）监测控制区技术路线

1. 划定耕地利用条件分区

在资料收集和数据整理基础上，据气候、地貌、土壤等自然因素划分耕地“自然质量分区”；

根据种植业结构、主要作物产量水平划分耕地“利用水平分区”；根据种植业“投入-产出”和效益分析划分耕地“收益水平分区”；根据种植业结构调整、种植业布局规划、地力培肥工程等，划分“耕地利用变化特征分区”。上述四个分区统称耕地“耕地利用条件分区”。

2. 监测控制区划定

将农用地分等图与“自然质量分区”、“利用水平分区”、“收益水平分区”及“耕地利用方式变化特征分区”叠加，形成耕地等级野外监测“耕地质量监控制区”。技术路线见图 6-1。

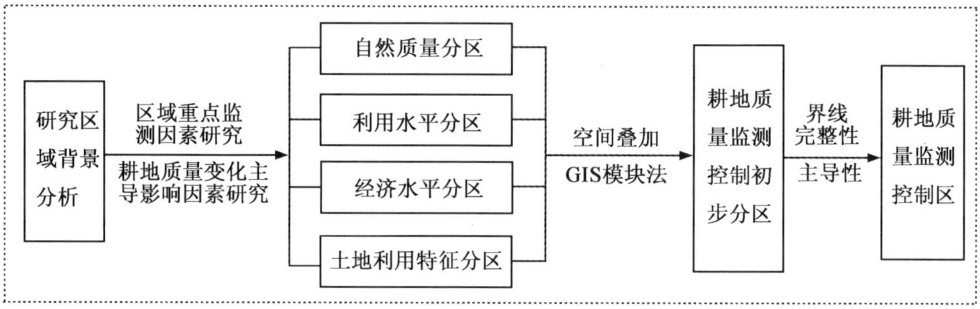

图 6-1 监测控制区划定技术路线

(四)监测控制区划定步骤

1. 区域背景分析

根据区域等级变化重点监测因素，收集农用地分等成果、标准样地布设成果，结合区县土地利用现状数据、生态条件差异特征、区域经济发展水平，同时充分考虑县级土地利用总体规划功能区划分，进行综合分析和对比，采取技术文献总结或专家研讨方式，分析确定影响本地耕地等级及其变化的气候、肥力、盐碱化、有效土层厚度、沙化、水土流失、基础设施、环境污染、投入产出、集中连片等主导因素，为相关资料收集和基础数据库构建做准备。

2. 构建基础数据库

监测分区划定基础数据内容包括气候、地形、地貌、土壤、农用地等别、农用地产能、土地利用总体规划(功能区)、土地利用变化、种植业结构、产量水平、投入-产出调查数据等内容，先导基地应该根据本地“耕地利用条件分区”考虑因素，确定工作数据库的内容、格式。其中所有空间数据空间参考与“二调”数据库一致，各专题要素尽可能采用大比例尺地图。土地利用变化分析、种植业结构、产量水平、投入-产出调查数据等以村或乡为单位，不打破村或乡行政界线。

3. 耕地利用条件分区

监测背景分区包括“土地利用特征分区”、“自然质量分区”、“利用水平分区”和“收益水平分区”，上述背景分区划定不打破村界。

(1)“自然质量分区”划定　县域自然质量分区主要考虑县域气候、地貌、土壤、环境污染等因素。在没有明显环境污染、并且没有潜在污染因素的先导基地，可以直接沿用农用地分等技术方案中的“农用地分等指标控制区”；对于有环境污染问题或者存在潜在污染因素的先导基地，在农用地分等技术方案中的“农用地分等指标控制区”基础上叠加环境污染分区或潜在污染分区，最终形成县域“自然质量分区”。

(2)“土地利用水平分区”划定　“土地利用水平分区”划定依据是村或者乡镇指定作物近

3 年正常年景的平均产量水平，并计算各村土地利用系数，步骤如下：

①根据标准耕作制度和产量比系数，计算样点的标准粮实际产量，公式如下：

$$Y=\sum Y_j\cdot\beta_j \tag{6.1}$$

式中：Y 为样点的标准粮实际产量；Y_j 为第 j 种指定作物的实际产量；β_j 为第 j 种指定作物的产量比系数。

②根据指定作物的最高单产，依据标准耕作制度和产量比系数，计算最大标准粮单产：

$$Y_{\max}=\sum Y_{j\cdot\max}\cdot\beta_j \tag{6.2}$$

式中：$Y_{\max}$为最大标准粮单产；$Y_{j\cdot\max}$为第 j 种指定作物的最大单产；β_j 为第 j 种作物的产量比系数。

③计算样点的综合土地利用系数：

$$K_{\mathrm{L}}=\frac{Y}{Y_{\max}} \tag{6.3}$$

式中：K_{L} 为样点的综合土地利用系数；Y 为样点的标准粮实际产量；$Y_{\max}$为最大标准粮单产。

④编制“土地利用水平分区”：以指定作物土地利用系数基本一致原则，参考其他自然、经济条件的差异，划定“土地利用水平分区”，“土地利用水平分区”应满足：“土地利用水平分区”内各行政村指定作物土地利用系数在 $\overline{X}\pm 2S$（$\overline{X}$ 表示平均值、S 表示标准差）；“土地利用水平分区”之间指定作物土地利用系数平均值有明显差异；“土地利用水平分区”边界两边的指定作物土地利用系数值具有突变特征。

(3)“收益水平分区”　收益水平分区以“产量-成本”指数为基础划定。

①确定标准耕作制度和产量比系数，计算样点的标准粮实际产量和标准粮实际成本，其中标准粮实际成本计算方法如下

$$C=\sum C_j \tag{6.4}$$

式中：C 为标准粮实际成本；C_j 为第 j 种指定作物的标准粮成本。

再计算出样点的综合“产量-成本”指数，计算方法如下：

$$\alpha=\frac{Y}{C} \tag{6.5}$$

式中：符号含义同上。

②确定县域内的最大产量成本指数。

③计算样点的综合土地经济系数。

$$K_{\mathrm{c}}=\frac{\alpha}{A} \tag{6.6}$$

式中：K_{c} 为样点综合土地经济系数；α 为样点综合“产量-成本”指数；A 为县域内分区的综合最大“产量-成本”指数。

④编制“收益水平分区”：根据各村土地经济系数，编制“收益水平分区”，收益水平分区编制要满足以下条件：“收益水平分区”内各行政村指定作物土地经济系数在 $\overline{X}\pm 2S$（$\overline{X}$ 表示平

均值、S 表示标准差)；"收益水平分区"之间指定作物土地经济系数平均值有明显差异；"收益水平分区"边界两边的指定作物土地经济系数具有突变特征。

(4)"土地利用特征区"划定　土地利用特征区划定要根据当地耕地利用情况，因地制宜选取土地利用因素，土地利用特征可以包括以下几个方面内容：种植业结构、耕地投入水平、区位条件、各部门耕地基础建设规划。

(5)划分耕地质量等级变化"监测控制区"　采用空间叠置等技术手段，对"自然质量分区"、"利用水平分区"、"收益水平分区"和"土地利用特征分区"进行叠加分析，初步耕地质量等级变化"监测控制区"。

根据主导性原则和行政界线完整性原则，对初步划分的"监测控制区"边界进行适当调整，确保各监测控制区边界不破村界，从而确定最终耕地质量等级变化"监测控制区"。

二、监测样点布设技术方法

(一)监测样地布控的原则

1. 分区布控原则

县域内每个监测区至少布设一个固定监测点；各耕地等别均应布设固定样点，对于涵盖多种地貌类型的等别，可以在该等别涵盖的多个地貌类型的耕地上分别布设样点。

2. 代表性原则

监测样点应能代表监测控制区主要的综合自然地理特征和农业生产状况。重点反映气候类型、地貌特性、耕作制度和土地利用方式等土地质量和生产能力主要因素的相似性与差异性。根据这些监测样点即可通过对照和订正，快速、全面、准确地确定监测控制区内农用土地质量、等别及其变化情况。

3. 全面监测和分区抽样监测相结合原则

土地整理、开发、复垦工程全面监测，存量耕地定点长期监测。对于变化耕地和存量耕地分别设置动态监测样点和固定监测样点，前者主要涉及耕地种植结构调整或改变、土地整理、开发、复垦等，其耕地数量、质量及利用方式变化比较剧烈，因此实行全面监测，重点布控；存量耕地指一般农田和永久基本农田，对其耕地质量和利用方式等采取典型地块布点，进行长期监测，县域内每个监测区至少布设一个固定监测点。各耕地等别均应布设固定样点，对于涵盖多种地貌类型的等别，可以在该等别涵盖的多个地貌类型的耕地上分别布设样点。

4. 稳定性原则

固定监测样点实行长期定位定点监测，不得随意改动，因此固定监测样点要遵循稳定性原则，并尽可能布设于永久基本农田之中。

(二)监测样地类型

监测样地分为固定监测样点和动态监测样点两个类型。

1. 固定监测样点

固定监测样点是布设于存量耕地(优先布设于永久基本农田)中，并对其实行常年定位监测的监测样点。固定监测样点目的在于监测"监测控制区"内耕地整体质量的动态变化情况。

2. 动态监测样点

动态监测样点是布设于当年竣工验收、并在土地利用现状数据库中更新建库的土地整理、土地开发、土地复垦或其他耕地整治项目区内监测样点。动态监测样点的目的在于对土地整理项目区耕地，或者通过土地开发、复垦项目新增耕地的质量进行全面监测。

(三)监测样地布控技术要求

1. 监测样点总数要求

县域内固定监测点不少于20个，动态监测样点数量根据县域内当年土地整理、土地开发、土地复垦或其他耕地整治项目的开展情况动态布设，但是必须确保每年固定样点和动态样点总量不少于40个。

2. 监测控制区内固定监测样点的遴选

每个监测控制区至少布控一个固定监测样点，如果监测控制区内包含多个耕地等别，面积大于控制区内耕地总面积数20%的等别均要布设至少一个监测样点；同一等别包含不同耕地类型的，要在各主要耕地类型(耕地类型面积大于监测控制区内耕地总面积30%)上布设固定监测样点。

3. 动态监测样点的布设

动态监测样点布设于当年竣工验收、并在土地利用现状数据库中更新建库的土地整理、土地开发、土地复垦或其他耕地整治项目区内。每个项目区至少布设一个动态监测样点，面积较大、地形复杂或耕地利用方式多样的项目可依据代表性原则在典型地形部位地块、不同土地利用方式地块布设多个动态监测样点。

4. 面积要求

监测样点对应耕地面积要集中连片，图斑面积不少于100亩。

(四)监测样地布控步骤

1. 固定监测点布设

(1)固定监测点数量的初步确定　给定县域耕地质量等级指数监测精度V情况下，依据各监测分区耕地质量等级指数先验特征，计算县域内最优固定监测点数量n：

$$n = \frac{\left(\sum W_h S_h (1 - r_h)\ \sqrt{C_h}\right)\left(\sum W_h S_h (1 - r_h) /\ \sqrt{C_h}\right)}{V + (1/N) \sum W_h S_h^2 (1 - r_h)},\ W_h = \frac{N_h}{N} \tag{6.7}$$

式中：N为耕地图斑数量，h为监测控制区编号；W_h为第h监测控制区权重，取该层耕地面积占总面积的比例；S_h为第h监测控制区的分等指数均方差，可根据分等成果计算；V为耕地质量等级指数均值的用户期望精度；r_h为第h监测控制区的空间相关系数，可根据分等成果计算。

根据给定的县域耕地质量等级指数绝对误差和县域内耕地质量总体分布特征确定县域内固定监测点数量：

$$n = (1 - r) \times \frac{(u_{1-\alpha/2})^2 S^2}{d^2} \tag{6.8}$$

式中：r为县域内耕地质量等级指数空间相关系数，S为县域内耕地质量等级指数均方差，d为给定的县域耕地质量等级指数绝对误差；$u_{1-\alpha/2}$为置信度，0.05显著性水平时取值1.96。

(2)确定各监测控制区内固定监测点数量　当县域内耕地质量空间差异性不大时，按比例分配固定监测点数量：

$$n_h = \frac{M_h}{M} \times n \tag{6.9}$$

式中：n_h 为第 h 监测控制区内固定监测点数量；n 为县域内固定监测点总量；M_h 为第 h 监测控制区内耕地面积；M 为县域内耕地总面积。

当县域内耕地质量具有明显空间差异性时，采用奈曼法在各监测控制区内分配固定监测点数量：

$$n_h = \frac{W_h S_h}{\sum_{h=1}^{L} W_h S_h} \tag{6.10}$$

式中：$S_h = S_h(1-r_h)$，W_h 为每层的权重；这里设定为每层的面积占总体耕地面积的比例为权重，S_h 是每个分层的标准差；n_h 为第 h 监测控制区内固定监测点数量。

(3)确定固定监测数量，并选择固定监测点地块　根据(1)到(3)方法初步确定各监测控制区内固定监测点数量后，还应根据上述技术要求对初步确定的固定监测点数量进行调整，一般最终确定的固定监测点数量要同时满足(1)到(3)确定的最小数量，同时要满足上述技术要求。

2. 动态监测点布设

动态监测样点布设于当年竣工验收、并在土地利用现状数据库中更新建库的土地整理、土地开发、土地复垦或其他耕地整治项目区内。每个项目区至少布设一个动态监测点，项目区面积较大，跨多个监测控制区的，项目区内每个监测控制区都要布设动态监测点。

(五)监测样地的代表性检验方法

统计检验法。集中趋势是指一组数据向某一中心值靠拢的程度，它反映了一组数据中心点的位置所在。集中趋势的度量包括均值、中位数、众数、中列数。数据的离散程度反映的是各变量值远离其中心值的程度。集中趋势的各测度值是对数据水平的一个概括性度量，它对一组数据的代表性程度，取决于该组数据的离散水平。根据所依据数据类型的不同，描述数据离散程度采用的测度值主要有异众比率、四分位差、方差和标准差。还有极差、平均差以及测度相对离散程度的离散系数等。本文以均值、中位数、众数来测度数据的集中趋势，以方差、标准差以及偏度、峰度来测度数据的离散趋势。

均值公式：

$$\bar{x} = \frac{1}{n}\sum x_i \tag{6.11}$$

标准差公式：

$$S = \sqrt{\frac{1}{n-1}\sum (x_i - \bar{x})^2} \tag{6.12}$$

偏度公式：

$$SK = \frac{n\sum (x_i - \bar{x})^3}{(n-1)(n-2)s^3} \tag{6.13}$$

峰度公式：

$$BK = \frac{\sum (x_i - \bar{x})^4}{(n-1)s^4} \tag{6.14}$$

式中：n 为样本单位数；$\bar{x}$ 为样本均值；x_i 为第 i 个样本值；S 为样本标准差；SK 为偏度；BK 为峰度。

分析检验法。对比分析监测样点在各属性值上的数量比例与耕地面积比例的分布趋势，若趋势一致，则表示监测样点的代表性程度较高。属性值包括耕地等别、熟制、土壤类型、海拔、土地利用系数、土地经济系数、耕地利用现状等。

第三节　西部区示范基地监测空间分区与样点布设

一、示范基地监测控制区划定结果

根据以上监测控制分区划分方法及步骤，结合各区自身特有的自然社会条件，对五个示范基地进行监测控制区划定，得到监测控制分区划分结果(图 6-2)。丰都县划分了 7 个耕地质量监测控制大区，即北部向斜丘陵农业发展区、北部蒋家山背斜低山林粮牧区、沿江两岸向斜丘陵城市经济发展区、南部背斜低山林粮牧区、南部方斗山背斜低中山林牧区和南部单斜低山中林牧生态区。但由于丰都县特有的地形特点，在结合微地貌和耕地质量的分布及初步划分的监测控制区基础上最终确定丰都县耕地质量等级监测控制区 33 个，每一个控制区均能代表不同自然质量分区、利用水平及经济水平分区。陆良县全县共划分为 9 类监测控制区，共 12 片，分别为陆良坝子 DⅣ、陆良坝子 DⅢ、陆良坝子 CⅡ、陆良坝子 BⅢ、陆良坝子 BⅡ、召夸坝子 BⅡ、石槽河坝子 BⅠ、山区 BⅡ、山区 AⅠ。凤翔县划分了 3 个耕地质量监测控制区，分别为北部山林区、西部综合发展区、中东部经济发达区。达拉特旗划分了 20 个耕地质量监测控制区，对分区以大写 J 开头按顺序进行编号。阿勒泰市耕地质量等级监测分区主要分为 4 个区，分别为山前盆地区、南部平原区、南部河谷区、中部山地区。

二、示范基地监测样点布控结果

丰都县全县最终布控 111 个固定监测样点，均分布于基本农田。水田类监测样点 48 个，旱地类监测样点 63 个。引用标准样地监测点 1 个、土地生态监测点 40 个、多目标地球化学监测点 20 个，本次直接补充监测点 50 个。监测控制大区内，北部向斜丘陵农业发展区布设 28 个监测点，北部蒋家山背斜低山林粮牧区布设 14 个监测点，沿江两岸向斜丘陵城市经济发展区布设 28 个监测点，南部单斜低山林粮牧区布设 13 个监测点，南部方斗山背斜低中山林牧区布设 6 个监测点，南部单斜低山中林牧生态区布设 11 个监测点，南部向斜低山林粮牧区布设 11 个监测点；33 个监测控制区分布 1～8 个样点，优化了监测样点布控，2010 年布控固定监测样点 58 个，2011 年优化增加了固定 43 个，2012 年增加布控监测样点 10 个(图 6-3)。

动态监测样点只布设于涉及土地利用工程活动区域，用于监测土地利用工程活动后耕地质量等级变化，以此，可以监测实施土地整治等土地利用工程性活动后耕地质量及产能状况，并可评估产生社会、经济效益。目前土地整治等土地利用工程性项目主要是土地平整工程、农田水利工程及田间道理工程对耕地质量的影响，监测周期为 2010—2012 年，共 42 个监测点。其中 2010 年丰都县完工的 6 个土地整理项目布设 14 个监测点，2011 年完工的 6 个土地整理项目 13 个监测点，2012 年完工的 5 个土地整理项目布设 15 个监测点，主要在典型示范区、坡改梯区域以及布局工程较多的区域布设动态样点。

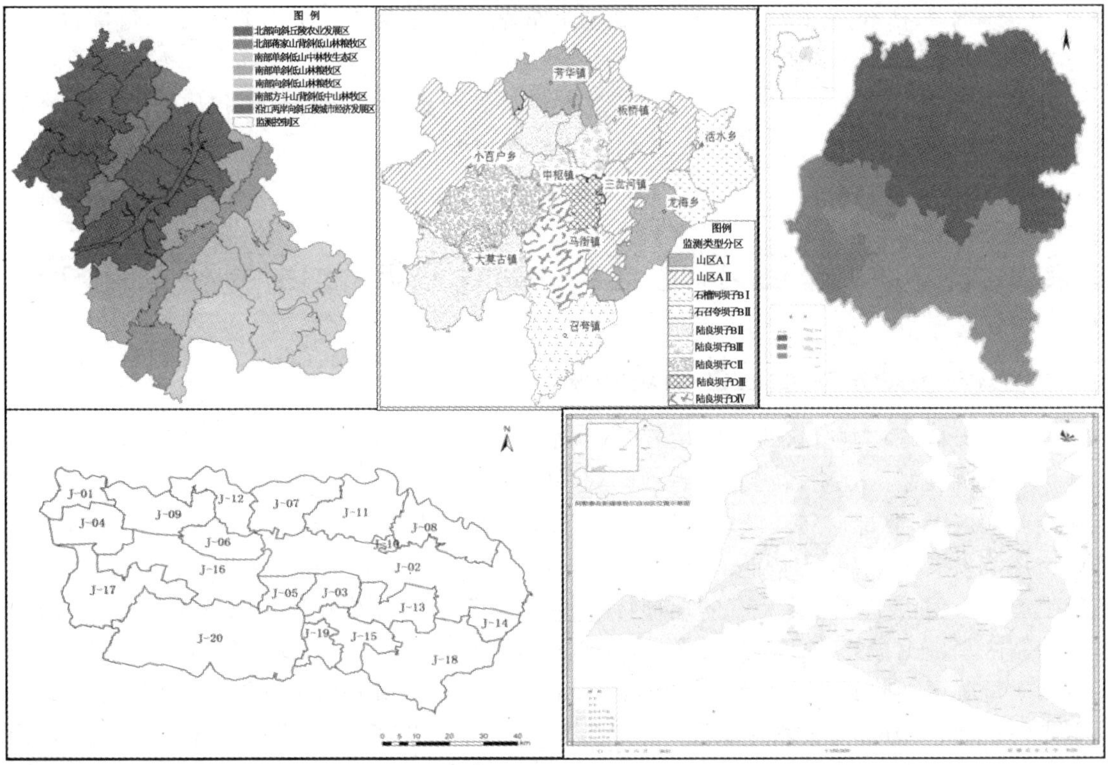

图 6-2 示范基地监测控制区分布图

(左上至右下依次为丰都县、陆良县、凤翔县、达拉特旗、阿勒泰市)

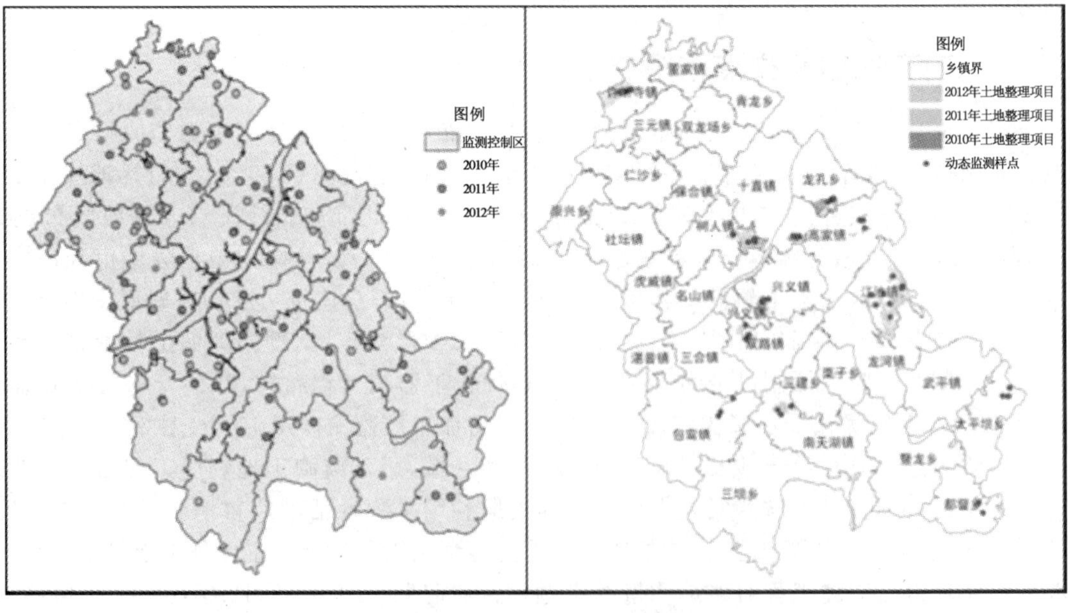

图 6-3 丰都县监测样点分布图

(左:固定监测点;右:动态监测点)

陆良县所布设的监测样点中，共有水田 17 个，水浇地 3 个，旱地 20 个；固定监测样点 30 个，位于非项目区；随机监测样点 10 个，位于项目区；监测样点分布示意图详见图 6-4。

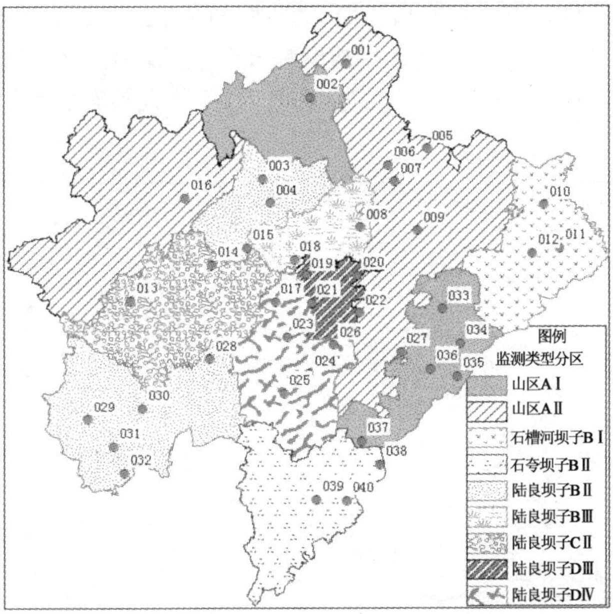

图 6-4　陆良县监测样点分布示意图

凤翔县 2010 年共布设 17 个静态监测样点监测样点，在遵循样地设置原则和方法的基础上，2011 年在 2010 年固定监测样点基础上增加了 7 个动态监测样点。

保证在各土地整治区耕地上都有分布。2012 年对全县的样点进行了补充调整。将静态监测样点从 2010 年的 17 个增加为 24 个，在各个分区上的分布也更加合理，同时设置动态监测样点 9 个，保证在各耕地整治项目上均有分布。凤翔县监测样点分布如图 6-5 所示。

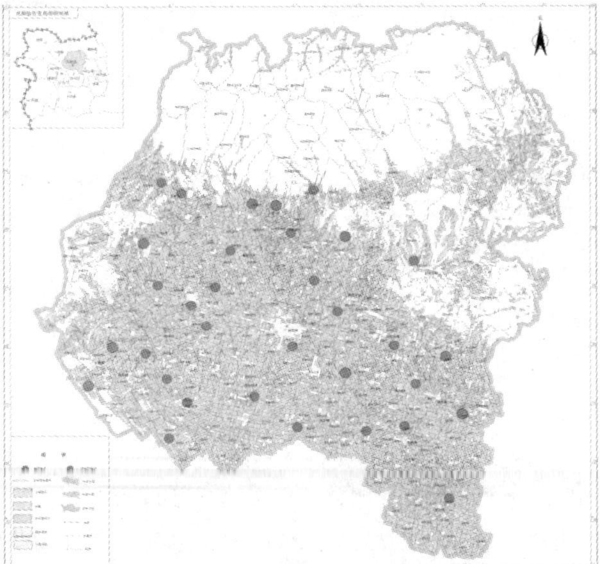

图 6-5　凤翔县 2010—2012 年监测样点分布变化图

达拉特旗布设耕地固定监测点有 36 个。样点的分布是能够代表本旗耕地的大部分特征的，而且所有样点均分布在基本农田上，能够起到对基本农田耕地质量的监测作用。动态监测样点布设于土地整治项目和土地开发项目中，达拉特旗共在 12 个土地开发、整理项目区内设置动态样点 12 个。2010—2011 年，达拉特旗共完成土地整理类项目 3 个，为了监测土地整理项目区耕地质量变化，在 2010—2011 年土地整理项目区增设动态监测样点。达拉特旗监测样点分布如图 6-6 所示。

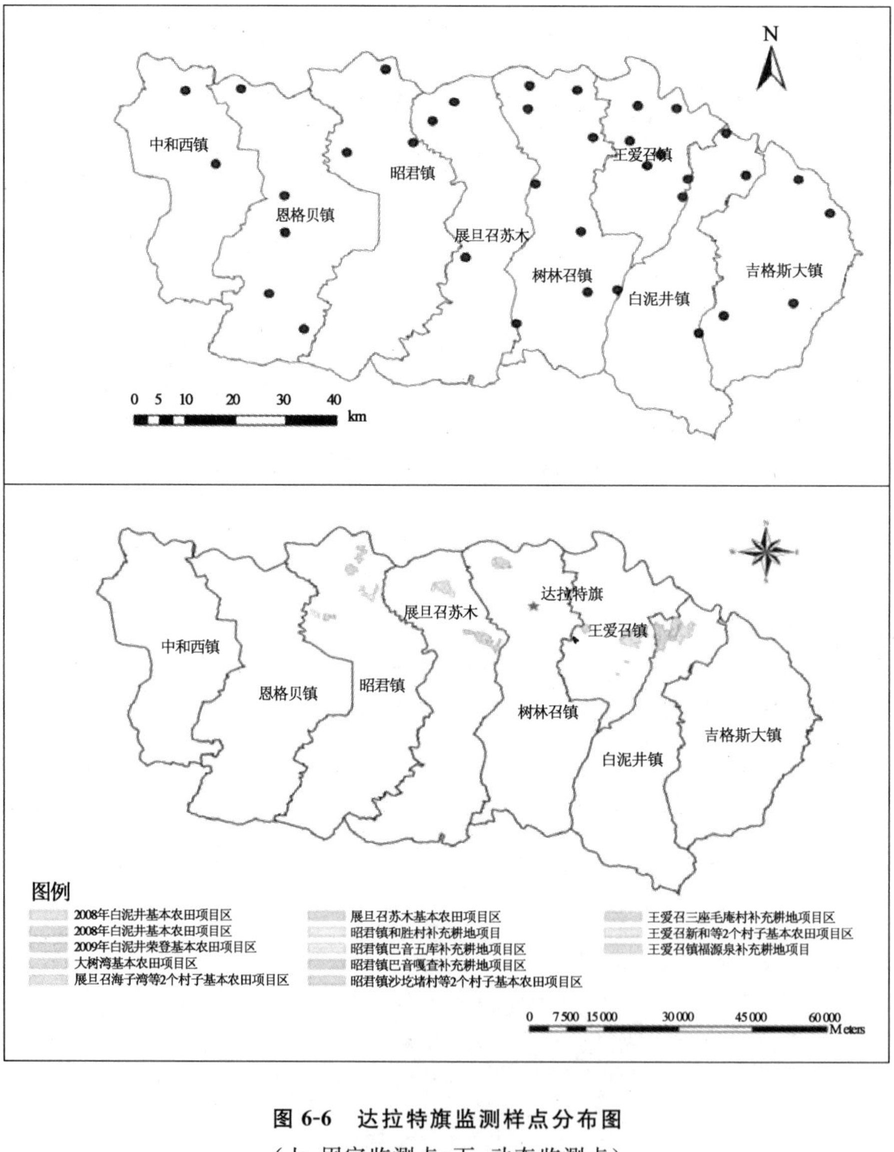

图 6-6　达拉特旗监测样点分布图

（上：固定监测点；下：动态监测点）

2011 年，在阿勒泰市布设的 44 个监测样点中，43 个均在基本农田上，A37 号监测样点在农用地上。基本农田监测样点率达 97.73%。2012 年，在阿勒泰市新增固定监测样点 18 个，18 个新增样点全部分布在基本农田上，基本农田监测样点达到 100%。2012 年实地补充布设

18 个监测样点，阿勒泰市监测样点分布如图 6-7 所示。

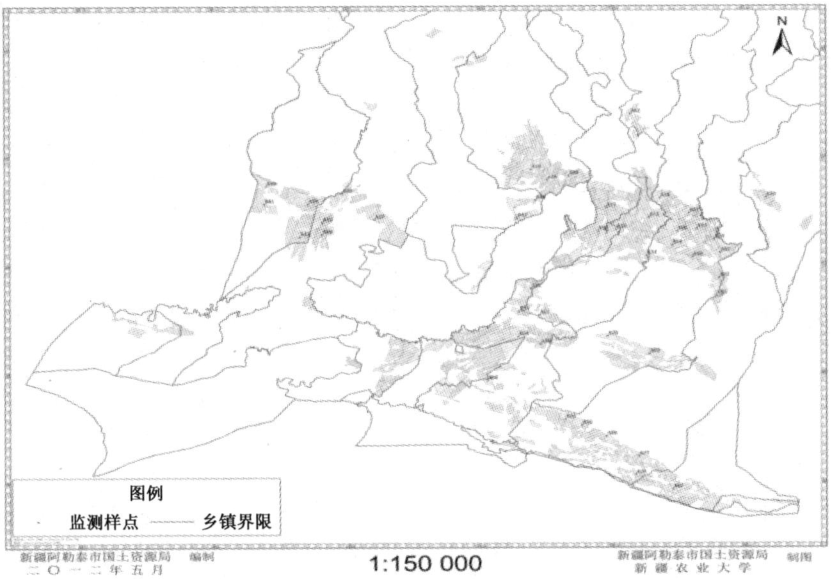

图 6-7 阿勒泰市农用地监测点分布图

汇总上述五个示范基地监测样点布设情况如表 6-1 所示，由表可知西部区各示范基地监测期布设固定监测样点个数由 2010 年的 185 个增加到 2012 年的 265 个；动态监测样点个数由 2010 年的 36 个增加到 2012 年的 76 个。样点总布设个数 2010 年为 221 个，2011 年为 289 个，2012 年为 341 个，呈逐年递增的趋势。

表 6-1 西部区各示范基地监测样点统计表

县域	固定监测点			动态监测点		
	2010	2011	2012	2010	2011	2012
丰都县	58	103	111	14	27	42
陆良县	30	30	30	10	10	10
凤翔县	17	17	24	0	7	9
达拉特旗	36	36	36	12	15	15
阿勒泰市	44	44	62	0	0	0
总计	185	230	265	36	59	76

第四节 西部区示范基地基本参数及监测指标体系的确定

一、分等基本参数的确定

耕地质量监测评定参数包括基础性参数和土地利用水平及土地经济水平有关参数。基础性参数采取继承农用地分等参数原则，土地利用水平及土地经济水平参数的评定采用与土地整治项目对应的工程因素进行修正获取。表 6-2 罗列了五个示范基地分等参数的具体信息，参数包括标准耕作制度、基准作物、指定作物、光温生产潜力指数、气候生产潜力指数、产量比系数、分等因素指标区、最大标准粮产量和最大“产量-成本”指数。

表 6-2　示范基地分等基本参数

参数	陆良县	丰都县	凤翔县	达拉特旗	阿勒泰市
标准耕作制度	一年两熟	一年两熟	一年两熟	一年一熟	一年一熟
基准作物	水稻	水稻	冬小麦	春小麦	春小麦
指定作物	冬小麦、夏玉米、水稻	油菜、冬小麦、玉米	冬小麦、夏玉米	春玉米	春小麦、春玉米
光温生产潜力指数	水稻 1 540，小麦 1 226，玉米1 921	水稻 1 739，玉米 1 819，油菜 440，冬小麦 705	冬小麦 961，夏玉米 1 905	春小麦 2 126，春玉米 1 052	春小麦 1 756，春玉米 2 629
气候生产潜力指数	水稻 0，小麦 616，玉米 1 921	水稻 1 739，玉米 1 815，油菜 416，冬小麦 668	冬小麦 771，夏玉米 1 777	春小麦 490 春玉米 366	春小麦 217，春玉米 308
产量比系数	水稻：玉米：小麦＝1.0：0.8：1.3	水稻：玉米：冬小麦：油菜＝1.00：0.93：1.10：1.74	冬小麦：夏玉米＝1：0.85	春小麦：春玉米＝1.0：0.61	春小麦：春玉米＝1.5：0.8
分等因素指标区	水田区、旱地区	涪陵-万县低山丘陵区，石柱山地与山原区，武隆、黔江中山与低山区	关中渭河平原区	黄土丘陵区	阿勒泰市丘陵区、阿勒泰市平原区
最大标准粮产量/(kg/亩)	1400	650	冬小麦 550，夏玉米 600	春小麦 1013 春玉米 1020	春小麦 646，春玉米 1150
最大产量-成本指数/(kg/元)	1.25	2.21	冬小麦 0.84，夏玉米 1.13	春小麦 1.36 春玉米 2.08	春小麦 2.38，春玉米 4.6

(一)分等因素指标区的确定

分等因素指标区是依据主导因素原则和区域差异原则对区域进行划分，是区域内决定农用地自然质量的各种因素组合。分等因素指标区是耕地分等的一种地理空间宏观控制策略，具有鲜明的层次性。本次耕地质量分等的因素指标区具有三个层次，其中一级与二级分等因素指标区由国土资源部专家在国家层面上划分，用于从全国层面上对各省耕地分等工作进行宏观调控，三级指标区由省一级划分。

(二)标准耕作制度、基准作物和指定作物的确定

根据国土资源部颁布的《规程》及各省农用地分等定级与估价项目技术组制定的《省农用地分等及试点县农用地定级与估价技术方案》，以各示范基地所在的二级耕作指标区的标准耕作制度、基准作物、指定作物为准。

二、耕地质量等级监测指标确定

（一）指标选取的原则

（1）综合性原则　耕地质量是自然因素和社会经济因素综合作用下形成的耕地支持农业生产的能力，耕地质量监测指标的选取应全面体现这两大因素。另外，耕地土壤环境状况及其对人体健康的影响越来越被人们重视，因此耕地监测指标的选取应考虑能体现土壤环境健康状况的指标。总之耕地质量监测指标应能全面地反映自然、社会经济、环境健康等影响耕地质量的因素。

（2）最小数据集原则　耕地质量的表征指标有很多，监测指标不可能也没有必要全部选择，而应遵循最小数据集原则，选择最能体现耕地质量的对耕地质量起主导作用且相互关联性较小的指标集。

（3）可操作性　耕地质量监测将来要作为一项年度工作开展，其技术环节的设计就要考虑实际工作的可操作性，所选的监测指标数据应具备可得性、可测性和可比性。因此在监测指标选取的过程中，在保证能全面体现耕地质量的前提下，应充分继承现有的相关成果资料，尽量选取现有统计指标和其他相关监测体系所选的指标，一方面可以节省大量的人力、物力、财力，另一方面可以提高土地可持续利用指标体系在国家社会经济系统中的统一性，使耕地质量监测成果与现有的相关监测成果进行对接。

（二）监测指标

（1）重庆丰都县监测指标　丰都县选取坡度、表层土壤质地、土壤 pH、有效土层厚度、梯地状况、海拔、土壤有机质含量、灌溉保证率 8 个因素为耕地质量监测指标。

（2）云南陆良县监测指标　陆良县选取表层土壤质地、有效土层厚度、剖面构型、土壤有机质含量、土壤 pH、田面坡度、障碍层距离地表深度、地表岩石露出度、排水条件、灌溉保证率为监测指标。

（3）陕西凤翔县监测指标　凤翔县选取土壤有机质含量、有效土层厚度、表层土壤质地、灌溉保证率、地形坡度、排水条件、土壤盐渍化、灌溉水源为监测指标。

（4）内蒙古达拉特旗监测指标　达拉特旗分别从土壤条件、地形条件、灌溉排水条件等方面选取监测指标，其中平原区共确定 9 个监测指标、丘陵区共确定 8 个监测指标。

（5）新疆阿勒泰市监测指标　根据阿勒泰市农用地利用实际以及各组成因素各对农业生产的影响程度，将阿勒泰市农用地分等因素因子最后确定为土壤有机质含量、土层厚度、土壤质地、灌溉保证率和林网化程度等因素指标（表 6-3）。

表 6-3　5 个示范基地耕地质量监测指标及权重确定

监测指标	丰都县			陆良县		凤翔县		达拉特旗		阿勒泰市	
	水田	旱地	菜地	水田	旱地	冬小麦	夏玉米	丘陵区	平原区	丘陵区	平原区
土壤有机质含量	0.09	0.11	0.09	0.1	0.08	0.18	0.16	0.08	0.09	0.13	0.07
有效土层厚度	0.34	0.31	0.3	—	0.3	0.17	0.15	0.27	—	0.27	0.15
表层土壤质地	0.12	0.12	0.1	0.16	0.06	0.07	0.07	0.08	0.07	0.12	0.08
土壤 pH	0.08	0.08	0.08	0.11	0.08	—	—	—	—	0.05	0.1
灌溉保证率	0.21	—	0.07	0.18	0.12	0.25	0.29	0.2	0.3	0.15	0.25

续表 6-3

监测指标	丰都县			陆良县		凤翔县		达拉特旗		阿勒泰市	
	水田	旱地	菜地	水田	旱地	冬小麦	夏玉米	丘陵区	平原区	丘陵区	平原区
地形坡度	—	0.12	0.11	—	0.25	0.1	0.1	0.23	—	0.24	—
梯地状况	—	0.11	0.1	—	—	—	—	—	—	—	—
海拔高度	0.16	0.15	0.15	—	—	—	—	—	—	—	—
剖面构型	—	—	—	0.18	—	—	—	—	0.1	—	—
障碍距地表深度	—	—	—	0.05	—	—	—	0.04	0.06	—	—
排水条件	—	—	—	0.22	—	0.07	0.07	—	0.14	—	—
岩石出露度	—	—	—	—	0.11	—	—	—	—	—	—
土壤盐渍化程度	—	—	—	—	—	0.1	0.09	—	0.18	—	0.1
灌溉水源	—	—	—	—	—	0.06	0.07	—	0.06	—	—
土壤侵蚀程度	—	—	—	—	—	—	—	0.1	—	—	—
林网化程度	—	—	—	—	—	—	—	—	—	—	0.1
集中连片度	—	—	—	—	—	—	—	—	—	—	0.1
全氮	—	—	—	—	—	—	—	—	—	0.04	0.05

第五节 西部区示范基地监测信息采集

耕地质量监测样点布设完成后，根据确定的评价指标体系，即开展对固定监测样点和动态监测样点的外业调查。外业调查内容包括自然状况的调查和投入产出情况。

一、监测样点自然条件情况调查

丰都县调查固定监测样点 111 个，动态监测样点 42 个。针对监测指标体系开展调查，共挖掘土壤剖面 111 个，并拍摄了剖面照片和景观照片，在实际采样过程中，按照“S”形或梅花形采集样品，每个样点由 5 处采集土样构成。对土壤样本进行测定分析，分析的项目主要包括：土壤 pH、土壤有机质含量、碱解氮、有效磷、速效钾。

陆良县调查固定监测样点 30 个，动态监测样点 10 个。针对监测指标体系开展调查，共挖掘土壤剖面 40 个，并拍摄了剖面照片和景观照片。在实际采样过程中，用土钻在农田区表层土样，以“S”取样法取样。对土壤样本进行测定分析，分析的项目主要包括：土壤质地、土壤 pH、土壤有机质含量、土壤全氮含量、全磷含量、全钾含量等。

凤翔县调查固定监测样点 24 个，动态监测样点 16 个，针对监测指标体系开展调查，共挖掘土壤剖面 24 个，并拍摄了剖面照片和景观照片，对土壤样本进行测定分析。

达拉特旗通过对 36 个固定监测样点的调研，针对监测指标体系开展调查，共挖掘土壤剖面 36 个，并拍摄了剖面照片和景观照片，分层采集农化样本 144 个，土盒样本 36 个。调研动态样点 7 个，采集农化样本 8 个。参照分等因素，对土化样本共计 152 个进行测定分析，分析的项目主要包括：土壤粒径、土壤有机质含量、土壤 pH、土壤电导率。

阿勒泰市调查固定监测样点 57 个，动态监测样点 5 个，针对监测指标体系开展调查，共挖掘土壤剖面 62 个，并拍摄了剖面照片和景观照片，针对采集样品进行理化分析，包括：土壤 pH、土壤有机质含量、全氮、总盐等。

二、监测样点投入产出情况调查

（1）固定样点的调查　围绕每个固定监测样点展开农户调研，每个样点调查 3～5 份问卷，重点对农户对土地的利用方式、投入强度、产出水平、从事生产中的问题，整理意愿等方面调研。

（2）动态样点的调查　每个项目区开展农户调研，根据项目区面积大小确定调研数量，重点调研项目实施前后，农户对土地的利用方式、投入强度、产出水平的变化，以及从事农业生产中出现的各类问题，对土地整理项目提出看法或要求等问题进行调研。

三、建立耕地质量等级监测样地图谱

通过外业调查及信息采集分析，西部区各示范基地建立了耕地质量等级监测样地图谱，见附录：监测样地图谱示例。

本章小结

在前文对西部区耕地质量等别评价的基础上，本章阐述了西部生态脆弱区耕地质量监测研究的内容，介绍了耕地质量监测分区与监测样点布设的技术方法，描述了西部区 5 个示范县划分监测分区与布设监测样点的过程与结果，最终丰都县、陆良县、达拉特旗、凤翔县和阿勒泰市监测分区划定数量分别为 33、12、20、3 和 4，监测样点布设数量分别为 153、40、51、33 和 62；从耕作制度来看，陆良县丰都县和凤翔县为一年两熟，达拉特旗和阿勒泰市为一年一熟；陆良县和丰都县基准作物为水稻，达拉特旗和阿勒泰市基准作物为春小麦，凤翔县基准作物为冬小麦；五个示范县共有监测指标 18 个，其中各县均选取的指标有 5 个，包括土壤有机质含量、有效土层厚度、表层土壤质地、灌溉保证率和地形坡度；通过基础资料搜集、外业调查、样品化验分析等方法，采集了 5 个示范县耕地质量监测基本信息，建立了耕地质量监测样地图谱，为分析评价西部区耕地质量等别变化奠定了基础。

第七章　西部地区示范县耕地质量监测结果分析

第一节　示范县耕地等级与产能变化

一、农用地分等基期年耕地等级分异特征

（一）自然等分异特征

从5个县各自然质量等别面积分布情况来看（表7-1），陆良县自然质量等主要集中在9～12等，分别占农用地面积的39.5%、53.8%和6.7%，以10等所占面积最大；达拉特旗自然质量等主要集中在13～15等，分别占农用地面积的7.9%、59.5%和32.6%，以14等所占面积最大；阿勒泰市自然质量等主要集中在10～13等，分别占农用地面积的5.1%、41.2%和49.7%，以13等所占面积最大；丰都县自然质量等主要集中在8～12等，分别占农用地面积的10.9%、22.4%、33.1%、33.3%和0.3%，以11等所占面积最大；凤翔县自然质量等主要集中在7～10等，分别占农用地面积的22.2%、7.6%、57.5%和12.8%，以9等所占面积最大。

表7-1　5个县自然质量等别面积对比　　hm^2

等级	云南陆良	内蒙古达拉特	新疆阿勒泰	重庆丰都	陕西凤翔
7等					11 282.1(22.2%)
8等				7 483.2(10.9%)	3 842.7(7.6%)
9等	27 935.5(39.5%)			15 347.0(22.4%)	29 254.9(57.5%)
10等	38 058.4(53.8%)		2 074.1(5.1%)	22 713.8(33.1%)	6 487.0(12.8%)
11等	4 716.5(6.7%)		18 289.9(41.2%)	22 809.8(33.3%)	
12等			20 130.8(49.7%)	188.9(0.3%)	
13等		10 250.95(7.9%)			
14等		77 225.93(59.5%)			
15等		42 287.23(32.6%)			

为了进一步对比5个示范县耕地自然质量等别分布情况，建立等别面积累积曲线图，如图7-1所示。从各示范县分等基期年耕地自然等别面积累积曲线可以明显看出，总体上陕西凤翔县的耕地自然质量等别最优，其等别范围为7～10等，其次为陆良县和丰都县，达拉特旗自然质量等别最差，等别范围为13～15等。

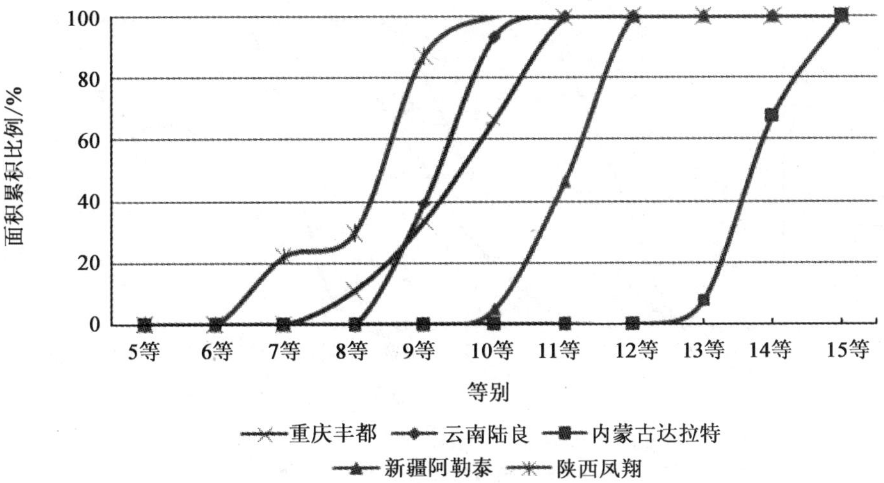

图 7-1　西部示范县分等基期年耕地自然等别面积累积曲线

(二)利用等分异特征

从5个县各利用等别面积分布情况来看(表7-2),陆良县利用等主要集中在7～11等,分别占农用地面积的18.3%、11.0%、19.8%、44.8%和6.1%,以10等所占面积最大;达拉特旗利用等主要集中在11～15等,分别占农用地面积的4.8%、31.1%、27.3%、3.3%和33.5%,以15等所占面积最大;阿勒泰市利用等主要集中在11～13等,分别占农用地面积的9.5%、81.9%和8.6%,以12等所占面积最大;丰都县利用等主要集中在7～12等,分别占农用地面积的7.3%、21.1%、35.0%、28.9%和7.6%,以10等所占面积最大;凤翔县利用等主要集中在7～9等,分别占农用地面积的53.3%、44.0%和2.7%,以7等所占面积最大。

表 7-2　5个县利用等别面积对比　　hm^2

等级	云南陆良	内蒙古达拉特	新疆阿勒泰	重庆丰都	陕西凤翔
7等	12 920.4(18.3%)				27 089.2(53.3%)
8等	7 746.3(11.0%)			5 001.9(7.3%)	22 380.2(44.0%)
9等	13 992.8(19.8%)			14 494.4(21.1%)	1 397.3(2.7%)
10等	31 702.4(44.8%)			24 023.2(35.0%)	
11等	4 346.3(6.1%)	6 230.7(4.8%)	3 866.8(9.5%)	19 831.6(28.9%)	
12等		40 367.9(31.1%)	33 153.3(81.9%)	5 191.6(7.6%)	
13等		35 426.0 (27.3%)	3 474.7(8.6%)		
14等		4 337.6(3.3%)			
15等		43 401.9(33.5%)			

为了进一步对比5个示范县耕地利用等别分布情况,建立等别面积累积曲线图,如图7-2所示。从各示范县分等基期年耕地利用等别面积累积曲线可以明显看出,总体上陕西凤翔县的耕地利用等别最优,其等别范围为7～9等,其次为陆良县和丰都县,达拉特旗耕地利用等别最差,等别范围为11～15等。

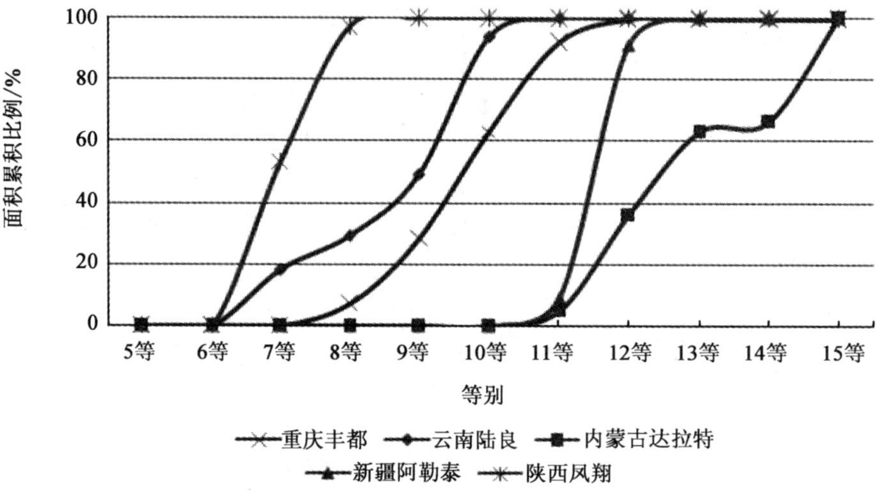

图 7-2 西部示范县分等基期年耕地利用等别面积累积曲线

(三)经济等分异特征

从 5 个县各经济等别面积分布情况来看(表 7-3),陆良县经济等主要集中在 6～11 等,分别占农用地面积的 14.7%、8.8%、14.0%、12.0%、35.9%和 14.7%,以 10 等所占面积最大;达拉特旗经济等主要集中在 13～15 等,分别占农用地面积的 41.5%、23.6%和 34.9%,以 13 等所占面积最大;阿勒泰市经济等主要集中在 9～12 等,分别占农用地面积的 7.3%、16.6%、40.9%和 35.2%,以 11 等所占面积最大;丰都县经济等主要集中在 7～12 等,分别占农用地面积的 0.3%、4.6%、20.9%、41.0%、31.2%和 2.0%,以 10 等所占面积最大;凤翔县经济等主要集中在 9～11 等,分别占农用地面积的 25.8%、45.2%和 28.9%,以 10 等所占面积最大。

表 7-3 5 个县经济等别面积对比 hm^2

等级	云南陆良	内蒙古达拉特	新疆阿勒泰	重庆丰都	陕西凤翔
6 等	10 401.1(14.7%)				
7 等	6 214.6(8.8%)			180.0(0.3%)	
8 等	9 870.8(14.0%)			3 162.4(4.6%)	
9 等	8 504.9(12.0%)		2 953.2(7.3%)	14 333.4(20.9%)	13 122.2(25.8%)
10 等	25 353.6(35.9%)		6 725.9(16.6%)	28 084.2(41.0%)	23 014.5(45.2%)
11 等	10 365.5(14.7%)		16 571.1(40.9%)	21 419.5(31.2%)	14 715.6(28.9%)
12 等			14 244.7(35.2%)	1 363.3(2.0%)	
13 等		6 230.7(41.5%)			
14 等		40 367.9(23.6%)			
15 等		35 426.0(34.9%)			

为了进一步对比 5 个示范县耕地经济等别分布情况,建立等别面积累积曲线图,如图 7-3 所示。从各示范县分等基期年耕地经济等别面积累积曲线可以明显看出,总体上云南省陆良县的耕地经济等别最优,其等别范围为 7～10 等,其次为陕西凤翔县和重庆丰都县,达拉特旗

经济等别最差，等别范围为 13～15 等。

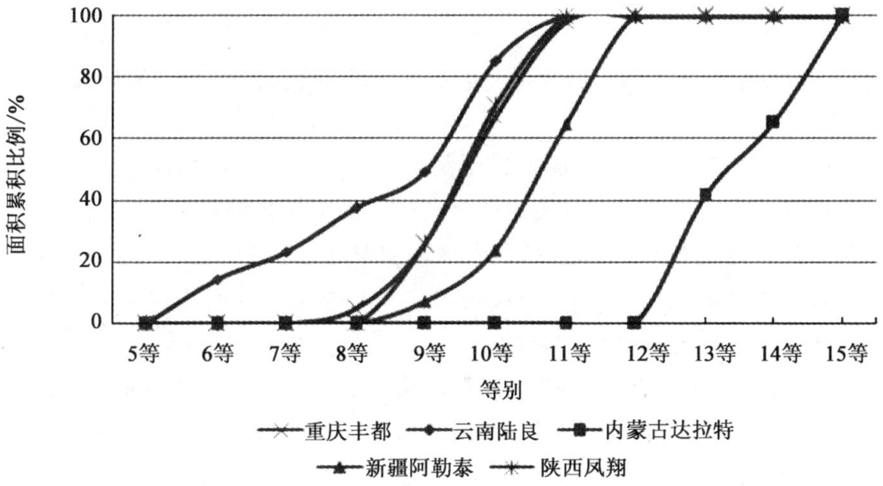

图 7-3　西部示范县分等基期年耕地经济等别面积累积曲线

二、耕地等级变化总体分异特征

(一)耕地数量变化

根据西部各示范基地 2010 年、2011 年和 2012 年土地利用现状变更图，统计出各示范基地在监测期耕地面积变化，计算各控制区耕地数量变化强度和变化规模。以各个监测示范基地为代表，侧面映射西部各分区耕地数量变化情况。其中丰都县代表四川盆地区，陆良县代表云贵高原区，凤翔县代表黄土高原区，阿勒泰市代表西北区，达拉特旗代表内蒙古及长城沿线农牧交错带地区。

西部示范基地监测期耕地面积变化见表 7-4。

表 7-4　西部示范基地监测期耕地面积统计表　hm²

示范县	代表区域	年度			2010—2011		2011—2012	
		2010	2011	2012	变化强度	变化规模	变化强度	变化规模
丰都县	四川盆地区	83 045.87	83 339.09	83 593.70	1.00	293.22	1.00	254.61
陆良县	云贵高原区	76 234.38	76 127.37	—	1.00	−107.01	—	—
凤翔县	黄土高原区	53 076.99	53 002.71	52 854.39	1.00	−74.28	1.00	−148.32
阿勒泰市	西北区	39 543.76	39 611.30	39 566.17	1.00	67.54	1.00	−45.13
达拉特旗	内蒙古农牧交错带	149 643.60	149 562.73	150 077.03	1.05	−80.87	1.00	514.30

表中区域耕地数量变化强度评价按下式计算：

$$SS=\frac{S_n}{S_{n-1}} \tag{7.1}$$

式中：SS 为区域耕地数量变化强度；S_n 为区域当年耕地总面积；S_{n-1} 为区域上一年耕地总面积。

表中区域耕地数量变化规模评价按下式计算：

$$ES = S_n - S_{n-1} \tag{7.2}$$

式中：ES 为区域耕地数量变化规模；S_n 为区域当年耕地总面积；S_{n-1} 为区域上一年耕地总面积。

从表 7-4 可看出，2010—2012 年代表四川盆地区的丰都县的耕地面积呈现出逐年增加的趋势，2 年间共增加耕地 547.83 hm^2；代表黄土高原区的凤翔县的耕地面积呈现出逐年减少的趋势，2 年间共减少耕地 222.6 hm^2；代表西北区的阿勒泰市的耕地面积呈现出先增加再减少的趋势，2 年间合计增加耕地 22.41 hm^2；代表内蒙古农牧交错区的达拉特旗的耕地面积呈现先减少后增加的趋势，2 年间合计增加耕地 433.43 hm^2；代表云贵高原区的陆良县的耕地面积呈现减少趋势，2010—2011 年共减少耕地 107.01 hm^2。总体来说，西部地区各监测示范基地耕地数量在监测期间较稳定，以面积增加为主。

（二）耕地自然等别变化

为了对区域之间耕地质量等级进行比较，引入“平均等”概念。平均等是对区域内评价单元的等指数按照面积加权的方法计算综合指数，再按照国家统一的 15 个等别序列划分确定平均等。

从各示范基地自然质量平均等别分布来看（表 7-5），各示范基地自然质量平均等别较为稳定，这与决定自然质量等的各因素的稳定性相关，短期内不会出现较大的变化。代表四川盆地区的丰都县在分等基期年的平均自然等别为 9.90 等，在 2010—2012 年 3 个监测年份自然质量等别略有提升，分别为 9.78 等、9.76 等和 9.76 等；代表云贵高原区的陆良县在基期年的平均自然等别为 9.67 等，在 2010—2011 年 2 个监测年份的自然质量等别略有降低均为 9.73 等；代表黄土高原区的凤翔县在分等基期年的平均自然等别为 8.62 等，2010—2012 年监测期间自然质量平均等别略有提升均为 8.58 等；代表西北区的阿勒泰市在分等基期年的平均自然等别为 11.01 等，在 2010—2012 年 3 个监测年份自然质量等别有所降低，分别为 12.36 等、12.34 等和 12.35 等；代表内蒙古及长城沿线农牧交错带的达拉特旗在分等基期年的平均自然等别为 14.25 等，在 2010—2012 年 3 个监测年份自然质量等别略有提升，分别为 14.03 等、14.07 等和 14.06 等。

表 7-5 示范基地耕地自然质量平均等统计表

县名	代表区域	平均自然等			
		分等基期年	2010 年	2011 年	2012 年
丰都县	四川盆地区	9.90	9.78	9.76	9.76
陆良县	云贵高原区	9.67	9.73	9.73	—
凤翔县	黄土高原区	8.62	8.58	8.58	8.58
阿勒泰市	西北区	11.01	12.36	12.34	12.35
达拉特旗	内蒙古及长城沿线农牧交错带	14.25	14.03	14.07	14.06

(三)耕地利用等别变化

从各示范基地利用平均等别分布来看(表 7-6)，代表四川盆地区的丰都县在分等基期年的平均利用等别为 10.07 等，在 2010—2012 年 3 个监测年份利用质量等别呈现逐年略有提升的趋势，分别为 10.00 等、9.99 等和 9.98 等；代表云贵高原区的陆良县在基期年的平均利用等别为 9.09 等，在 2010—2011 年 2 个监测年份的利用质量等别略有降低均为 9.29 等；代表黄土高原区的凤翔县在分等基期年的平均利用等别为 8.49 等，2010—2012 年监测期间平均利用等别略有降低均为 8.76 等；代表西北区的阿勒泰市在分等基期年的平均利用等别为 11.99 等，在 2010—2012 年 3 个监测年份利用等别呈现逐年略有提升的趋势，分别为 11.45 等、11.41 等和 11.35 等；代表内蒙古及长城沿线农牧交错带的达拉特旗在分等基期年的平均利用等别为 13.30 等，在 2010—2012 年 3 个监测年份平均利用等别有所提升，分别为 12.70 等、12.71 等和 12.70 等。

表 7-6　示范基地耕地平均利用等统计表

县名	代表区域	平均利用等			
		分等基期年	2010 年	2011 年	2012 年
丰都县	四川盆地区	10.07	10.00	9.99	9.98
陆良县	云贵高原区	9.09	9.29	9.29	—
凤翔县	黄土高原区	8.49	8.76	8.76	8.76
阿勒泰市	西北区	11.99	11.45	11.41	11.35
达拉特旗	内蒙古及长城沿线农牧交错带	13.30	12.70	12.71	12.70

(四)耕地经济等别变化

从各示范基地平均经济等别分布来看(表 7-7)，代表四川盆地区的丰都县在分等基期年的平均经济等别为 10.04 等，在 2010—2012 年 3 个监测年份经济质量等别呈现逐年略有提升的趋势，分别为 10.00 等、9.99 等和 9.98 等；代表云贵高原区的陆良县在基期年的平均经济等别为 8.91 等，在 2010—2011 年 2 个监测年份的平均经济等别略有降低均为 9.26 等；代表黄土高原区的凤翔县在分等基期年的平均经济等别为 10.02 等，2010—2012 年监测期间平均经济等别略有降低均为 9.65 等；代表西北区的阿勒泰市在分等基期年的平均经济等别为 11.04 等，在 2010—2012 年 3 个监测年份经济等别呈现逐年略有提升的趋势，分别为 10.87 等、10.85 等和 10.81 等；代表内蒙古及长城沿线农牧交错带的达拉特旗在分等基期年的平均经济等别为 13.93 等，在 2010—2012 年 3 个监测年份平均经济质量等别有所提升，分别为 13.48 等、13.53 等和 13.53 等。

表 7-7 示范基地耕地平均经济等统计表

县名	代表区域	平均经济等			
		分等基期年	2010 年	2011 年	2012 年
丰都县	四川盆地区	10.04	10.00	9.99	9.98
陆良县	云贵高原区	8.91	9.26	9.26	—
凤翔县	黄土高原区	10.02	9.65	9.65	9.65
阿勒泰市	西北区	11.04	10.87	10.85	10.81
达拉特旗	内蒙古及长城沿线农牧交错带	13.93	13.48	13.53	13.53

三、渐变因素引起的耕地等级变化分析

渐变耕地包括基本农田和一般农田，指未进行土地利用工程性活动的耕地区域，土壤受气候及水资源等自然条件慢慢变化，土地利用水平及土地经济水平受全县社会经济条件变化而变化，因此渐变耕地质量应是缓慢变化，而不会产生突破性的变化。

（一）渐变因素引起的耕地自然质量等级变化分析

2010—2012 年丰都县渐变耕地自然质量等别有所提高，但提升幅度较小，2010 年、2011 年、2012 年自然质量等别分布于 8～12 等，以 10 等面积最大，分别为 28 980.17 hm^2、28 792.58 hm^2、29 266.1 hm^2，分别占耕地总量 35.42%、35.57%、35.56%；其次是 9 等分布较多（表 7-8）。

表 7-8 2010—2012 年丰都县渐变耕地自然质量等级面积统计表 hm^2

监测年	8 等	9 等	10 等	11 等	12 等
2010 年	8 462.69	23 030.86	28 980.17	20 868.78	463.52
2011 年	8 532.78	22 692.88	28 792.58	20 453.47	456.25
2012 年	8 792.68	23 427.58	29 266.1	203 39.86	456.57

2010—2011 年陆良县渐变耕地自然质量等别有所提高，但提升幅度较小，2010 年、2011 年自然质量等别分布于 9～11 等，以 10 等面积最大，分别为 44 488.14 hm^2、43 366.08 hm^2，分别占耕地总量 59.15%、62.83%；其次是 9 等分布较多（表 7-9）。

表 7-9 2010—2011 年陆良县渐变耕地自然质量等级面积统计表 hm^2

监测年度	6 等	7 等	8 等	9 等	10 等	11 等
2010 年	0.00	0.00	0.00	25 285.46	44 488.14	5 437.74
2011 年	0.00	0.00	0.00	20 237.41	43 366.08	5 415.43

2010—2012 年凤翔县渐变耕地自然质量等别有所提高，2010 年自然质量等别分布于 9～14 等，2012 年自然质量等别分布于 8～12 等。2010 年以 10 等面积最大，为 25 508.06 hm^2，占耕地总量 49.59%，其次是 9 等分布较多；2012 年以 8 等面积最大，为 24 775.58 hm^2，占耕地总量的 46.68%（表 7-10）。

表 7-10　2010—2012 年凤翔县渐变耕地自然质量等级面积统计表　hm^2

等别	8 等	9 等	10 等	11 等	12 等
2010 年	2 438.01	8 204.88	25 508.06	2 330.76	8 631.31
2012 年	24 775.58	9 691.69	2 638.91	15 909.92	62.43

2010—2011 年达拉特旗渐变耕地自然质量等别有所提高，但提升幅度较小，2010 年、2011 年自然质量等别分布于 13～15 等，以 14 等面积最大，分别为 86 315.53 hm^2、106 428.27 hm^2，分别占耕地总量 68.66%、72.43%；其次是 15 等分布较多(表 7-11)。

表 7-11　2010—2011 年达拉特旗渐变耕地自然质量等级面积统计表　hm^2

监测年度	13 等	14 等	15 等
2010 年	17 742.79	86 315.53	21 664.85
2011 年	14 841.30	106 428.27	25 675.42

(二)渐变因素引起的耕地利用等级变化分析

2010—2012 年丰都县渐变耕地利用等别有所提高，但提升幅度较小，2010 年、2011 年、2012 年利用等别分布为 8～12 等，以 10 等面积最大，分别为 28 027.1 hm^2、27 197.85 hm^2、27 395.15 hm^2，分别占耕地总量 34.26%、33.61%、33.29%；其次是 11 等分布较多(表 7-12)。

表 7-12　2010—2012 年丰都县渐变耕地利用等级面积统计表　hm^2

监测年度	8 等	9 等	10 等	11 等	12 等
2010 年	5 351.37	20 941.26	28 027.1	23 218.32	4 267.98
2011 年	5 444.48	20 544.77	27 197.85	23 401.49	4 339.38
2012 年	5 805.43	21 627.21	27 395.15	23 121.41	4 333.58

2010—2011 年丰都县渐变耕地利用等别有所提高，但提升幅度较小，2010 年、2011 年利用等别分布于 7～11 等，以 10 等面积最大，分别为 41 603.94 hm^2、40 600.27 hm^2，分别占耕地总量 55.31%、58.82%；其次是 9 等分布较多(表 7-13)。

表 7-13　2010—2011 年陆良县渐变耕地利用等级面积统计表　hm^2

监测年度	6 等	7 等	8 等	9 等	10 等	11 等
2010 年	0.00	11 225.15	6 983.38	10 097.62	41 603.94	5 301.26
2011 年	0.00	6 785.54	6 420.33	9 921.28	40 600.27	5 291.50

2010—2012 年凤翔县渐变耕地利用等别有所提高，但提升幅度较小，2010 年、2012 年利用等别分布于 8～12 等，以 11 等面积最大，分别为 44 834.38 hm^2、53 078.73 hm^2；其次是 9 等、10 等分布较多(表 7-14)。

表 7-14 2010—2012 年凤翔县渐变耕地利用等级面积统计表 hm²

监测年度	8 等	9 等	10 等	11 等	12 等
2010 年	7 177.01	5 133.94	17 592.87	44 834.38	2 089.6
2012 年	20 977.9	11 913.03	5 702.49	53 078.73	8 69.92

2010—2012 年达拉特旗渐变耕地利用等别有所下降，2010 年利用等别分布于 10～14 等，2011 年利用等别分布于 10～15 等。2010 年以 11 等面积最大，为58 813.05 hm²，占耕地总量46.78%，其次是 12 等分布较多；2011 年以 12 等面积最大，为 71 367.39 hm²，占耕地总量的48.56%，其次是 13 等分布较多(表 7-15)。

表 7-15 2010—2011 年达拉特旗渐变耕地利用等级面积统计表 hm²

监测年度	10 等	11 等	12 等	13 等	14 等	15 等
2010 年	11 403.75	58 813.05	27 833.58	5 563.46	22 109.34	
2011 年	174.74	12 801.15	71 367.39	30 090.87	7 112.26	25 398.58

(三)渐变因素引起的耕地经济等级变化分析

2010—2012 年丰都县渐变耕地经济等别有所提高，但提升幅度较小，2010 年、2011 年、2012 年经济等别分布于 7～12 等，以 10 等面积最大，分别为 34 556.16 hm²、33 629.15 hm²、34 036.99 hm²，分别占耕地总量 42.24%、41.55%、41.37%；其次是 11 等分布较多，7 等渐变耕地分布最少(表 7-16)。

表 7-16 2010—2012 年丰都县渐变耕地经济等级面积统计表 hm²

监测年度	7 等	8 等	9 等	10 等	11 等	12 等
2010 年	1.13	3 834.68	18 364.36	34 556.16	24 244.57	805.12
2011 年	22.73	3 876.09	17 954.75	33 629.15	24 623.72	821.53
2012 年	22.96	3 887.74	19 289.95	34 036.99	24 223.61	821.54

2010—2012 年陆良县渐变耕地经济等别有所提高，但提升幅度较小，2010 年、2011 年经济等别分布于 6～11 等，以 10 等面积最大，分别为 29 628.26 hm²、29 183.71 hm²，分别占耕地总量的 39.39%、42.28%；其次是 11 等分布较多，8 等渐变耕地分布最少(表 7-17)。

表 7-17 2010—2011 年陆良县渐变耕地经济等级面积统计表 hm²

监测年度	6 等	7 等	8 等	9 等	10 等	11 等
2010 年	8 987.67	5 509.40	4 413.54	9 535.06	29 628.26	17 137.41
2011 年	5 165.87	4 639.99	4 297.59	9 186.41	29 183.71	16 545.35

2010—2012 年凤翔县渐变耕地经济等别有所提高，但提升幅度较小，2010 年、2012 年经济等别分布于 7～10 等，以 8 等面积最大，分别为 19 221.64 hm²、19 314.41 hm²；其次是 9 等、10 等分布较多(表 7-18)。

表 7-18　2010—2011 年凤翔县渐变耕地经济等级面积统计表　hm^2

监测年度	7 等	8 等	9 等	10 等
2010 年	1 048.71	19 221.64	12 561.51	10 415.29
2012 年	10 099.71	19 314.41	13 253.59	10 411.02

2010—2012 年达拉特旗渐变耕地经济等别有所上升，2010 年经济等别分布于 12～15 等，2011 年经济等别分布于 10～15 等。2010 年以 13 等面积最大，为 70 792.91 hm^2，占耕地总量 56.45%，其次是 15 等分布较多；2011 年以 13 等面积最大，为 83 288.51 hm^2，占耕地总量的 56.68%，其次是 15 等分布较多（表 7-19）。

表 7-19　2010—2011 年达拉特旗渐变耕地经济等级面积统计表　hm^2

监测年度	10 等	11 等	12 等	13 等	14 等	15 等
2010 年			4 727.83	70 972.91	24 439.35	25 583.05
2011 年	378.90	240.77	5 216.35	83 288.51	27 815.20	30 005.25

（四）渐变因素引起的耕地等别变化对比分析

表 7-8 至表 7-19 为各示范基地代表区域及渐变耕地自然质量等、利用等、经济等变化情况对比。由表可知，监测期示范基地自然等、利用等和经济等均有小幅度变化。

代表四川盆地区的丰都县渐变耕地自然质量等别在监测期 2010—2012 年逐年小幅上升，每年上升 0.01 等；代表云贵高原区的陆良县渐变耕地自然质量等别在监测期 2010—2011 年有所下降，等别降低 0.04 等；代表黄土高原区的凤翔县渐变耕地自然质量等别在监测期 2010—2012 年上升 0.95 等，变化幅度较大；代表西北区的阿勒泰市渐变耕地自然质量等别在监测期 2010—2012 年逐年上升 0.01 等；代表内蒙古及长城沿线农牧交错带渐变耕地自然质量等别在监测期 2010—2011 年有所下降，下降 0.04 等。综上可反映西部地区各个分区耕地平均自然质量等别总体保持稳定趋势，多为上升趋势，有个别区域有小幅下降，可能与县域自然灾害等因素有关。渐变因素引起的耕地自然质量等别总体变化趋势较为平缓（表 7-20）。

表 7-20　示范基地渐变因素引起的耕地自然等级变化对比分析

县名	代表区域	2010 年平均等	2011 年平均等	2012 年平均等
丰都县	四川盆地区	9.78	9.77	9.76
陆良县	云贵高原区	9.74	9.78	—
凤翔县	黄土高原区	10.14	—	9.19
阿勒泰市	西北区	12.36	12.34	12.35
达拉特旗	内蒙古及长城沿线农牧交错带	14.03	14.07	—

代表四川盆地区的丰都县渐变耕地利用等别在监测期 2010—2012 年逐年小幅上升，上升 0.02 等；代表云贵高原区的陆良县渐变耕地利用等别在监测期 2010—2011 年有所下降，等别降低 0.15 等；代表黄土高原区的凤翔县渐变耕地利用等别在监测期 2010—2012 年上升 0.37 等，变化幅度较大；代表西北区的阿勒泰市渐变耕地利用等别在监测期 2010—2012 年上升

0.1 等；代表内蒙古及长城沿线农牧交错带渐变耕地利用等别在监测期 2010—2011 年有所下降，下降 0.01 等。综上可反映西部地区各个分区耕地平均利用等别总体保持稳定趋势，多为上升趋势，有个别区域有小幅下降，可能与县域土地利用水平等因素有关。渐变因素引起的耕地利用等别总体变化趋势较为平缓(表 7-21)。

表 7-21 示范基地渐变因素引起的耕地利用等变化对比分析

县名	代表区域	2010 年平均等	2011 年平均等	2012 年平均等
丰都县	四川盆地区	10.00	10.00	9.98
陆良县	云贵高原区	9.30	9.45	—
凤翔县	黄土高原区	10.38	—	10.01
阿勒泰市	西北区	11.45	11.41	11.35
达拉特旗	内蒙古及长城沿线农牧交错带	12.74	12.73	—

代表四川盆地区的丰都县渐变耕地经济等别在监测期 2010—2012 年逐年小幅上升，每年上升 0.01 等；代表云贵高原区的陆良县渐变耕地经济等别在监测期 2010—2011 年有所下降，等别降低 0.46 等；代表黄土高原区的凤翔县渐变耕地经济等别在监测期 2010—2012 年上升 0.3 等，变化幅度较大；代表西北区的阿勒泰市渐变耕地经济等别在监测期 2010—2012 年上升 0.6 等；代表内蒙古及长城沿线农牧交错带渐变耕地经济等别在监测期 2010—2011 年有所上升，下降 0.01 等。综上可反映西部地区各个分区耕地平均经济等别总体保持稳定趋势，多为上升趋势，有个别区域有小幅下降。渐变因素引起的耕地经济等别总体变化趋势较为平缓(表 7-22)。

表 7-22 示范基地渐变因素引起的耕地经济等变化对比分析

县名	代表区域	2010 年平均等	2011 年平均等	2012 年平均等
丰都县	四川盆地区	9.98	10.00	9.97
陆良县	云贵高原区	8.57	9.03	—
凤翔县	黄土高原区	8.75	—	8.45
阿勒泰市	西北区	10.87	10.85	10.81
达拉特旗	内蒙古及长城沿线农牧交错带	13.56	13.55	—

四、突变因素引起的耕地等级变化分析

(一)突变因素引起的耕地自然质量等级变化分析

丰都县在监测期 2010—2012 年期间突变耕地主要由耕地增加、耕地建设两部分组成，耕地增加来源主要为耕地开发，耕地建设来源主要为土地复垦和土地整理。2010 年、2011 年、2012 年丰都县耕地分别增加 46.73 hm^2、21.79 hm^2、165.96 hm^2，建设耕地面积分别为 1 193.1 hm^2、2 389.33 hm^2、1 144.95 hm^2，可见丰都县耕地突变因素主要为土地整理和土地复垦，且在 2011 年整理耕地数量最多。县域增加耕地自然质量等级分布范围为 9～11 等，其中 2010 年、2011 年增加耕地以 9 等、10 等耕地为主，2012 年增加耕地以 10 等、11 等为主。县域建设耕地自然质量等别分布范围为 8～12 等，2010 年建设耕地以 10 等、11 等为主，2011 年

建设耕地以 9 等为主,2012 年建设耕地以 10 等、11 等为主(表 7-23)。

表 7-23 2010—2012 年丰都县突变耕地自然等级面积统计表

hm^2

监测年度	类型	8	9	10	11	12	合计
2010 年	增加	0	21.97	15.74	9.02	0	46.73
	建设	128.44	281.94	434.13	348.59	0	1 193.1
	合计	128.44	303.91	449.87	357.61	0	1 239.83
2011 年	增加	0	12.43	9.36	0	0	21.79
	建设	201.51	1 122.19	768.01	297.63	0	2 389.33
	合计	201.51	1 134.62	777.37	297.63	0	2 411.12
2012 年	增加	0	22.86	64.57	77.79	0.74	165.96
	建设	145.41	261.71	336.1	401.74	0	1 144.95
	合计	145.41	284.57	400.67	479.53	0.74	1 310.91

陆良县在监测期 2010—2011 年期间突变耕地主要由耕地增加、耕地建设两部分组成,耕地增加来源主要为耕地开发,耕地建设来源主要为土地复垦和土地整理。2010 年陆良县耕地没有增加,2011 年耕地分别 9.48 hm^2,建设耕地面积分别为 1 023.05 hm^2、2 935.4 hm^2,可见陆良县耕地突变因素主要为土地整理和土地复垦,且在 2011 年整理耕地数量最多。县域增加耕地自然质量等级为 10 等。县域建设耕地自然质量等别分布范围为 9～10 等,2010 年建设耕地以 9 等为主,2011 年建设耕地以 9 等为主(表 7-24)。

表 7-24 2010—2011 年陆良县突变耕地自然等级面积统计表

hm^2

监测年度	类型	9	10	合计
2010 年	增加	0	0	0
	建设	896.87	126.18	1 023.05
	合计	896.87	126.18	1 023.05
2011 年	增加	0	9.48	9.48
	建设	2 935.4	0	2 935.4
	合计	2 935.4	9.48	2 944.88

凤翔县在监测期 2011—2012 年期间突变耕地主要由耕地增加、耕地建设、耕地减少三部分组成,耕地增加来源主要为耕地开发,耕地建设来源主要为土地复垦和土地整理,耕地减少主要为建设占用导致。2011 年凤翔县耕地没有增加,2012 年耕地增加 257.19 hm^2,建设耕地面积分别为 67.52 hm^2、79 hm^2,减少耕地面积分别为 141.06 hm^2、236.09 hm^2,可见凤翔耕地突变因素主要为建设占用,且在 2012 年建设占用耕地数量最多。县域增加耕地自然质量等级分布范围为 8～12 等,2012 年增加耕地以 8 等为主。县域建设耕地自然质量等别分布范围为 8～12 等,2011 年建设耕地以 8 等、10 等为主,2012 年建设耕地以 10 等为主。县域减少耕地自然质量等别分布范围为 8～12 等,2011 年减少耕地以 8 等为主, 2012 年建设耕地以 8 等为主(表 7-25)。

表 7-25 2011—2012 年凤翔县突变耕地自然等级面积统计表 hm^2

监测年度	类型	8	9	10	11	12	合计
2011 年	增加	0	0	0	0	0	0
	建设	48.24	0	19.28	0	0	67.52
	减少	120.89	6.97	4.72	8.48	0	141.06
	合计	169.13	6.97	24	8.48	0	208.58
2012 年	增加	26.05	0	216.8	14.29	0.05	257.19
	建设	64.4	0	14.6	0	0	79
	减少	136.37	69.15	4.52	26.05	0	236.09
	合计	145.41	284.57	400.67	479.53	0.74	1 310.92

达拉特旗在监测期 2010—2011 年期间突变耕地主要由耕地建设、耕地减少两部分组成，耕地建设来源主要为土地整理，耕地减少主要为建设占用导致。2010、2011 年达拉特旗建设耕地面积分别为 570.92 hm^2、312.41 hm^2，减少耕地面积分别为 471.27 hm^2、80.85 hm^2，可见达拉特旗耕地突变因素主要为土地整理和建设占用。县域减少耕地自然质量等级分布范围为 13～15 等，其中 2010 年减少耕地以 13 等耕地为主，2011 年减少耕地以 14 等为主。县域建设耕地自然质量等别分布范围为 13～15 等，2010 年建设耕地以 13 等、14 等为主，2011 年建设耕地以 14 等为主(表 7-26)。

表 7-26 2010—2011 年达拉特旗突变耕地自然等级面积统计表 hm^2

监测年度	类型	13	14	15	合计
2010 年	建设	285.46	230.68	54.78	570.92
	减少	471.27	0	0	471.27
	合计	756.73	230.68	54.78	1 042.19
2011 年	建设	59.85	247.49	5.07	312.41
	减少	8.73	67.32	4.8	80.85
	合计	68.58	314.81	9.87	393.26

(二)突变因素引起的耕地利用等级变化分析

丰都县在监测期 2010—2012 年期间突变耕地主要由耕地增加、耕地建设两部分组成，耕地增加来源主要为耕地开发，耕地建设来源主要为土地复垦和土地整理。2010、2011、2012 年丰都县耕地分别增加 46.73 hm^2、21.79 hm^2、165.96 hm^2，建设耕地面积分别为 1 193.1 hm^2、2 389.33 hm^2、1 144.95 hm^2，可见丰都县耕地突变因素主要为土地整理和土地复垦，且在 2011 年整理耕地数量最多。县域增加耕地利用等级分布范围为 8～12 等，其中 2010、2012 年增加耕地以 10 等、11 等耕地为主，2011 年增加耕地以 10 等为主。县域建设耕地利用等别分布范围为 7～12 等，2010 年建设耕地以 10 等、11 等为主，2011 年建设耕地以 9 等、10 等为主，2012 年建设耕地以 10 等为主(表 7-27)。

表 7-27　2010—2012 年丰都县突变耕地利用等级面积统计表　hm^2

监测年度	类型	7	8	9	10	11	12	合计
2010 年	增加	0	0.17	15.03	9.4	21.75	0.39	46.73
	建设	0	79.44	239.42	406.12	457.16	10.97	1 193.10
	合计	0	79.61	254.45	415.52	478.91	11.36	1 239.83
2011 年	增加	0	0	0.15	21.64	0	0	21.79
	建设	0	264.71	1 240.9	667.26	216.46	0	2 389.33
	合计	0	264.71	1 241.05	688.9	216.46	0	2 411.12
2012 年	增加	0	0	9.6	46.17	90.07	20.12	165.96
	建设	20.58	167.32	289.24	495.37	172.45	0	1 144.95
	合计	20.58	167.32	298.84	541.54	262.52	20.12	1 310.91

陆良县在监测期 2010—2011 年期间突变耕地主要由耕地增加、耕地建设两部分组成，耕地增加来源主要为耕地开发，耕地建设来源主要为土地复垦和土地整理。2010 年陆良县耕地没有增加、2011 年增加 9.48 hm^2，建设耕地面积分别为 1 023.05 hm^2、2 935.4 hm^2，可见陆良县耕地突变因素主要为土地整理和土地复垦，且在 2011 年整理耕地数量最多。县域增加耕地利用等级为 10 等。县域建设耕地利用等别分布范围为 7～10 等，2010 年建设耕地以 8 等为主，2011 年建设耕地以 7 等为主（表 7-28）。

表 7-28　2010—2011 年陆良县突变耕地利用等级面积统计表　hm^2

监测年度	类型	7	8	9	10	合计
2010 年	增加	0	0	0	0	0
	建设	0	691.23	331.82	0	1 023.05
	合计	0	691.23	331.82	0	1 023.05
2011 年	增加	0	0	0	9.48	9.48
	建设	2 860.57	74.83	0	0	2 935.40
	合计	2 860.57	74.83	0	9.48	3 042.88

凤翔县在监测期 2011—2012 年期间突变耕地主要由耕地增加、耕地建设、耕地减少三部分组成，耕地增加来源主要为耕地开发，耕地建设来源主要为土地复垦和土地整理，耕地减少主要为建设占用导致。2011 年凤翔县耕地没有增加、2012 年增加 257.19 hm^2，建设耕地面积分别为 67.52 hm^2、79 hm^2，减少耕地面积分别为 141.06 hm^2、236.09 hm^2，可见凤翔耕地突变因素主要为建设占用，且在 2012 年整理耕地数量最多。县域增加耕地利用等级分布范围为 8～12 等，2012 年增加耕地以 10、11 等为主。县域建设耕地利用等别分布范围为 7～12 等，2011 年建设耕地以 8 等、10 等为主，2012 年建设耕地以 9、10 等为主。县域减少耕地利用等别分布范围为 8～12 等，2011 年减少耕地以 8 等为主，2012 年建设耕地以 8 等为主（表 7-29）。

表 7-29　2011—2012 年凤翔县突变耕地利用等级面积统计表　　hm²

监测年度	类型	7	8	9	10	11	12	合计
2011 年	增加	0	0	0	0	0	0	0
	建设	0	35.51	12.20	19.28	0	0	67.52
	减少	0	119.05	8.26	7.64	6.06	0.26	141.27
	合计	0	154.56	20.46	26.92	6.06	0.26	208.26
2012 年	增加	0	0	26.05	118.69	112.4	1.34	257.19
	建设	1.38	19.45	21.02	24.77	7.29	0	79
	减少	0	118.99	82.22	7.61	25.18	0	234
	合计	1.38	138.44	129.29	151.07	144.87	1.34	566.39

阿勒泰市在监测期 2010—2012 年期间突变耕地主要由耕地增加、耕地建设、耕地减少三部分组成，耕地增加来源主要为耕地开发，耕地建设来源主要为土地复垦和土地整理。2010 年阿勒泰市耕地增加 54.2 hm²、2011、2012 年耕地没有增加，各年度建设耕地面积分别为 16.46 hm²、91.06 hm²、23.96 hm²，减少耕地面积分别为 45.38 hm²、23.52 hm²、68.44 hm²。可见阿勒泰市耕地突变因素主要为土地整理和土地复垦及建设占用。县域增加耕地利用分布范围为 11～13 等，其中 2010 年增加耕地以 12 等耕地为主。县域建设耕地利用等别分布范围为 11～13 等，2010 年建设耕地以 12 等为主，2011 年建设耕地以 11 等为主，2012 年建设耕地以 11 等为主。县域减少耕地利用等别分布范围为 11～13 等，2010 年建设耕地以 11 等为主，2011 年建设耕地以 13 等为主，2012 年建设耕地以 12 等、13 等为主(表 7-30)。

表 7-30　2011—2012 年阿勒泰市突变耕地利用等级面积统计表　　hm²

监测年度	类型	11	12	13	合计
2010 年	增加	0	54.20	0	54.20
	建设	0	16.46	0	16.46
	减少	43.60	1.78	0	45.38
	合计	43.60	72.44	0	116.04
2011 年	增加	0	0	0	0
	建设	91.06	0	0	91.06
	减少	0	0	23.52	23.52
	合计	91.06	0	23.52	114.58
2012 年	增加	0	0	0	0
	建设	23.96	0	0	23.96
	减少		35.00	33.44	68.44
	合计	23.96	35.00	33.44	92.40

达拉特旗在监测期 2010—2011 年期间突变耕地主要由耕地建设、耕地减少两部分组成，耕地建设来源主要为土地整理，耕地减少主要为建设占用导致。2010、2011 年达拉特旗建设耕地面积分别为 570.92 hm²、312.41 hm²，减少耕地面积分别为 471.27 hm²、80.85 hm²，可见

达拉特旗耕地突变因素主要为土地整理和建设占用。县域减少耕地利用等级分布范围为10～15等，其中2010年减少耕地以13等耕地为主，2011年减少耕地以12等为主。县域建设耕地利用等别分布范围为10～15等，2010年建设耕地以10等为主，2011年建设耕地以10等、14等为主(表7-31)。

表7-31 2010—2011年达拉特旗突变耕地利用等级面积统计表 hm²

监测年度	类型	10	11	12	13	14	15	合计
2010年	建设	535.34	0	0	0	45.58	0	570.92
	减少	0	0	0	471.27	0	0	471.27
	合计	535.34	0	0	471.27	45.58	0	1 042.19
2011年	建设	156.79	0	0	54.75	101.74	0	312.41
	减少	0	1.11	60.51	14.27	0.03	4.94	80.83
	合计	156.79	1.11	60.51	69.02	101.74	4.94	393.24

(三)突变因素引起的耕地经济等级变化分析

丰都县在监测期2010—2012年期间突变耕地主要由耕地增加、耕地建设两部分组成，耕地增加来源主要为耕地开发，耕地建设来源主要为土地复垦和土地整理。2010、2011、2012年丰都县耕地分别增加46.73 hm²、21.79 hm²、165.96 hm²，建设耕地面积分别为1 193.1 hm²、2389.33 hm²、1144.95 hm²，可见丰都县耕地突变因素主要为土地整理和土地复垦，且在2011年整理耕地数量最多。县域增加耕地经济等级分布范围为9～12等，其中2010、2011年增加耕地以10等耕地为主，2012年增加耕地以11等为主。县域建设耕地经济等别分布范围为7～12等，2010年建设耕地以10等、11等为主，2011、2012年建设耕地以9等、10等为主(表7-32)。

表7-32 2010—2012年丰都县突变耕地经济等级面积统计表 hm²

监测年度	类型	7	8	9	10	11	12	合计
2010年	增加	0	0	10.56	20.9	15.27	0.01	46.73
	建设	0	89.91	250.28	425.55	427.36	0	1 193.1
	合计	0	89.91	260.84	446.45	442.63	0.01	1 239.83
2011年	增加	0	0	0.15	21.64	0	0	21.79
	建设	0	11.64	1 498.43	838.68	40.59	0	2 389.33
	合计	0	11.64	1 498.58	860.32	40.59	0	2 411.12
2012	增加	0	0	4.46	55.16	105.24	1.11	165.96
	建设	24.11	38.47	403.08	562.89	116.4	0	1 144.95
	合计	24.11	38.47	407.54	618.05	221.64	1.11	1 310.91

陆良县在监测期2010—2011年期间突变耕地主要由耕地增加、耕地建设两部分组成，耕地增加来源主要为耕地开发，耕地建设来源主要为土地复垦和土地整理。2010年陆良县耕地没有增加、2011年增加9.48 hm²，建设耕地面积分别为1 023.05 hm²、2 935.4 hm²，可见陆良县耕地突变因素主要为土地整理和土地复垦，且在2011年整理耕地数量最多。县域增加耕地

经济等级为 11 等。县域建设耕地经济等别分布范围为 6～11 等，2010 年建设耕地以 7 等、8 等、10 等、11 等为主，2011 年建设耕地以 6 等、7 等为主(表 7-33)。

表 7-33 2010—2011 年陆良县突变耕地经济等级面积统计表 hm^2

监测年度	类型	6	7	8	9	10	11	合计
2010 年	增加	0	0	0	0	0	0	0
	建设	0	427.34	595.7	0	425.55	427.36	1 823.05
	合计	0	427.34	595.7	0	425.55	427.36	1 875.95
2011 年	增加	0	0	0	1.03	0	8.45	9.48
	建设	2 417.05	518.34	0	0	0	40.59	2 935.04
	合计	2 417.05	518.34	0	1.03	838.68	49.04	1 407.09

凤翔县在监测期 2011—2012 年期间突变耕地主要由耕地增加、耕地建设、耕地减少三部分组成，耕地增加来源主要为耕地开发，耕地建设来源主要为土地复垦和土地整理，耕地减少主要为建设占用导致。2011 年凤翔县耕地没有增加、2012 年增加 257.19 hm^2，建设耕地面积分别为 67.52 hm^2、79 hm^2，减少耕地面积分别为 141.06 hm^2、236.09 hm^2，可见凤翔耕地突变因素主要为建设占用，且在 2012 年整理耕地数量最多。县域增加耕地经济等级分布范围为 7～12 等，2012 年增加耕地以 11 等为主。县域建设耕地经济等别分布范围为 7～12 等，2011 年建设耕地以 9 等为主，2012 年建设耕地以 10 等、11 等为主。县域减少耕地经济等别分布范围为 9～12 等，2011 年减少耕地以 10 等为主，2012 年建设耕地以 10 等为主(表 7-34)。

表 7-34 2011—2012 年凤翔县突变耕地经济等级面积统计表 hm^2

监测年度	类型	7	8	9	10	11	12	合计
2011 年	增加	0	0	0	0	0	0	0
	建设	0	11.64	35.51	19.28	1.27	0	67.52
	减少	0	0	16.22	109.55	13.21	2.29	141.06
	合计	0	11.64	51.73	128.83	14.48	2.29	208.97
2012 年	增加	0	0	0	0	257.14	0	257.19
	建设	1.61	2.56	3.49	18.78	15.68	41.05	79
	减少	0	0	52.73	130.95	29.12	23.09	236.09
	合计	1.61	2.56	56.22	149.73	301.94	64.14	576.2

达拉特旗在监测期 2010—2011 年期间突变耕地主要由耕地建设、耕地减少两部分组成，耕地建设来源主要为土地整理，耕地减少主要为建设占用导致。2010 年、2011 年达拉特旗建设耕地面积分别为 570.92 hm^2、312.41 hm^2，减少耕地面积分别为 471.27 hm^2、80.85 hm^2，可见达拉特旗耕地突变因素主要为土地整理和建设占用。县域减少耕地经济等级分布范围为 12～15 等，其中 2010 年减少耕地以 13 等耕地为主，2011 年减少耕地以 13 等为主。县域建设耕地经济等别分布范围为 10～15 等，2010 年建设耕地以 12 等、13 等为主，2011 年建设耕地以 14 等为主(表 7-35)。

表 7-35 2010—2011 年达拉特旗突变耕地经济等级面积统计表 hm^2

监测年度	类型	10	11	12	13	14	15	合计
2010 年	建设	91.77	59.28	305.83	211.38	0.94	0	570.92
	减少	0	0	0	471.27	0	0	471.27
	合计	91.77	59.28	305.83	682.65	0.94	0	1 042.19
2011 年	建设	44.88	6.14	0	136.26	156.26	0	312.41
	减少	0	0	23.71	36.73	15.46	4.97	80.87
	合计	44.88	6.14	23.71	172.99	151.72	4.97	383.28

(四)突变因素引起的耕地平均等级变化分析

运用面积加权平均的统计方法计算各县由突变因素引起的耕地平均自然等、利用等、经济等级变化。代表四川平原区的丰都县增加耕地平均等别和建设耕地平均等别分布在 9～10 等，属于中等水平；代表云贵高原区的陆良县增加耕地平均等别为 10 等左右，建设耕地平均等别分布在 7～9 等，说明新增耕地质量一般，建设耕地等别较优；代表黄土高原的凤翔县新增耕地平均等别分布范围 9～11 等，建设耕地等别分布范围 8～11 等，减少耕地分布范围 8～12 等，各类型平均等别分布范围较广；代表内蒙古及长城沿线农牧交错区的达拉特旗新增耕地分布范围 11～13 等，建设耕地等别分布范围 10～13 等，减少耕地等别分布范围 12～13 等，总体质量较差；代表西北区的阿勒泰各类突变引起的耕地等别分布范围 11～13 等，耕地质量较差。总体来说，5 个示范基地耕地质量等别最优的为建设耕地，即通过土地复垦、土地整理等方式提高了耕地的质量，其次是新增耕地，最差的为减少耕地，占用质量较差的耕地作为建设用地，符合国家政策要求(表 7-36)。

表 7-36 各示范基地突变耕地平均等级对比分析

县域	类型	平均自然等			平均利用等			平均经济等		
		2010	2011	2012	2010	2011	2012	2010	2011	2012
丰都	增加	9.72	9.43	10.34	10.15	9.99	10.73	10.10	9.99	10.62
	建设	9.84	9.49	9.87	10.07	9.35	9.60	10.00	9.38	9.62
陆良	增加	0.00	10.00	—	0.00	10.00	—	0.00	10.78	—
	建设	9.12	9.00	—	8.32	7.58	—	8.91	7.07	—
凤翔	增加	—	0.00	9.85	—	0.00	10.34	—	0.00	11.00
	建设	—	8.57	8.37	—	8.76	9.27	—	9.15	11.01
	减少	—	8.73	12.25	—	8.30	8.74	—	10.01	10.10
达拉特	增加	0.00	0.00	—	12.13	13.34	—	11.97	0.00	—
	建设	13.60	13.82	—	10.26	11.86	—	11.57	12.13	—
	减少	13.00	13.95	—	13.00	12.35	—	13.00	13.02	—
阿勒泰	增加	—	—	—	12.00	0.00	0.00	—	—	—
	建设	—	—	—	12.00	11.00	11.00	—	—	—
	减少	—	—	—	11.04	13.00	12.49	—	—	—

五、耕地产能变化时空规律分析

运用各示范基地所在的二级指标区可实现产能核算模型，依据每年度更新的利用等指数，测算耕地单元可实现单产、可实现产能，汇总每个示范基地对应的可实现单产及产能，并根据耕地类型，分增加、减少、渐变、建设四个方面汇总产能，测算年度产能损益(表 7-37)。

表 7-37 监测年期示范地基耕地产能变化对比

县域	类型	2010			2011			2012		
		面积(hm²)	平均利用等	产能损益(t)	面积(hm²)	平均利用等	产能损益(t)	面积(hm²)	平均利用等	产能损益(t)
丰都	增加	46.33	10.15	481.97	21.79	9.99	235.62	165.96	10.73	1 613.58
	建设	1 398.05	10.07	2 697.61	2 812.72	9.35	5 578.64	1 324.61	9.60	2 531.90
	减少	246.46	10.06	−1 105.35	148.19	10.24	−1 623.08	69.64	10.30	−1 081.07
	合计			2 074.23			4 191.18			3 064.41
陆良	增加	0.00	0.00	0.00	9.48	10.00	138.42			
	建设	1 023.05	8.32	307.63	2 935.40	7.58	71.74			
	减少	131.27	9.80	−2 362.03	124.04	9.81	−2 538.27			
	合计			−2 054.40			−2 328.11			
凤翔	增加				75.01	9.00	833.88	0.00	0.00	0.00
	建设				21.54	9.16	232.06	66.99	8.76	762.23
	减少				581.91	8.47	745.20	141.27	8.30	−1 669.79
	合计						320.74			−907.56
达拉特	增加	19 878.38	12.67	119 300.00	0.00	0.00	0.00			
	建设	4 042.05	11.19	34 100.00	2 617.74	11.86	3 519.50			
	减少	471.27	13.32	−2 900.00		12.35	−583.19			
	合计			150 500.0			2 936.31			
阿勒泰	增加	54.20	12.00	344.90	0.00	0.00	0.00			
	建设	16.46	12.00	104.80	91.06	11.00	492.00			
	减少	−45.38	11.50	−238.30	23.52	13.00	−93.00			
	合计			211.40			399.00			

丰都县 2010 年建设区增加产能 2697.61 t、建设占用耕地即减少耕地产能损失 1 105.35 t，2010 年度净增加产能 3 148.22 t，每公顷耕地平均增加产能 37.5 kg；2011 年建设区增加产能 5 578.64 t、建设占用耕地即减少耕地产能损失 1 623.08 t，2011 年度净增加产能 4 917.38 t，每公顷耕地平均增加产能 60 kg；2012 年建设区增加产能 2 531.9 t、建设占用耕地即减少耕地产能损失 1 081.07 t，2012 年度净增加产能 3 432.34 t，每公顷耕地平均增加产能 41.25 kg。总体来看，丰都县 2010 年、2011 年和 2012 年耕地产能总体呈现上升趋势，2010 年丰都县耕地产能增加为 2074.23 t，2011 年丰都县耕地产能增加为 4 191.18 t，2012 年丰都县耕地产能增

加为 3 064.41 t，由此可见，2011 年耕地产能提升幅度较大，三年期的产能均为净增加。

陆良县 2010 年建设区增加产能 307.63 t、建设占用耕地即减少耕地产能损失 2 362.03 t，2010 年净损失产能 2 054.40 t；2011 年建设区增加产能 71.74 t、建设占用耕地即减少耕地产能损失 2 538.27 t，2011 年净损失产能 2 328.11 t。总体来看，陆良县 2010 年、2011 年耕地产能总体呈现下降趋势，2010 年陆良县耕地产能损失为 2 054.40 t，2011 年陆良县耕地产能损失为 2 328.11 t，由此可见，陆良县连续两年耕地产能下降。

凤翔县 2011 年新增耕地增加产能 838.88 t、建设区增加产能 232.06 t、建设占用耕地即减少耕地产能损失 745.20 t，2011 年净增加产能 320.74 t；2012 年建设区增加产能 762.23 t、建设占用耕地即减少耕地产能损失 1 669.79 t，2012 年净损失产能 907.56 t。总体来看，凤翔县 2011 年度、2012 年度耕地产能先上升后下降，2011 年凤翔县耕地产能增加为 320.74 t，2012 年凤翔县耕地产能减少为 907.56 t。

达拉特旗 2010 年新增耕地增加产能 119 300 t、建设区增加产能 34 100 t、建设占用耕地即减少耕地产能损失 2 900 t，2010 年度净增加产能 150 500 t；2011 年建设区增加产能 3 519.50 t、建设占用耕地即减少耕地产能损失 583.19 t，2011 年度净增加产能 2 936.31 t。总体来看，达拉特旗 2010 年、2011 年耕地产能总体呈现上升趋势，2010 年达拉特旗耕地产能增加为 150 500 t，2011 年达拉特旗耕地产能增加为 2 936.31 t，由此可见，2010 年耕地产能提升幅度较大，两年期的产能均为净增加。

阿勒泰市 2010 年新增耕地增加产能 344.90 t、建设区增加产能 104.80 t、建设占用耕地即减少耕地产能损失 238.30 t，2010 年净增加产能 211.40 t；2011 年建设区增加产能 492.00 t、建设占用耕地即减少耕地产能损失 93.00 t，2011 年度净增加产能 399.00 t。总体来看，阿勒泰市 2010 年、2011 年耕地产能总体呈现上升趋势，2010 年丰都县耕地产能增加为 211.40 t，2011 年丰都县耕地产能增加为 399.00 t，由此可见，2011 年耕地产能提升幅度较大，两年期的产能均为净增加。

第二节　西部地区耕地等级(产能)变化驱动因素分析

一、总体分析

耕地是自然环境和人类社会共同作用的复杂系统，耕地质量变化的驱动因素包括自然因素与人为因素，其中自然因素具有相对稳定性，反映土地的自然本底条件，构成了耕地生产力的基础，是耕地质量变化的内在影响因素；而人为因素则主要是人类活动对耕地利用方式、水平等变化施加影响进而引起耕地等级变化，是驱动耕地质量急剧降低或提升的主要诱因，具有易变性、突变性等特点。

耕地质量驱动因素分类如图 7-4 所示。

(一)自然驱动因素分析

耕地质量变化的自然因素主要包括气候、地形、土壤、水文等多方面因素，这些自然因素的

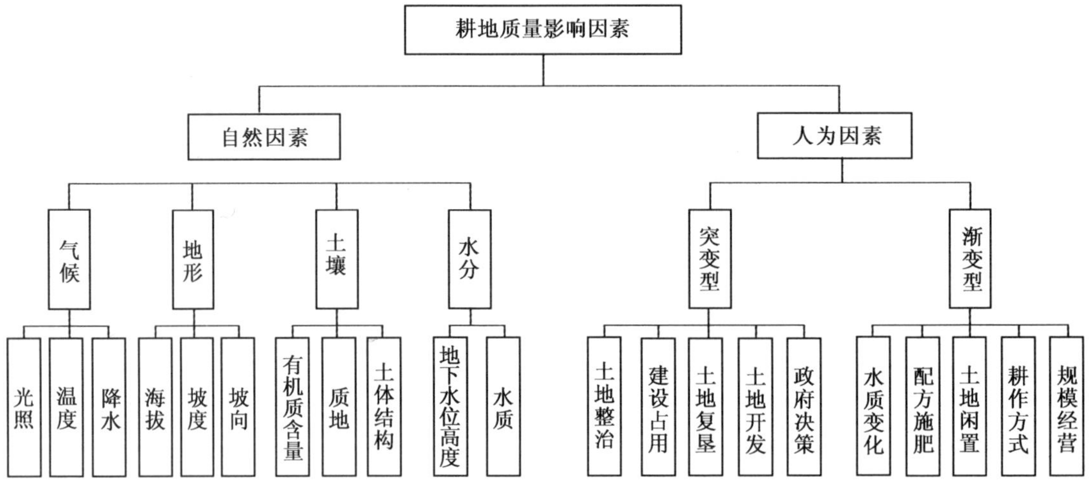

图 7-4 耕地质量等级变化影响因素

变化在时间上和空间上对区域内耕地质量等级的变化具有重要影响。其主要作用方式如下：

(1)气候因素　气候因素包括降水量、无霜期、≥10°积温等。降水量主要影响耕地的生产潜力与利用方式，无霜期主要影响作物的生长期，侧面反映耕地环境的光温条件。

(2)地形因素　地形因素主要包括海拔高度、坡度、坡向等。不同的海拔高度、坡度、坡向也影响着耕地获得的光热资源，也影响着耕地质量。

(3)土壤因素　土壤因素主要指：土壤质地构造、土体结构、障碍层深度、土壤有机质含量、有效土层厚度、pH、土壤污染等。土壤是作物生长的物质基础，其质地好坏直接影响耕地产出能力，对耕地质量有着重要影响；土壤有机质含量、有效土层厚度不同，对耕地质量也有明显的差异；而土壤的盐碱度、污染状况是耕地质量的一个负面影响因素。

(4)水文因素　水文因素主要包括排涝能力、地下水位高度、水体污染程度等。灌溉、排涝能力是耕地质量的正面影响因素，包括灌溉水源的质量、保证率，应对暴雨灾害的排涝能力都是确保耕地质量的重要因素；而地下水位高度、水体污染等均为影响耕地质量负面因素，地下水位过高、水体污染对耕地质量造成不利影响，降低耕地质量。

(二)人为驱动因素分析

耕地质量变化的人为因素主要包括耕地集约化利用，耕地经营规模调整，土地利用方式转变(建设占用、生态退耕等)，土地开发整理，基本农田建设及农业发展政策等社会、经济、政策等方面因素。而人为因素根据其影响耕地质量效果的剧烈程度分为渐变型因素与突变型因素。渐变型在短期内具有一定的稳定性，突变型在短期内变化比较明显，渐变型因素与突变型因素主要包括：

(1)突变型因素　短时间内因政策或者不确定性因素导致的耕地质量变化，具有发生时间短、效果比较明显的特点，突变型因素主要包括：

①土地整理项目实施，土地整治项目会改善耕地的灌溉、排水条件以及田间建设条件，提高田间的耕作便利性以及农业机械的作业效率，达到提升耕地质量的目的，等级得以提升；

②极端性自然灾害的发生，造成耕地面积较少或对耕地耕作条件造成影响导致耕地质量

下降；

③新增耕地，原先未被开发的土地经过开发之后变为可耕作良田；

④重大公共基础设施的建设，一部分耕地被建设占用导致耕地面积变化，通过基础设施的建设，比如道路、沟渠等的建设都会对耕地利用水平产生影响。

(2)渐变型因素　随着时间的变化因人们的耕作习惯或者自然环境的变化导致的耕地质量的变化，是由人为因素作用，但周期较长，短期内相对突变型因素保持稳定。

①施肥或者技术的改善，机械化程度提高，科学种田地力提升；

②气候变化等，随着气候的变化，相应的土壤理化性质也发生变化，影响耕地等级。

二、丰都县耕地质量等级变化驱动因素分析

从监测结果和实地调研发现，丰都县年度耕地数量、质量、产能有所提升，主要的驱动因素为实施耕地综合整治、粮食主产区的保护、气候变化相对稳定。

耕地综合整治已实施了10余年，从不规范到目前落到实处，耕地综合整治不仅体现了增加有效耕地面积，更改善了当地农民生产生活条件，改良了土壤状况，农业产业的配套促使耕地综合整治项目后续效益扩大，耕地利用率及利用程度提高。耕地综合整治通过土地平整工程、田间道路工程及农田水利工程三项工程进行整治。土地平整工程包括坡改梯、田块归并、田块整修等工程，促使田块规整化，耕作便利化，控制水土流失；田间道路工程包括田间道路的新修和整修，生产路的贯通布局，改善农民的生产及出行条件，提高耕作积极性；农田水利工程主要包括灌溉设施布局，排水布局，山坪塘及蓄水池的布局，从而改善区域内排水及灌溉条件，从而促进粮食增产增收。因此，耕地综合整治投入强度及布局合理性对区域内耕地质量起到关键作用。

丰都县属于国家基本农田示范县，也是重庆市粮食主产区，因此粮食主产区保护及产业投入是耕地质量变化的重点。

丰都县气候属“中亚热带湿润季风气候”和“东部季风型农业气候区”，具有气候温和、四季分明，热量丰富、地区差异大，雨量充沛、时空分布不均，无霜期长，雪凌少，云雾多，冬无严寒，春早冷暖多主变，夏热多伏旱，秋凉多绵雨的农业气候特点。但总体的变化趋势不明显，因此也是丰都县耕地质量变化较小的原因之一。

三、陆良县耕地质量等级变化驱动因素分析

陆良县自经历2010年遭遇百年未遇的特大旱灾之后，加快了水源工程建设，通过建小水池、维修坝塘、铺设管道、建小水窖、修三面光农田排水沟、旱地水窖、水田灌溉、中低产田改造、发展现代农业等措施，陆良县的灌溉保证率与排水条件得到了较大提升；同时陆良县依靠科技强指导，围绕样板抓重点，以高产创建为载体，应用高产栽培技术、测土配方施肥等作为示范带动全县作物生产和科技增粮行动的重要措施，土壤pH、土壤有机质含量等不断提升；此外，近年来陆良县不断巩固退耕还林成果，自2002年实施退耕还林工程以来，已累计完成退耕还林1 266.7 hm^2，坡度较大的区域耕地还林以及自发的土地平整，地表覆被增加，地表岩石出露度有了一定程度的改善。综合以上原因，陆良县耕地的本底条件得到了一定程度的改善和提高，耕地等级得以提升。

陆良县占毁调退耕地面积 22 071 hm^2，其中耕地转为建设用地 3 502 hm^2，占耕地转化面积的 15.87%，其分布主要集中于中部的沉积盆地地区，围绕陆良县城周围分布。这是因为该区域为陆良县经济发展中心地带，人口密集，建设用地扩张迅速，导致大量耕地被占用。耕地转为园地 5 410 hm^2，占耕地转化面积的 24.51%，主要分布于中部的沉积盆地地区；耕地转化为林地与草地的主要分布于县域内东、北、西的中山地区，转化面积占耕地转化总面积的 48.99%，该区域海拔高，坡度大，不利于农业耕作，退耕还林还草主要分布在此区域。

四、凤翔县耕地质量等级变化驱动因素分析

(一)自然驱动因素

耕地质量变化的自然驱动因素是指直接或间接作用影响耕地质量的生物物理因子，包括地形、地貌、气候、土壤、水文等因素。

1. 地形地貌

凤翔县境西北高、东南低。西北部低山丘陵环抱，山前洪积冲积扇群彼此相连接，形成山原之间一个弯月形腰带；中部黄土台塬平展向东南敞开，西南隅千河阶地窄带镶嵌，形成四个地貌单元。丘陵地区地形地貌复杂，可以反映耕地质量优劣的因素，例如土壤特性、基础设施条件、区位条件等，均与耕地所在的地形位置具有高度的相关性，并且耕地质量的差异程度随山坡高度的变化而变化。丘陵山地的坡度大，耕地保水保肥能力较差，而且雨水较多，地面受冲刷侵蚀厉害，水土流失严重。同时丘陵山地坡陡岩石多，实施开发复垦整理项目相对困难，土地利用率低，农户对耕地的耕作管理不方便，机械化水平落后。平原地区相对于丘陵地区地形地貌差异较小，地势平坦，水热与成土母质状况相对均一，由地形因素引起的耕地质量的空间差异相对较小，但由于地势平坦，地形坡度较小，不存在岩石露头度，部分区域容易出现排水不畅或者盐渍化等一些由地形地貌因素引起的问题，同样影响了耕地等别质量的差异。

2. 气候条件

凤翔县气候变化虽然并不显著，但随机性的灾害性气候时有发生。气候变化必然会引起耕作制度和粮食产量的变化，同时也会对耕地的生产潜力产生重大影响，从而改变耕地质量，成为耕地等级变化的驱动因素。

3. 土壤

凤翔县耕地中塿土、黄绵土面积占 93%，土壤耕层容重为 1.25～1.26 g/cm^3，孔隙度 52.5%～52.8%，对作物生长较为适宜，土壤养分耕地 0～20 cm 土层有机质含量平均 1.23%，土壤较为肥沃，为农业生产创造了良好的土地条件，对耕地质量的保持有着不可忽视的正面作用。

(二)人为驱动因素

1. 耕地综合整治

凤翔县耕地综合整治规划措施主要包括五项土地整治工程，即土地整理、土地复垦、工矿废弃地复垦、土地开发、土地综合整治工程。在两轮耕地分等期间，在 2009 年完成的唐村乡大唐村一、二组土地复垦整理项目、横水镇上洛村土地复垦整理项目、横水镇王家崖村土地复垦整理项目共整治总规模达 24 hm^2，新增耕地 21.53 hm^2。在 2010 年实施的老铺子土地开发整理项目、马沟门土地开发整理项目、吴家嘴土地开发整理项目共整治规模达 140.8 hm^2，新增

耕地 75.06 hm^2。在 2011 年实施的新庄河、尹稼坞村等土地复垦整理项目，新庄、李家沟等空心村治理项目中，共涉及面积达 85.53 hm^2，新增耕地面积 67 hm^2。在 2012 年实施的 20 个土地复垦、土地开发项目中共整治面积达 383.9 hm^2，新增耕地面积 336.13 hm^2。通过土地复垦工程、土地开发工程，将原先的草地、灌木林地、农村道路等非农用地整治为耕地，使土地质量提高，耕地面积增加，生产条件提升，粮食产量增加，耕地等级提高。在 2012 年完成的长青、横水土地整理项目中，共整治土地 140 hm^2，通过土地整理工程，将原先生产条件较差、粮食产量较低的旱地整理成为水浇地，从而使水土流失较低，生产条件大大改善，粮食产量增高，耕地等级得以提高。

2. 政策扶持

由于凤翔县被划为国家新增 1 000 亿 kg 粮食规划重点县之一，同时也是建设国家耕地质量等级监测试点和耕地等级变化野外监测应用示范基地之一。由于政策的扶持，投入大幅增加，各种土地利用工程得以规划并开始实施，必然会导致耕地质量的变化。

除自然驱动力和人为驱动力外，耕地分等时各类系数调整也是一个耕地等级变化的一个重要影响因素。凤翔县 2010 年耕地分等与 2008 年耕地分等相比，夏玉米产量比系数由 0.92 调整为 0.85，冬小麦光温生产潜力指数由 991 调整为 915，气候生产潜力指数由 707 调整为 666；夏玉米光温生产潜力指数由 2 035 调整为 1 943，气候生产潜力指数由 1 650 调整为 1 712。从而使两次耕地等级发生了很大的变化。

五、达拉特旗耕地质量等级变化驱动因素分析

内蒙古达拉特旗面积较广，地貌类型多样，地形成阶梯状，呈现南高北低、西高东低的空间格局，南部以山地丘陵为主且面积较大，中部为沙地，素有“五山二沙三分田”说法，土壤养分贫瘠，自然条件恶劣，生态环境非常脆弱。在长期的自然因素和人为不合理利用土地因素的综合干扰下，再加上日益增长的人口压力，对耕地的数量质量的保护造成严重威胁；经济开发过热，导致大量耕地被非农业建设用地所占用对耕地数量造成损减，使得本身就有限的耕地资源变得更加紧缺；由于地表缺少植被覆盖，降水集中，水蚀作用极其强烈，据统计，全旗水土流失每年有 1～2 cm 表层土被暴雨冲走，水土流失面积达 6 268.4 km^2，年平均侵蚀模数 5 965 t/km^2，每年约向黄河输送泥沙 2 420 万 t。而且按测定的每流失 1 t 泥沙中含氮 1.2 kg，含磷 1.5 kg，含钾 20 kg 计算，水土流失每年从每平方千米土地上带走 7.2～14.4 t 氮，9～18 t 磷，120～240 t 钾，对土壤侵害非常严重，大量表层土及大量养分被带走，使耕地质量保持难以为继；由于白色污染、化肥农药、工业等造成土壤污染以及耕地的过度垦殖等对耕地可持续利用构成新的威胁。此外，达拉特旗土壤盐渍化现象也非常严重，达拉特旗处于半干旱气候带，夏季炎热而短暂且降水比较集中，冬季寒冷干燥，蒸发量远大于降水量（年蒸发量是降水量的 6～9 倍），每年 3～5 月气温逐渐升高，蒸发日益强烈，蒸发量最大值出现在 5～6 月，土壤盐分随土壤毛管水上升到地表，形成积累。7～8 月进入雨季后，表土层盐分随雨水下渗，9 月末降水大大减少，盐分再度上升，封冻后则保持相对稳定，年复一年导致盐渍化土壤的形成。再有，部分地区长期的大水灌溉，加之地下水排水不良，导致地下水长期处于临界深度以上，从而使得低洼地区出现了严重的土地盐渍化和次生盐渍化。

牲畜数量的剧增，草原保护的乏力，导致草场长期超载过牧，按照年实际畜载量和理论畜载量相比较，达拉特旗大多数乡镇处于超载状态，并且离居民点越近，超载越严重。由于植被

的破坏，加速了土地退化进程；由于土地退化进程的加剧，又导致土地退化面积不断扩展，反过来对植被造成严重破坏，这样又加速了土地退化的进程，从而导致土地退化恶性的循环，致使退化面积不断扩大，风蚀沙化日益严重，不断蚕食着耕地的数量、影响着耕地的质量。

六、阿勒泰市耕地质量等级变化驱动因素分析

阿勒泰市环境质量好，无环境污染情况，因此，没有考虑环境污染因素对阿勒泰市耕地等别变化的影响。阿勒泰市地形、土壤因素是长期稳定因素，对耕地质量变化影响不大。导致耕地等别发生变化的主要自然因素是气候因素。阿勒泰市降水量和降雪量对耕地的产量产生影响。降水量和降雪量大，水源充足，耕地质量高；降水量和降雪量小，易发生干旱情况，耕地质量低。

阿勒泰市近年来注重耕地集约利用以及耕地经营规模调整，2005—2012 年整理土地 10 443.04 hm^2，新增耕地 526.14 hm^2，总投资 16 678.43 万元。农田基本建设、土地整治工程措施改善耕地的灌溉、排水条件以及田间建设条件，提高田间的耕作便利性以及农业机械的作业效率，提升了耕地质量。阿勒泰市 2005—2010 年开发土地 2 964.79 hm^2，新增耕地 2 414.62 hm^2，总投资 5851.11 万元。土地整治是对土地产能的有效补充。阿勒泰市 2010 年建设占用耕地 45.38 hm^2，没有农业结构调整占用耕地的情况，没有因生态退耕发生耕地减少情况，没有灾毁耕地减少情况。因此，阿勒市耕地等别变化主要是人为因素即为土地利用方式转变和农田基本建设所起作用的结果。

第三节　西部地区耕地等级提升途径分析

西部地区耕地质量等别总体偏低，由西部生态脆弱区耕地质量等别数据汇总得到西部地区平均自然质量等别为 10.8 等，平均利用等别为 11.2 等，平均经济等别为 10.9 等，这与当地的自然条件、耕作制度、基础设施、农业生产技术及投入等因素都有密切联系。

以云南陆良县为代表的云贵高原区岩溶、石漠化现象突出，由岩溶、石漠化引起的水土流失、土壤溶蚀、耕地坡度、岩石出露等耕地问题较为严重。由监测结果可看出云贵高原区障碍层深度、坡度、岩石露出度这几个指标值未达标准，这与云贵高原特有的岩溶现象及喀斯特地貌有密切联系，而上述指标也被认为是云贵高原区特有的耕地质量限制因素。针对由岩溶引起的一系列耕地质量问题，有必要从以下几个方面对耕地进行综合治理，以提高云贵高原区整体耕地质量水平。首先在云贵高原区应重点防治由岩溶化引起的水土流失，在区内土地利用方面应以农地为主、林地为副，尽量提高土地覆被率和覆被时效；其次应根据该区土地生态规划，适当调整土地利用结构，在不同地区根据当地的特色产业相应地做出调整；最后应加强农田基础设施建设，加大经济投入，巩固和发展商品粮基地，提高粮食生产能力，保证地区粮食安全。

以重庆丰都县为代表的四川盆地区具有山地、丘陵面积大、平原面积小的地貌特点，坡度成为四川盆地区特有的耕地质量主要限制因素，另一方面四川盆地区旱坡耕地分布广泛，约占区内耕地面积的 52%，尤其以 6°～25°坡耕地居多，该类坡耕地肥力水平不高、水土流失严重、梯化程度低，单产较低。因此对于区内坡耕地的合理开发及利用对于区内耕地质量等级的整体提升具有重要现实意义。基于以上背景因素，对于区内坡耕地应进行适当的土地整治和水

土流失治理，以生态保护为前提，实行保护性利用；同时应加大经济投入，促进耕地向集约化、产业化方向转变，最大限度提高区内粮食单产；对于缓坡耕地则应进一步完善梯田系统，可以用工程措施及生物措施实施坡改梯工程，以减少地表径流，防治水土流失；最后在区内应加强水利建设，提高水资源利用效率，坚持以蓄为主，蓄、引、提相结合的方针，扩大旱地浇灌面积。

以陕西凤翔为代表的黄土高原区由于气候干旱，具有典型的塬、梁、峁、川地貌特征，沟壑纵横，水土流失及风沙侵蚀现象严重，是我国极具代表性的生态脆弱区和水土流失严重区。因此在制定耕地质量提升策略时应以生态建设为重点，坚持保护优先、开发有序的原则，以水土流失治理和土地沙漠化治理为目标推进生态环境建设，禁止砍伐及放牧行为，加强防护林工程建设，提高植被覆盖度，把退耕还林还草与耕地增产结合起来，多管齐下，扭转生态持续恶化的现状；其次也应加强土地利用结构的优化，切实保护基本农田的面积，适当扩大林地面积，在不影响区内生态环境质量的前提下合理开发沙地、盐碱地等未利用地，以增加土地利用供给量；最后应加强水利设施建设，合理利用地表水资源，适当开发地下水资源。

以新疆阿勒泰为代表的西北地区是我国草场退化、荒漠化与水土流失最严重的地区，水旱、风沙、滑坡、泥石流等自然灾害是抑制该区农业发展的主要障碍因素，具体体现在土壤pH、盐渍化程度和林网化程度等指标上。基于西北地区的自然条件，在制定耕地质量提升策略时也应以发展生态农业为主，以水定地，发展节水农业；选择合适的肥料种类以缓解土地偏酸以及盐渍化普遍的问题；适当的退耕还林也是不可或缺的一个环节，对于生产水平较低的“边际土地”坚决实行退耕还林、还草，对于其他耕地则视情况而定，尽量提高区内林网化程度以防治水土流失；最后要加强农田基础设施建设，对田、水、路、林、村进行整治，改善生产条件，提高农业综合生产能力。

以内蒙古达拉特旗为代表的内蒙古及长城沿线农牧交错区是指在宜牧总背景下，从以种植业和舍饲畜牧业为主过渡到以放牧业为主的地带。由于气候干旱、地表沙质疏松，再加上人类的不合理开发利用，导致该地区草场退化、土地风蚀沙化、盐渍化以及水土流失现象严重，以至于该区土地承载力难以负荷巨大的人畜压力，成为我国生态最为脆弱的地区之一。从分等指标来看内蒙古农牧交错区在土壤pH、表层土壤质地、排水条件以及盐渍化程度方面问题较突出。相关研究表明地表植被盖度对于该区土地生产潜力的影响很大，因此在对土地进行开发利用的同时应注意保持一定的地表植被覆盖率，在部分地区适当实行退耕还林还草工程，以防治土地沙漠化或盐渍化现象。除此之外，应进一步加强农田基础设施尤其是灌排设施的建设，在区内开展土地整治项目，以发掘耕地生产潜力，提高耕地产能，缓解人地矛盾。

本章小结

本章依据耕地质量等别监测评价结果，阐述了西部示范县耕地质量等别与产能的变化特征，分析了耕地质量等别与产能变化驱动因素，提出了耕地等别提升途径。为强化地方的耕地资源安全管理水平，提升维护国家粮食安全的资源保障能力提供科技支撑。

从耕地数量变化情况来看，2010—2012年丰都县耕地面积呈现减少趋势，阿勒泰市和达拉特旗呈现先减少后增加趋势、陆良县呈现减少趋势；从耕地平均自然等别变化情况来看，丰都县由9.9等逐年提升至9.76等，陆良县由9.67等降低至9.73等，凤翔县由8.62等提升至8.58等，阿勒泰市由11.01等降低至12.35等，达拉特旗由14.25等提升至14.06等；从耕地平均利用等别变化情况来看，丰都县由10.07等逐年提升至9.98等，陆良县由9.09等降低至

9.29 等，凤翔县由 8.49 等降低至 8.79 等，阿勒泰市由 11.99 等提升至 11.35 等，达拉特旗由 13.30 等提升至 12.70 等；从耕地平均经济等别变化情况来看，丰都县由 10.04 等逐年提升至 9.98 等，陆良县由 8.91 等降低至 9.269 等，凤翔县由 10.02 等提升至 9.65 等，阿勒泰市由 11.04 等提升至 10.81 等，达拉特旗由 13.93 等提升至 13.53 等；从耕地综合产能变化情况来看，丰都县、达拉特旗和阿勒泰市呈现产能逐年提升趋势，陆良县呈现产能逐年降低趋势，凤翔县呈现产能先提升后降低的趋势。

第八章　成果应用

第一节　农用地国家级汇总

一、是国家级汇总成果的重要组成部分

《中国耕地质量等级调查与评定》成果是我国历史上第一份依据规程统一组织实施的、大比例尺的、覆盖全国的耕地质量等级调查与评定成果。农用地分等技术指标体系依据耕地资源生产形成理论，吸收借鉴了农业生产区域法和土地利用系统评价方法等国外相关理论方法，建立以县级光温生产潜力、气候生产潜力为基础的耕地资源生产潜力基础面，采用对于地形、土壤等立地条件、土地利用程度条件和土地投入产出条件的递进修正等系统方法，形成了基于耕地资源生产能力为基础的耕地质量评价的技术体系。从理论上讲，区县、省级内部以及省际的成果应该是具有统一可以比较的生产能力质量指数。

国家级农用地分等成果主要有六大成果。一是报告。包括《中国农用地（耕地）等别调查与评定（全国卷）》以及31个省（自治区、直辖市）《中国农用地（耕地）等别调查与评定（分省卷）》，全国农用地分等工作报告、技术报告，中国农用地分等标准样地报告、中国农用地分等成果应用专题选编，以及《中国农用地（耕地）标准耕作制度》、《中国农用地（耕地）光温（气候）生产潜力》、《中国农用地（耕地）分等因素诊断指标体系》等一系列的报告和专著。二是图件。有1：450万的中国农用地等别分布图（挂图）以及1：50万中国农用地等别标准分幅图（图集）。三是数据库。建立了国家级农用地分等数据库和标准样地数据库。四是数据表册。包括国家级汇总单元综合属性数据表册、国家级标准样地属性数据表册、国家级分等结果面积汇总表等。五是影像成果。国家级标准样地照片集、省（自治区、直辖市）农用地标准样地图册（含剖面照片、景观照片及说明）。六是分布在各地的标准样地实物。全国汇总成果，以及各地的原始调查资料，各县（市）、省（自治区、直辖市）汇总的图件、数据、文字资料等，是我国历史上最系统、全面、准确和最宝贵的土地调查评价资料和成果。西部地区12个省（自治区、直辖市）耕地资源评价工作是国家级农用地分等成果的重要组成部分，是国家级农用地分等成果来源的基础。

二、服务于国土资源管理事业

西部地区耕地资源评价是国土资源大调查土地领域的一个成果，与土地利用现状调查相配套，为实现土地资源数量、质量并重管理提供了支撑；与“金土工程”相衔接，为加强土地质量等级监管打下了基础；与土地质量地球化学评估成果相整合，为实现耕地的生态管护建立了平

台。耕地质量等级调查与评定是一项面向国土资源管理改革与发展需要,不断深化土地科技研究的一个重要成果,对促进经济社会可持续发展具有重要意义。同时,我国每年城镇发展和各项基础设施建设要占用大量高等级耕地,而补充的耕地主要分布在水热、区位、地形条件相对较差的地区,总体质量不高。高等级耕地流失过快,补充耕地等级偏低,耕地质量总体下降,严重影响我国耕地生产能力,威胁国家粮食安全。西部地区耕地质量等别评价与监测研究有利于提高耕地质量等级,确保耕地生产能力的稳步提升。

第二节　高标准基本农田建设中的应用

耕地质量等别评价是基本农田建设质量调控和效果评价的重要手段。将耕地质量等别评价理论与方法应用于基本农田建设,构建基本农田建设质量控制体系,对科学评价基本农田建设效果和提高基本农田建设的综合效益具有重要意义。基本农田是指按照一定时期人口和社会经济发展对农产品的需求,依据土地利用总体规划确定不得占用的耕地。基本农田建设要达到田块平整、道路通达、水利设施配套、防护林带完善的高标准基本农田要求。基本农田建设的主要工程内容有土地平整工程、农田水利工程、田间道路工程和农田防护林工程。

一、基本农田建设项目的可行性研究和初步设计阶段

在将耕地质量等别评价成果应用于基本农田建设项目可行性研究和初步设计阶段,可确定项目区现实的土地质量情况,并结合区域实际情况确定基本农田建设所能够达到的目标等别和基本农田工程建设的重点方向。在现有项目区农用地分等成果的基础上,结合项目区踏勘和实际调研成果,可对本区域土地利用的主要特点、存在的主要障碍因素和基本农田建设所要解决的主要问题有更清晰的认识。在规划设计阶段,围绕关键工程技术内容对土地质量的作用效果进行分析,提出适合区域特点和可持续发展要求的基本农田建设方向。基本农田建设项目完成后,对项目区土地权属进行了调整,跟踪监测和评价了基本农田的建设效果,并对土地质量进行了年度监测。为了实现土地规模经营,提高土地利用效益,需要对地块进行有效的归并和调整。以上工作都需要以农用地分等成果为依据,真正实现土地管理由数量管理向质量管理的转变。

二、基本农田保护区划定中的应用

农用地自然质量等指数反映了农用地的自然质量。因此,农用地自然质量分等成果可以用于一切涉及农用地质量的评价。例如,在土地利用总体规划中划定耕地与基本农田时,可将自然质量等指数高和较高的分等单元优先划入耕地基本农田保护区,使其受到特殊保护。在满足上级规划下达的基本农田数量指标的情况下,自然质量等指数较低的可划入一般农田。一般情况下,非农建设对土地区位要求高,而对地力则没有要求。因此,经供需分析,建设用地确需扩展且需要占用农用地的,应在考虑区位条件的同时,尽可能将自然质量等指数低的农用地划入建设用地扩展区。

在较小的区域内，比如县（市）域范围内，气候条件及由气候条件决定的种植制度是相同的，这时只有农用地的田间地块质量存在差异。这种情况下可以直接利用农用地自然质量分划定耕地与基本农田保护区，县（市）级土地利用总体规划直接利用自然质量分划定耕地与基本农田保护区更科学实用。

第三节　土地整治规划中的应用

一、在耕地保有量计算方面的应用

综合运用农用地分等成果中作物的理论光温（气候）生产潜力 a_{tj}、不同作物之间的折算系数 β_j 以及除了气候条件之外的其他农用地田间条件 $C_{L_{ij}}$，计算区域耕地可以达到的粮食生产能力，因为产量不仅受到土地质量影响，还受到劳动和资本影响。在市场经济条件下，农作物的产量越来越受到农民投入意愿的影响，这就造成耕地粮食统计产量与耕地粮食生产能力存在着较大的差异。依据耕地的粮食生产能力计算耕地保有量，而不是根据现实粮食产量，更体现了耕地保护是保护粮食生产能力的思想。

二、在划定土地开发整理区中的应用

耕地质量等别评价的工作对象除了包括农用地之外，还包括宜农未利用地。因此，可以利用农用地分等成果，将自然质量等指数较高或自然质量分较高的后备土地资源列入开发规划范围。

耕地质量等别评价单元的自然质量分的构成属性数据库可以提供该单元田间地块的质量状况与限制性因素，为开展针对性的土地整理指明了方向。因此，可以利用自然质量分的高低，判断该分等单元进行整理的潜力。但应该指出的是，并不是所有限制因素都能够改良或消除，有些限制因素是难以改良的，即高产田的正常产量与中低产田的正常产量之间的差值并非完全代表可以挖掘的空间。土地整理的增产潜力要看土地的限制因素，改良的难易和土地整理措施的技术可行性。另一方面，现实投入水平下的单产一般低于高投入水平下的单产，因此，建立分等单元的自然等指数或自然质量分与该分等单元的正常投入与管理水平下的粮食产量之间的定量关系，可以推算通过提高投入管理水平后的增产潜力。

农用地利用等既与农用地的自然生产潜力有关，也与人们利用农用地的投入与管理水平有关，既反映了在农用地自然生产潜力的基础上，人们利用其进行农业生产获取的实际产量，也反映了人们利用土地的能力和意愿。通过比较自然质量等指数与农用地的利用指数差距，可以判断分等单元的粮食增产潜力的大小。一般，差距越大，潜力越大。特别是二级区的作物最高产量，可以计算区域耕地可以达到的粮食生产能力，这比过去依据统计产量更科学。因为产量不仅受土地质量影响，还受劳动和资本影响。在市场经济条件下，农作物的产量越来越受到农民投入意愿的影响，这就造成耕地粮食统计产量与耕地粮食生产能力存在着较大的差异。

依据耕地的粮食生产能力计算耕地保有量，而不是根据现实粮食产量，更体现了耕地保护是保护粮食生产能力的思想。

第四节　耕地质量等别年度更新与监测中的应用

耕地质量等别年度更新与监测是为掌握实时实地的耕地质量状况，持续定期地通过合理的空间取样，调查影响耕地质量的主要指标或属性，并结合其他统计数据分析，对耕地质量的变化做出评估。国家耕地质量动态监测体系是以农用地分等成果为基础，每年采用遥感监测与地面调查相结合的方法，实时对耕地质量进行动态监测，并建立全国各级耕地质量数据库系统，以满足国家管理和部门决策的需求。国家耕地质量动态监测体系由国家国土部门负责监测点的布设、监测指标的选取、监测技术标准的制定、监测数据的处理和监测结果的评价与发布，县级国土部门负责监测点的实地监测和监测数据的实时网络上报。

一、通过耕地质量等别设置监测点

作为耕地质量监测点必须有广泛的区域土地质量代表性，而且要便于管理和监测。其最基本原则为：①代表一个主要的土壤地带和（或）农业生态区域；②代表一个典型的自然地理区域（景观）和（或）土壤的主要质地类型；③代表一个区域内主要（或今后可能是主要）的农业生产系统。

具体布设监测点时，应在县级范围内，就每一个等别耕地，依据耕地的光温条件、地貌特征、土壤类型、生产条件等关系耕地质量的因素，选择能较全面地代表本区域内该等别耕地质量状况的、有一定面积、交通方便的基本农田作为监测点。按照统计学原理，监测点的数量不可低于置信度水平，实际布点时还要参照县域内耕地总面积及其他具体情况而定。此项工作由国家国土部门借助于农用地分等成果，通过查询各县耕地具体分等单元的属性，并综合对比各县的区域自然地理、农业状况，选取典型的耕地初定为监测点，然后将其位置和属性信息等会同县级国土部门核实，最终确定为监测点。

二、以耕地分等为基础设置监测的指标体系

参照《规程》，耕地质量的实质是耕地生产能力与耕地生态质量因素的综合反映。以农用地分等成果为依托，在充分分析耕地质量影响因素的基础上，筛选出在一定时间内存在变化且对耕地质量及其产能具有重要影响的自然因素与社会经济因素作为监测指标，构建起耕地质量监测指标体系。

三、监测结果对比分析

耕地质量监测评价的目的是掌握耕地质量的现状与变化趋势、评价目前的土地利用方式的可持续性，并针对发现的问题，及早提出解决的方法与措施。可通过与耕地分等的结果对比，分析监测结果的变化，并进行结果分析。

第五节 耕地占补平衡中的应用

"耕地占补平衡"政策是国家为实现耕地总量动态平衡，确保中国粮食安全而以法律形式作出的重要规定，是实现我国耕地保护基本国策的一项基本制度。由于对耕地占补的质量平衡缺乏一定的测算标准和参考依据，还停留在保证耕地数量平衡上，而忽视或无法顾及耕地质量平衡和耕地生态平衡。农用地分等是依据构成土地质量稳定的自然条件和经济条件，在区域内进行农用地质量综合评定。因此，运用农用地分等成果进行耕地占补平衡方法的探讨，具有重大意义。

农用地粮食综合生产能力可以用综合性指标（如单位面积粮食产出水平）和特性指标集（如基础肥力、土壤质地、土壤有机质含量、土壤厚度、灌溉保证率等）两种方式来表示。单位面积粮食产能是反映农用地粮食生产能力的综合性指标，具有直观、容易理解的优点。按照《规程》中农用地分等计算方法和思路，农用地的利用等最能反映农业的综合生产能力，因此，以标准粮产量作为衡量农业综合生产能力的标准，并以农用地利用等作为划分等别的标准进行折算系数的计算。其计算步骤如下：首先，整理农用地分等成果，将区域农用地利用等别和相应的利用等指数从低到高依次排列。其次，计算利用等标准粮产量。依据标准耕作制度，确定该地区的基准作物。基准作物是理论标准粮的折算基准，指全国比较普遍的主要粮食作物，如小麦、玉米、水稻。标准粮产量是基准作物的产量，根据调查样地产量，利用产量比系数计算分等单元标准粮实际产量；然后汇总分等单元的标准粮产量，运用算术平均法或面积加权法计算各个利用等的标准粮产量。

$$Y = \sum Y_j \beta_j \tag{8.1}$$

式中：Y 为样点的标准粮产量；Y_j 为第 j 种指定作物的实际产量；β_j 为第 j 种指定作物的产量比系数。

最后，计算耕地占补平衡等别折算系数：

$$r = \frac{Q}{Q'} \tag{8.2}$$

式中：r 为耕地占补平衡等别折算系数；Q' 为补充耕地的标准粮产量；Q 为占用耕地的标准粮产量。

则需补充的耕地面积为：

$$S' = rS \tag{8.3}$$

式中：S' 为补充耕地面积；S 为占用耕地面积。

把农用地分等成果应用到耕地占补质量平衡中具有较强的可行性和可操作性。由于农用地分等所选的自然和经济因素因子均是影响农用地质量的主要因素，具有普遍适用性。全国各省按照统一的规程操作，因此农用地分等成果在全国范围内具有可比性，即不仅使省内不同地区农用地之间的质量具有可比性，而且不同省份之间的农用地质量具有可比性，增加耕地占补平衡的空间跨度。并且随着农用地分等成果的更新，也使耕地占补平衡目标在不同时间跨度上能够实现，避免耕地占补平衡的短期行为。农用地分等成果反映了耕地不同时期的质量变化，可以有效地保护耕地并防止由于开垦不当造成的生态恶化，保证并促进农村生态环境的可持续发展。同时，运用标准粮产量来计算等别折算系数，简单易操作。

参 考 文 献

[1] Blaschke B F T. Land suitability analysis for Tabriz County, Iran: a multi-criteria evaluation approach using GIS. Journal of Environmental Planning & Management, 2013, 2012(1):1-23.

[2] David B. Lobell, et al. Climate trend and global production since 1980. Nature, 2011:1-17.

[3] Foley J A, Ramankutty N, Brauman K A, et al. Solutions for a cultivated planet. Nature, 2011, 478(7369): 337-342.

[4] Mark W. Rosegrant, et al. Global food security: challenges and policies. Science, 2003, 302:1917-1919.

[5] Mbau J, Nyangito M, Gachene C, et al. Land use and land cover change analysis. Lap Lambert Academic Publishing, 2013.

[6] Pontius Jr. R G, Cornell J D, Hall C A S. Modeling the spatial pattern of land-use change with GEOMOD2: application and validation for Costa R.

[7] Pontius Jr. R G, Schneider L C. Land-cover change model validation by an ROC method for the Ipswich watershed, Massachusetts, USA. Agriculture.

[8] Ryder R, Ryder R. Local soil knowledge and site suitability evaluation in the Dominican Republic. Geoderma, 2003, 111(3):289-305.

[9] GB/T 28407—2012,农用地质量分等规程.

[10] 艾应伟,范志金,毛达如,等.我国西部退化土壤生态重建的特点与土壤培肥.水土保持学报,2001,15(2):45-48.

[11] 安萍莉,徐艳,张凤荣.土壤评价与土地利用规划.中国土壤科学学术研讨会. 2005. 重庆

[12] 拜琦楠.西部区耕地保护法治化研究:以宁夏为例.西北民族大学,2010.

[13] 蔡海生,林建平,朱德海. 基于耕地质量评价的鄱阳湖区耕地整理规划. 农业工程学报,2007,23(5):75-80.

[14] 崔小刚.农用地分等信息系统构建与应用研究. 石家庄:河北师范大学, 2003.

[15] 樊自立,马英杰,马映军,等.中国西部地区耕地土壤盐渍化评估及发展趋势预测.干旱区地理,2002,25(2):97-102.

[16] 范文君.划拨土地使用权权益价评估方法研究. 杭州:浙江大学, 2010.

[17] 奉婷,张凤荣,李灿,等. 基于耕地质量综合评价的县域基本农田空间布局. 农业工程学报,2014,30(1):200-210.

[18] 付国珍,摆万奇. 耕地质量评价研究进展及发展趋势.资源科学, 2015,37(2):226-236.

[19] 傅伯杰.美国土地适宜性评价的进展.自然资源学报,1987,2 (1): 8-15.

[20] 黄发秀,段正松,陈兰康,等.广西耕地质量等级补充完善工作有关问题探讨与建议.国土

与自然资源研究，2014(2):4-6.
[21] 靳取货，吴克宁，王金满. 农用地分等在基本农田建设中的应用研究. 资源开发与市场，2010(7):617-620.
[22] 经济合作与发展组织，联合国粮食及农业组织. 经合组织-粮农组织 2013—2022 年农业展望. 许世卫，等译. 北京：中国农业科学技术出版社，2013.
[23] 孔垂思，张德刚，严修儒，等. 基于 GIS 技术的农用地定级研究——以仙桃市为例. 安徽农业科学. 2006，34(13):3146-3147.
[24] 孔祥斌，张凤荣，姜光辉，等. 国外农用地保护对北京市耕地保护的启示. 中国土地科学，2005，19(5):50-54.
[25] 兰岚. 中国西部生态脆弱区的空间格局及其现状研究. 四川大学，2005.
[26] 李涛，孔祥斌，梁颖，等. 基于农户决策行为的耕地质量评价理论与方法构建. 中国农业大学学报，2010，15(3):101-107.
[27] 李武艳，徐保根. 农用地分等成果在耕地占补平衡中的应用——以浙江省为例. 中国土地科学，2006(2):15-18.
[28] 联合国粮食及农业组织. 世界粮食和农业领域土地及水资源状况——濒危系统的管理. 张慧新，等译. 北京：中国农业出版社，2012.
[29] 刘桂芳，卢鹤立. 全球变暖背景下的中国西部地区气候变化研究进展. 气象与环境科学，2009，32(4):69-73.
[30] 潘根兴. 中国土壤有机碳库及其演变与应对气候变化. 气候变化研究进展，2008，5:282-289.
[31] 潘文灿. 我国西部生态退耕和耕地保护的问题与对策. 中国地质矿产经济，2001，11:23-27.
[32] 彭茹燕，张晓沛. 基于农用地分等成果的国家耕地质量动态监测体系设计. 资源与产业，2008(5):96-98.
[33] 齐伟，张凤荣，牛振国，等. 土壤质量时空变化一体化评价方法及其应用. 土壤通报，2003，34(1):1-5.
[34] 钱凤魁，王秋兵，边振兴，等. 凌源市耕地质量评价与立地条件分析. 农业工程学报，2011，27(11):325-329.
[35] 秦大河. 中国西部地区气候变化的事实、预测及其影响. 大气科学发展战略. 2002:9-13.
[36] 秦元伟，赵庚星，董超，等. 乡镇级耕地质量综合评价及其时空演变分析. 自然资源学报，2010，25:454-464.
[37] 汤奇成，张捷斌. 西北干旱地区水资源与生态环境保护. 地理科学进展，2001，20(3):227-233.
[38] 王丹，赵源，倪长健. 土地资源可持续利用评价研究概述. 安徽农业科学，2011，39(16):10034-10037.
[39] 王洪波，程锋，张中帆，等. 中国耕地等别分异特性及其对耕地保护的影响. 农业工程学报，2011，27(11):1-8.

[40] 王万茂. 土地定级与估计(理论与方法). 徐州:中国矿业大学出版社,1993.

[41] 吴秀国,马明英. 西部生态脆弱区土地资源可持续利用研究——以贵州省为例. 山地农业生物学报,2008,27(2):142-145.

[42] 相慧,孔祥斌,武兆坤,等. 中国粮食主产区耕地生产能力空间分布特征. 农业工程学报,2012,28(24):235-244.

[43] 熊昌盛,韦仕川,栾乔林,等. 基于 Moran's I 分析方法的耕地质量空间差异研究——以广东省广宁县为例. 资源科学,2014,36(10):2066-2074.

[44] 徐珊,宋戈,李丹,等. 东北粮食主产区耕地资源时空变化及其对粮食生产能力的影响. 农业工程学报, 2012(21):1-9.

[45] 杨国安,甘国辉. 基于分形理论的北京市土地利用空间格局变化研究. 系统工程理论与实践, 2004, 24(10):131-137.

[46] 姚登惠. 西部生态脆弱区土地资源可持续利用研究——以酉阳自治县为例. 西南农业大学,2003.

[47] 于砚民. 中国西部地区生物多样性保护. 首都师范大学学报(自然科学版),2002,23(4):93-97.

[48] 郧文聚. 中国耕地等级评定与监测研究. 北京:中国大地出版社,2010:1-2.

[49] 张蚌蚌,孔祥斌,郧文聚,等. 我国耕地质量与监控研究综述. 中国农业大学学报,2015,20(2):216-222.

[50] 张凤荣, 郧文聚, 胡存志.《农用地分等规程》的几个理论问题及应用方向. 资源科学,2005(2):33-38.

[51] 张凤荣,徐艳. 农用地分等成果在土地利用总体规划中的应用探讨. 中国土地科学,2006(12):22-25.

[52] 张凤荣. 耕地面积其实还在减少,要有计划地逐步退耕. 人民日报,2014-01-02.

[53] 张军民. 中国西部气候特点及其变化浅析. 兵团教育学院学报,2006,16(1):23-26.

[54] 张雁,谭伟. 国内外土地评价研究综述. 中国行政管理, 2009(9):115-118.

[55] 赵夫鑫,张小瑛. 中国西部现代化建设中的生态环境脆弱瓶颈探讨. 湖南财经高等专科学校学报,2010,26(4):63-64.

[56] 朱德举,卢艳霞. 土地开发整理与耕地质量管理. 农业工程学报, 2002,18(4):167-171.

所处位置		陆良县芳华镇乘明村委会小土桥，E103° 45′13.323″，N 25° 14′50.79″
土壤	土壤质地与土壤类型、pH，有机质	壤土；红壤，pH 6.92，有机质含量31.95 g/kg
	剖面结构特征	有效土层厚度80cm，障碍层距地表深度80cm，剖面构型：通体壤
	土壤状况	土壤有污染；微度水土流失；无盐渍化
地形		样地地貌为丘陵，地面坡度7°，海拔2171m，地表岩石露头度3%
农田基本建设情况		水资源开发利用率70%；耕地机械化程度10%；灌溉保证率30%；无排水条件；灌溉水源为地表水
区位条件		距区域经济中心距离15000m；最近道路级别乡村公路；距最近道路距离500m
农作物产量		近5年玉米平均单产172kg/亩，近5年小麦平均单产42kg/亩；上期近5年玉米平均单产170kg/亩，上期近5年小麦平均单产96kg/亩
土地经济情况		最优管理条件下的最高亩产前提是亩均投入玉米为260元，小麦为57元；最高亩均产出小麦和玉米都为200kg；可实现产量前提是亩均投入玉米为220元，小麦为50元；可实现亩均产出玉米为180kg，小麦为100kg
等级变化		原自然等别11；2011年自然等别11
		原用等别5；2011年利用等别5
		原经济等别3；2011年经济等别3

所处位置		陆良县芳华镇板田村委会大地里，E103° 43′3.565″，N 25° 12′ 54.808″
土壤	土壤质地与土壤类型、pH，有机质	壤土；红壤，pH 6.92，有机质含量35.31 g/kg
	剖面结构特征	有效土层厚度70cm，障碍层距地表深度60cm剖面构型：壤/黏/黏
	土壤状况	土壤有污染；微度水土流失；无盐渍化
地形		样地地貌为丘陵，地面坡度7°，海拔1982m地表岩石露头度7%
农田基本建设情况		水资源开发利用率0；耕地机械化程度15%；灌溉保证率35%；无排水条件
区位条件		距区域经济中心距离7000m；最近道路级别乡村公路；距最近道路距离200m
农作物产量		近5年玉米平均单产298kg/亩，近5年小麦平均单产100kg/亩；上期近5年玉米平均单产248kg/亩，上期近5年小麦平均单产244kg/亩
土地经济情况		最优管理条件下的最高亩产前提是亩均投入玉米为200元，小麦为200元；最高亩均产出玉米为350kg，小麦为280kg；可实现产量前提是亩均投入玉米和小麦都为180元；可实现亩均产出玉米为250kg，小麦为260kg
等级变化		原自然等别11；2011年自然等别11
		原利用等别5；2011年利用等别5
		原经济等别3；2011年经济等别3

所处位置		陆良县芳华镇戚家山村委会菜官云，E103° 40′7.691″，N 25° 81′11.46″
土壤	土壤质地与土壤类型，pH，有机质	沙壤土；黄壤，pH 6.38，有机质含量25.89 g/kg
土壤	剖面结构特征	有效土层厚度130cm，障碍层距地表深度28cm，剖面构型：壤/黏/黏
土壤	土壤状况	土壤有污染；微度水土流失；无盐渍化
地形		样地地貌为盆地，地面坡度<2°，海拔1882m，地表岩石露头度0
农田基本建设情况		水资源开发利用率40%；耕地机械化程度6%；灌溉保证率水稻为25%，小麦为10%；无排水条件；灌溉水源为地表水
区位条件		距区域经济中心距离5000m；最近道路级别乡村公路；距最近道路距离100m
农作物产量		近5年水稻平均单产536kg/亩，近5年小麦平均单产248kg/亩；上期近5年水稻平均单产516kg/亩，上期近5年小麦平均单产332kg/亩
土地经济情况		最优管理条件下的最高亩产前提是亩均投入水稻为250元，小麦为210元，最高亩均产出水稻为650kg，小麦为460kg；可实现产量前提是亩均投入水稻为240元，小麦都为180元；可实现亩均产出水稻为500kg小麦为260kg
等级变化		原自然等别14；2011年底自然等别14
等级变化		原利用等别6；2011年底利用等别6
等级变化		原经济等别4；2011年底经济等别4

所处位置		陆良县芳华镇狮子口村委会新发村，E103° 40′34.562″，N 25° 6′47.988″
土壤	土壤质地与土壤类型、pH、有机质	黏土；黄壤，pH 6.56，有机质含量25.96 g/kg
土壤	剖面结构特征	有效土层厚度140cm，障碍层距地表深度86cm剖面构型：通体黏
土壤	土壤状况	土壤有污染；微度水土流失；无盐渍化
地形		样地地貌为盆地，地面坡度<2°，海拔1866m地表岩石露头度0
农田基本建设情况		水资源开发利用率40%；耕地机械化程度90%；灌溉保证率水稻为67%，小麦为30%；无排水条件；灌溉水源为地表水
区位条件		距区域经济中心距离10000m；最近道路级别乡村公路；距最近道路距离200m
农作物产量		近5年水稻平均单产186kg/亩，近5年小麦平均单产162kg/亩；上期近5年水稻平均单产454kg/亩，上期近5年小麦平均单产248kg/亩
土地经济情况		最优管理条件下的最高亩产前提是亩均投入水稻为250元，小麦为230元；最高亩均产出水稻为600kg，小麦为260kg；可实现产量前提是亩均投入水稻为220元，小麦为200元；可实现亩均产出水稻为460kg，小麦为240kg
等级变化		原自然等别16；2011年底自然等别16
等级变化		原利用等别7；2011年底利用等别7
等级变化		原经济等别4；2011年底经济等别4

所处位置		陆良县板桥乡洪武村委会下大凹子，E103° 50′18.071″，N 25° 9′59.764″
土壤	土壤质地与土壤类型、pH，有机质	黏土；红壤，pH 6.56，有机质含量25.96 g/kg
	剖面结构特征	有效土层厚度50cm，障碍层距地表深度50cm，剖面构型：通体黏
	土壤状况	土壤污染较多；微度水土流失；无盐渍化
地形		样地地貌为丘陵，地面坡度<5°，海拔1900m，地表岩石露头度1%
农田基本建设情况		水资源开发利用率为0；耕地机械化程度为0；灌溉保证率为6%；无排水条件
区位条件		距区域经济中心距离14000m；最近道路级别田间道；距最近道路距离1000m
农作物产量		近5年玉米平均单产112kg/亩，近5年小麦平均单产48kg/亩；上期近5年玉米平均单产338kg/亩，上期近5年小麦平均单产96kg/亩
土地经济情况		最优管理条件下的最高亩产前提是亩均投入玉米为160元，小麦为100元；最高亩均产出玉米为500kg，小麦为150kg；可实现产量前提是亩均投入玉米为200元，小麦为80元；可实现亩均产出玉米为350kg，小麦为100kg
等级变化		原自然等别10；2011年底自然等别11
		原利用等别6；2011年底利用等别6
		原经济等别5；2011年底经济等别5

样点编号		5501
所处位置		丰都县许明寺镇梨园村十5社 E107° 37′ 03″，N 30° 10′ 59″
土壤	土壤质地	中壤
	土壤类型	水稻土
	pH	5.7
	有机质	16.3
	剖面结构特征	土层厚度85cm；剖面构型：通体壤
	土壤状况	无污染；轻微酸化
地形		样地地貌为槽谷，地面坡度<2°，海拔515m
农田基本建设情况		水资源开发利用率40%；灌溉保证率：充分满足；排灌设施完备；灌溉水源主要为地表水
区位条件		距区域经济中心距离5000m；最近道路级别乡村公路；距最近道路距离200m
农作物产量		近3年水稻平均单产516kg/亩，近3年油菜平均单产213kg/亩
土地经济情况		最优管理条件下的最高亩产前提是亩均投入水稻为260元，油菜为200元；最高亩均产出水稻为650kg，油菜为220kg；可实现产量亩均投入水稻为220元，油菜为180元；可实现亩均产出水稻为490kg，油菜为198kg
等级变化		原自然等别3；2011年底自然等别3
		原利用等别5；2011年底利用等别5
		原经济等别6；2011年底经济等别6

样点编号		23868
所处位置		丰都县十直镇灌塘溪村二社 E107° 47′ 47″，N 30° 03′ 28″
土壤	土壤质地	中壤
	土壤类型	水稻土
	pH	5.9
	有机质	14.6
	剖面结构特征	土层厚度：80cm；剖面构型：通体壤
	土壤状况	
地形		样地地貌为丘陵槽谷，地面坡度2°-6°，海拔286m
农田基本建设情况		水资源开发利用率50%；灌溉保证率：充分满足；排灌设施较完备；灌溉水源主要为地表水
区位条件		距区域经济中心距离6000m；最近道路级别乡村公路；距最近道路距离300m
农作物产量		近3年水稻平均单产503kg/亩，近3年油菜平均单产213kg/亩
土地经济情况		最优管理条件下的最高亩产前提是亩均投入水稻为250元，油菜为220元；最高亩均产出水稻为550kg，油菜为216kg；可实现产量亩均投入水稻为230元，油菜为180元；可实现亩均产出水稻为500kg，油菜为196kg
等级变化		原自然等别3；2011年底自然等别3
		原利用等别4；2011年底利用等别4
		原经济等别5；2011年底经济等别5

样点编号		30043
所处位置		丰都县保合镇牟家场村一社 E107° 43′ 49″，N 30° 02′ 57″
土壤	土壤质地	重壤
	土壤类型	黄壤
	pH	4.9
	有机质	15.7
	剖面结构特征	土层厚度：81cm；剖面构型：通体壤
	土壤状况	无污染，轻度酸化
地形		样地地貌为低山坡地，地面坡度≤15°，海拔688m
农田基本建设情况		水资源开发利用率20%；无灌溉条件；无排灌设施；灌溉水源主要为地表水
区位条件		距区域经济中心距离10000m；最近道路级别乡村公路；距最近道路距离500m
农作物产量		近3年玉米平均单产420kg/亩，近3年冬小麦平均单产230kg/亩
土地经济情况		最优管理条件下的最高亩产前提是亩均投入玉米为300元，冬小麦为200元；最高亩均产出玉米为460kg，冬小麦为250kg；可实现产量亩均投入玉米为230元，冬小麦为180元；可实现亩均产出玉米为416kg，冬小麦为225kg
等级变化		原自然等别6；2011年底自然等别6
		原利用等别7；2011年底利用等别7
		原经济等别7；2011年底经济等别7

剖面编号		G150621001
所处位置		达拉特旗中和西镇南伙房村委会大地上，E109° 08′ 54.65″，N40° 28′ 54.82″
土壤	土壤质地	黏土
	剖面结构特征土壤状况	有效土层厚度 120cm，无明显障碍，剖面构型：黏/沙/沙 土壤无污染；微弱侵蚀；保水好；无盐渍化
地形		样地地貌为平原，地面坡度<2°，海拔1022m
农田基本建设情况		灌溉保证率基本满足；灌溉方式为管灌、渠灌，灌溉水源为浅层地下水，地下水矿化度为淡水；排水方式：自排，无排水体系；道路通达性一般，田块比较平整规则，林网密度8-15株/亩
农作物产量		近3年玉米平均单产800kg/亩
土地经济情况		最优管理条件下的最高亩产前提是亩均投入玉米为512元
耕地等别		自然等别12
		利用等别11
		经济等别12

剖面编号		G150621004
所处位置		达拉特旗王爱召镇新民堡村委会大地里，E 110° 17.70′，N 40° 16.44′
土壤	土壤质地	沙质土
	剖面结构特征土壤状况	有效土层厚度120cm，无障碍因素，剖面构型：通体沙 土壤无污染；微弱侵蚀；保水差；无盐渍化
地形		样地地貌为平原，地面坡度<2°，海拔1039m
农田基本建设情况		灌溉保证率一般满足；灌溉方式为渠灌，灌溉水源为浅层地下水，地下水矿化度为淡水；排水方式：自排；无排水体系；道路通达性一般，田块平整不太规则，林网密度0-8株/亩
农作物产量		近3年玉米平均单产1060kg/亩
土地经济情况		最优管理条件下的最高亩产亩均投入玉米为320元；
耕地等别		自然等别13
		利用等别12
		经济等别13

剖面编号		G150621008
所处位置		达拉特旗展旦召苏木镇杈机塔村委会大地上E109° 48.289′，N40° 9.391′
土壤	土壤质地	沙质土
	剖面结构特征土壤状况	有效土层厚度>150cm，无明显障碍，剖面构型：沙/沙砾/沙 土壤轻度污染；中度侵蚀；保水较差；无盐渍化
地形		样地地貌为丘陵，地面坡度6-15°，海拔1195m
农田基本建设情况		灌溉保证率一般满足；灌溉方式为天然无灌溉，灌溉水源为浅层地下水，地下水矿化度为淡水；排水方式：自排，无排水体系；道路通达性较差，田块平整不太规则，林网密度0-8株/亩
农作物产量		近3年玉米平均单产1500kg/亩
土地经济情况		最优管理条件下的最高亩产亩均投入玉米为500元
耕地等别		自然等别13
		利用等别14
		经济等别14

剖面编号		G150621009
所处位置		达拉特旗昭君镇巴音色古楞嘎查村委会大地上，E109° 31′ 30.80″， N 40° 21′ 22.54″
土壤	土壤质地	沙质土
	剖面结构特征土壤状况	有效土层厚度>150cm，无明显障碍，剖面构型：通体沙 土壤无污染；轻度侵蚀；保水较差；无盐渍化
地形		样地地貌为平原，地面坡度2-6°，海拔1058m
农田基本建设情况		灌溉保证率基本满足；灌溉方式为管灌，灌溉水源为浅层地下水，地下水矿化度为淡水；排水方式：自排，无排水体系；道路通达性一般，田块平整不太规则，林网密度0-8株/亩
农作物产量		近3年玉米平均单产1100kg/亩；
土地经济情况		最优管理条件下的最高亩产亩均投入玉米为374元；
耕地等别		自然等别13；
		利用等别13；
		经济等别14；

剖面编号		G150621010
所处位置		达拉特旗展旦召苏木镇黄木独村委会大地上，E109° 46.147′，N 40° 27.512′
土壤	土壤质地	沙质土
	剖面结构特征土壤状况	有效土层厚度100-150cm，无明显障碍，剖面构型：沙/沙/黏 土壤无污染；微弱侵蚀；保水较好；中度盐碱
地形		样地地貌为平原，地面坡度<2°，海拔1002m
农田基本建设情况		灌溉保证率基本满足；灌溉方式为浇灌，灌溉水源为地表水，地下水矿化度为淡水；排水方式：自排，无排水体系；道路通达性良好，田块比较平整规则，林网密度0-8株/亩
农作物产量		近3年玉米平均单产1500kg/亩
土地经济情况		最优管理条件下的最高亩产亩均投入玉米为510元
耕地等别		自然等别12
		利用等别11
		经济等别12

剖面编号		G150621012
所处位置		达拉特旗树林召镇大树湾村委会大地上， E 109° 56′ 14.2″，N 40° 29′ 54.2″
土壤	土壤质地	黏土
	剖面结构特征土壤状况	有效土层厚度100~150cm，无明显障碍，剖面构型：壤/黏/黏 土壤轻度污染；轻度侵蚀；保水较好；轻度盐碱
地形		样地地貌为平原，地面坡度2-6°，海拔1005m
农田基本建设情况		灌溉保证率充分满足；灌溉方式为渠灌，灌溉水源为地表水，地下水矿化度为咸水；排水方式：人工排水，排水体系一般；道路通达性一般，田块平整规则，林网密度0-8株/亩
农作物产量		近3年玉米平均单产1380kg/亩
土地经济情况		最优管理条件下的最高亩产亩均投入玉米为400元
耕地等别		自然等别12
		利用等别11
		经济等别13

剖面编号		G150621018
所处位置		达拉特旗王爱召镇杨家坎堵村委会大地里，E 110° 15.12′，N 40° 21.18′
土壤	土壤质地	轻壤土
	剖面结构特征土壤状况	有效土层厚度＞100cm，无障碍因素，剖面构型：通体壤 土壤无污染；微弱侵蚀；保水一般；无盐渍化
地形		样地地貌为平原，地面坡度<2°，海拔 1000m
农田基本建设情况		灌溉保证率基本满足；灌溉方式为渠灌，灌溉水源为浅层地下水，地下水矿化度为淡水；排水方式：自排，无排水体系；道路通达性一般，田块平整规则，林网密度0株/亩
农作物产量		近3年玉米平均单产1155kg/亩
土地经济情况		最优管理条件下的最高亩产亩均投入玉米为563元
耕地等别		自然等别12
		利用等别11
		经济等别13

剖面编号		G150621024
所处位置		达拉特旗树林召镇三倾地村委会大地上，E110° 5′ 24.8″，N 40° 23′ 20.8″
土壤	土壤质地	沙质土
	剖面结构特征土壤状况	有效土层厚度100-150cm，无明显障碍，剖面构型：壤/沙/沙 土壤重度污染；微弱侵蚀；保水一般；无盐渍化
地形		样地地貌为平原，地面坡度2-6°，海拔1006m
农田基本建设情况		灌溉保证率充分满足；灌溉方式为渠灌，灌溉水源为地表水，地下水矿化度为淡水；排水方式：自排，无排水体系；道路通达性一般，田块平整规则，林网密度0-8株/亩
农作物产量		近3年玉米平均单产1375kg/亩
土地经济情况		最优管理条件下的最高亩产亩均投入玉米为450元；
耕地等别		自然等别12
		利用等别11
		经济等别13